RICE BROOCKS

DEUS NÃO ESTÁ MORTO 2

ARGUMENTOS E RESPOSTAS PARA AS PRINCIPAIS QUESTÕES SOBRE O FILHO DE DEUS

Tradução de
Idiomas & Cia, por Ana Carla Lacerda

Rio de Janeiro, 2017

Título original: *Man, Myth, Messiah*
Copyright © 2016 por Rice Broocks
Edição original por Thomas Nelson, Inc. Todos os direitos reservados.
Copyright de tradução © Vida Melhor Editora S.A., 2016.

As posições doutrinárias e teológicas das obras são de responsabilidade de seus autores, não refletindo necessariamente a posição da Thomas Nelson Brasil, da HarperCollins Christian Publishing ou de sua equipe editorial.

PUBLISHER	*Omar de Souza*
EDITORES	*Aldo Menezes* e *Samuel Coto*
COORDENAÇÃO DE PRODUÇÃO	*Thalita Ramalho*
PRODUÇÃO EDITORIAL	*Luiz Antonio Werneck Maia*
REVISÃO DE TRADUÇÃO	*Idiomas & Cia, por Ana Carla Lacerda* e *André Lodos*
REVISÃO	*Francine de Souza* e *Marcela Isensee*
CAPA	*Lúcio Nöthlich Pimentel*
DIAGRAMAÇÃO	*Abreu's System*

CIP-BRASIL. CATALOGAÇÃO NA PUBLICAÇÃO
SINDICATO NACIONAL DOS EDITORES DE LIVROS, RJ

B888r
   Broocks, Rice
     Deus não está morto 2 : Argumentos e respostas para as principais questões sobre o Filho de Deus / Rice Broocks ; tradução Ana Carla Lacerda. - 1. ed. - Rio de Janeiro : Thomas Nelson Brasil, 2016.

   Tradução de: Man, Myth, Messiah
   ISBN 978.85.7860.845-3

   1. Confiança em Deus - Cristianismo. 2. Fé. 3. Vida cristã. 4. Religião. I. Título.

14-09409   CDD: 248.4
                               CDU: 27-423.79

Thomas Nelson Brasil é uma marca licenciada à Vida Melhor Editora S.A.
Todos os direitos reservados à Vida Melhor Editora S.A.
Rua da Quitanda, 86, sala 218 – Centro – 20091-005
Rio de Janeiro – RJ – Brasil
Tel.: (21) 3175-1030
www.thomasnelson.com.br

Aos indecisos

Sumário

Prefácio por Gary R. Habermas, PhD 7

Introdução: Algo maravilhoso demais 10

Capítulo 1: Homem, mito ou Messias?
A maior pergunta da História 21

Capítulo 2: Os fatos mínimos
Aquilo em que até os céticos acreditam 41

Capítulo 3: Podemos confiar nos Evangelhos
Por que a Bíblia é confiável? 59

Capítulo 4: A crucificação
Por que Jesus tinha de morrer? 81

Capítulo 5: A ressurreição
O acontecimento que mudou tudo 102

Capítulo 6: Dissipando os mitos
A singularidade da história de Jesus 123

Capítulo 7: Jesus, o Messias
Filho do Homem, Filho de Deus 144

Capítulo 8: Milagres
Evidência do sobrenatural 169

Capítulo 9: Seguindo a Jesus
Respondendo ao chamado de fazer discípulos................... 188

Capítulo 10: Defensores da fé
Preparado para compartilhar o evangelho 211

Epílogo: Além de uma dúvida razoável 234

Agradecimentos 241

Notas 243

Prefácio

Da cultura popular aos círculos do Novo Testamento, em particular, pode-se dizer que, atualmente, o tema do Jesus histórico é o assunto de maior destaque. E tem sido assim pelo menos pelas últimas duas ou três décadas. Ao menos desde dos anos 1980, estudiosos têm se envolvido com o que ficou conhecido como a "Terceira Busca pelo Jesus Histórico", que começou com o movimento alemão durante o século 19.

Neste ambiente contemporâneo entra o Dr. Rice Broocks, que escreveu o livro *Deus não está morto 2*. Ele apresenta aos leitores um panorama conhecido de alguns dos temas e questões principais em relação ao interesse atual de ligar Jesus Cristo com a História. Ainda assim, este texto não poupa esforços ou evita de compartilhar alguns dos pensamentos de eruditos e nem de usar citações fundamentais que ajudam a estruturar o atual debate.

Para conseguir realizar tal feito, o Dr. Broocks empenhou-se para começar com princípios básicos e, então, prosseguir para questões mais complexas. Nesse processo, muitas das questões e dos temas principais, além de abordagens de última geração são apresentados e analisados.

Tudo isso junto torna este livro um guia valioso para os estudos contemporâneo. Também é um manual de informações adicionais que podem nos auxiliar a lidar com as grandes questões que costumam estar diretamente ligadas a este assunto.

Como autor deste trabalho, o Dr. Broocks traz uma combinação de características singulares a este projeto. Ele é pastor de uma congregação multiétnica em grande expansão na região de Nashville, Tennessee. Além disso, seu ministério é de alcance global, alcançando em primeiro lugar os alunos universitários. Possui muitos livros e uma dissertação de doutorado no Seminário Fuller. Porém, tendo dito isso, Rice possui uma determinação insaciável de ajudar a construir o Reino de Deus. O evangelismo é o que pulsa em sua veia. Diferente de muitos em sua profissão, ele sabe que o evangelismo só pode ser construído sobre um alicerce de conhecimento. Portanto, não há substituto para a verdade estabelecida que é exibida em iniciativas carregadas de propósito. Uma escassez em qualquer uma dessas áreas pode ser desastrosa para o ministério cristão. É por isso que esta é a segunda vez que um de seus livros foi usado como base para um filme de longa-metragem!

Por motivos como esses, o Dr. Broocks constrói sobre um alicerce em que podemos, então, usar como ponto de partida para nossas iniciativas no mundo. Isso fica óbvio quando, nos primeiros três capítulos, ele introduz os temas da história, o "Método dos Fatos Mínimos" e a confiabilidade das Escrituras. Os três capítulos seguintes apresentam algumas das bases históricas para a crucificação e ressurreição de Jesus, além de falar sobre a singularidade de Cristo. Os dois assuntos seguintes são dedicados a divindade de Jesus e a realidade do mundo sobrenatural.

É apenas depois de lançar esse alicerce que ele passa então a abordar à necessidade do cristão em se engajar tanto com o discipulado como com o evangelismo. Como fora mencionado, bons alicerces proveem o campo fértil para iniciativas corretas e práticas, o que também pode ser visto no Novo Testamento.

Para dar apenas um ou dois exemplos dentre os muitos que poderiam ser citados aqui, Paulo declarou que quando pregou aos Coríntios, pregou primeiro a mensagem do evangelho. Quando o lado factual do evangelho foi definido no Novo Testamento, a divindade de Cristo, junto com sua morte e ressurreição, foi apontada. Em seguida, após lançar tal alicerce, o apóstolo encorajou-os a estarem comprometissados com Jesus Cristo (1Coríntios 15:1-2). Do mesmo modo, quando Pedro pregou seu primeiro sermão, durante o Pentecoste, que deu início a Igreja, ele também expôs primeiro o alicerce do evangelho histórico antes de entrar na parte prática da mensagem do evangelismo (Atos 2:22-41).

Essa foi a abordagem escolhida neste livro, pois o Dr. Broocks também lança primeiro a base antes de explicar a solução divina. Ele é um líder qualificado nessas áreas e também possui o coração para realizar essa tarefa. No capítulo 2, por exemplo, ele demonstra como a base histórica mínima do cristianismo é tão forte que, até mesmo, os estudiosos céticos aceitam suas verdades sólidas. Uma vez que esse é o caso, por que não dar o próximo passo e passar a crer?

Por motivos como esse, recomendo e muito este livro a você como uma maneira de responder perguntas difíceis, de alicerçar a proclamação da mensagem do evangelho e de prepará-lo para compartilhar essas verdades com os outros, tudo em um só texto. O Dr. Broocks é um guia capacitado para nos levar com segurança ao nosso destino. Não há mensagem maior na vida do que a proclamação de que o evangelho é verdadeiro, que ele responde as nossas questões e necessidades mais profundas, além do privilégio incrível que é a vida eterna para todos os que crerem.

— GARY R. HABERMAS, PhD
Professor Emérito e Cátedra do Departamento de Filosofia e Teologia, Universidade Liberty

Introdução

Algo maravilhoso demais

Recentemente quebrei uma daquelas regras sociais silenciosas e apanhei uma revista enquanto estava na fila do caixa do supermercado. Não pude resistir ao ver o que a *Newsweek* tinha a dizer sobre Jesus Cristo no artigo intitulado "As 100 pessoas que moldaram o nosso mundo". Eu deveria ter imaginado que não poderia ser algo bom. Como era de se esperar, o artigo estava escrito com base em um ponto de vista cético, com pouca pretensão de tentar esconder o preconceito. Tenho a impressão de que se espera um tratamento respeitoso ao dizer algo sobre qualquer outra religião ou sobre qualquer figura religiosa reverenciada — exceto sobre Jesus Cristo. Misteriosamente, as pessoas sentem-se livres para maldizê-lo, desfigurá-lo e reimaginá-lo como quiserem. Naquela brevíssima tentativa de fazer um resumo da sua vida e do seu impacto, eles transmitiram a noção típica de que realmente somos incapazes de saber muito sobre Jesus historicamente.

O impacto de Jesus de Nazaré, o pregador itinerante cujos ensinamentos se tornaram a base de uma das religiões mais praticadas no mundo, é irrefutável. Mas sua natureza humana tem sido debatida repetidamente, enquanto nós o vemos através das lentes dos acadêmicos que se afastam cada vez mais do período em que Jesus viveu.

O fato bastante chocante foi a referência no final do artigo a um livro do sociólogo Reza Aslan, como sugestão para aqueles que quisessem aprender mais sobre Jesus. De todos os autores e livros de teólogos cristãos aos quais eles poderiam ter feito referência, indicaram ao leitor um muçulmano que não acredita que os evangelhos eram confiáveis e nega que Jesus é o Filho de Deus. Não estou dizendo que um muçulmano não pode escrever acerca de Jesus Cristo, a questão é que, ao menos, alguém que poderia dar uma perspectiva cristã deveria ter sido citado. Onde está o jornalismo justo e equilibrado?

Essa característica parece típica no que se refere à maioria das descrições de Jesus Cristo na mídia secular. A metodologia histórica consistente é chutada para escanteio em favor de empurrar a narrativa para o ceticismo. O que também fica demonstrado é a estranha tendência de desqualificar aquele que escreve sobre Jesus, para que essa pessoa não seja considerada um porta-voz digno de crédito se ela diz ser cristã. Não consigo pensar em nenhuma outra área ou questão em que isso não seria visto como um absurdo. É como dizer que se você é norte-americano, então não é digno de confiança para falar com autoridade sobre os verdadeiros fatos da história norte-americana.

Esse tipo de apresentação consistentemente tendenciosa contribuiu para uma mudança drástica nas crenças religiosas dos norte-americanos — principalmente aqueles com menos de trinta anos. Esse fenômeno foi rotulado de "surgimento dos nenhuns", especificamente os que afirmam não ter nenhuma afiliação religiosa. O centro de pesquisas Pew Research Center afirma: "À medida que um grupo de pessoas altamente destituídas de qualquer afiliação religiosa chega à idade adulta neste milênio, a idade média de adultos sem afiliação religiosa caiu de 38 anos, em 2007, para 36 anos, um número muito inferior à idade média da população (adulta) geral de 46 anos".[1]

Embora os números não sejam tão sombrios quanto alguns gostariam que acreditássemos ser, essa tendência não deve ser ignorada. Definitivamente houve uma erosão da confiança na credibilidade da fé cristã, especialmente entre os jovens. No coração dessa crise está uma pergunta que precisa ser respondida claramente a fim de parar essa tendência de queda: a história cristã é verdadeira?

Motivado por esses dados estatísticos alarmantes, escrevi o livro *Deus não está morto: Provas da existência e da ação de Deus num mundo de descrentes*. O livro inspirou um filme com o mesmo nome, e milhões de pessoas que o assistiram sabem o que significa se tornar um defensor da fé — especificamente de que Deus existe. Tanto o livro quanto o filme procuraram estabelecer claramente o fato de que a fé real não é cega; ela se baseia em evidência. *Deus não está morto*, o livro, expôs essa evidência a partir da ciência, da filosofia, da história e da experiência pessoal.

Agora, com a sequência intitulada *Deus não está morto 2*, damos uma olhada mais de perto na evidência do Jesus histórico. A alegação central estabelecida é de que o Jesus da História é o Cristo da fé. A fé cristã vai além de simplesmente declarar que Deus existe e afirma que ele se tornou homem em Jesus Cristo, viveu entre nós e, definitivamente, sacrificou sua vida para pagar o preço dos nossos pecados. Três dias após sua morte, ele ressuscitaria, provando que era o Filho de Deus, o Messias prometido e o Salvador do mundo.

O cristianismo é a única religião que coloca todo o peso de sua credibilidade em um único evento, a ressurreição, que é um milagre sobrenatural. Os capítulos seguintes revelam que a evidência histórica, que até os céticos aceitariam, demonstra que a ressurreição é tanto a clara quanto a única explicação para os fatos amplamente aceitos: a execução de Jesus nas mãos de Pôncio Pilatos, a descoberta do túmulo vazio pelas mulheres que o seguiam, as afirmações de seus discípulos de que eles o viram com vida depois da sua crucificação, e muitos outros eventos. Se Cristo não tivesse ressuscitado, então o cristianismo seria completamente desacreditado e indigno de um instante sequer de consideração, ou como o apóstolo Paulo afirmou: "E, se Cristo não ressuscitou, inútil é a fé que vocês têm..." (1Coríntios 15:17).

A convicção sobre a realidade da ressurreição é o único fundamento que pode resistir ao ataque do ceticismo e da incredulidade. É esse fato que aponta para outras verdades cruciais, como a autoridade da Bíblia e o papel exclusivo de Jesus como Messias e Salvador. *Deus não está morto 2* traz percepções reveladoras quanto à razão pela qual a crucificação e a ressurreição apontam para o fato de que Jesus Cristo é realmente o Messias prometido. As provocações feitas pela cultura pop de que a história de Jesus é meramente um mito ou lenda é que serão mostrados como o *verdadeiro* mito. Essas teorias especulativas proliferam em uma cultura que tenta saltar para pegar velocidade em sua fuga para longe de Deus.

O que tem ajudado a restringir esse salto suicida é o renascimento da apologética e da filosofia cristã. As igrejas estão começando a perceber que equipar as pessoas para defender sua fé é tão vital quanto ensinar as doutrinas básicas ou pregar mensagens consoladoras e encorajadoras aos domingos.

Creio que seria seguro dizer que nenhuma outra figura na história do mundo teve sua vida ou morte tão estudada, analisada, debatida e proclamada ao mundo quanto Jesus Cristo de Nazaré. É definitivamente uma tarefa intimidadora responder a todas as teorias e afirmações feitas pelos críticos. Durante o processo de pesquisa e escrita, senti o imenso peso e significado do que está em jogo em um estudo que revela se a história é realmente verdadeira ou, como os céticos afirmam, se é meramente uma coleção de contos para transmitir a fé dos primeiros cristãos. Milhões de pessoas aparentemente estão no processo de reavaliação de suas crenças. Se isso for verdade, elas precisam tomar decisões com base em evidências dignas de crédito, não em rumores ou boatos.

Independentemente de quem você é ou de onde nasceu, em algum momento precisará tomar uma decisão sobre o que acredita com relação a esse Homem e sobre a afirmação de que ele é o Filho de Deus, o Salvador do mundo. Por causa da gravidade do assunto em questão, tentei evitar as analogias e metáforas diárias que fazem parte do meu estilo de comunicação natural, temendo que meus esforços minimizassem qualquer dos importantes aspectos da História. Entretanto, esse processo mental acabou sendo abandonado. Em grande parte, foi por causa do entendimento de que todo seguidor de Cristo precisa transmitir a sua fé com sua própria linguagem e personalidade. Quer seja de forma escrita, quer falada, contamos aos outros a história da razão pela qual cremos e do efeito que a fé exerceu em nossa vida e no mundo que nos cerca. Foi isso que aconteceu há dois mil anos, começando com os testemunhos de Mateus, Marcos, Lucas e João, os homens que escreveram as primeiras biografias sobre a vida de Jesus, e depois continuou através de outros por mais de cinquenta gerações.

Respondendo a Grande Pergunta

A tarefa coletiva de proclamar essa mensagem tem sido chamada de a *Grande Comissão*, um termo cunhado pelos teólogos e missiologistas cristãos para descrever a tarefa que Jesus deu aos seus discípulos de ir por todo o mundo e fazer discípulos (Mateus 28:19). O *Grande Mandamento* é a expressão para o principal mandamento que Jesus nos deu de amarmos uns aos outros (João 13:35). Assim, talvez seria apropriado descrever o que Jesus perguntou aos seus discípulos: "Quem vocês dizem que eu sou?" (Mateus 16:15) como a *Grande Pergunta* — sem dúvida, a *maior* pergunta da História. A resposta a ela afeta tudo. E se nos concentramos com tanta intensidade na Grande Comissão e no Grande Mandamento, não deveríamos dar atenção igual à Grande Pergunta?

Na Bíblia, o momento dessa pergunta importante ocorreu de maneira um tanto abrupta, como um temido teste surpresa em uma sala de aula. Ela foi feita depois de uma série de eventos dramáticos e sobrenaturais: Jesus curou os cegos e os coxos, alimentou milagrosamente cinco mil pessoas com cinco pães e dois peixes (depois andou sobre as águas) e, na sequência, alimentou outra multidão de quatro mil pessoas com sete pães e alguns peixes.

Esses milagres foram chamados no evangelho de João de "sinais". Um sinal aponta para alguma coisa. Se você vê uma placa de "Saída", sabe intuitivamente que ele aponta para uma porta pela qual você pode passar. Esses sinais apontavam para o fato de que Jesus não era um homem comum. Ele era o prometido, o Filho de Deus. Então Jesus fez a Grande Pergunta: "Quem vocês dizem que eu sou?" A única voz que imediatamente respondeu foi a do discípulo Pedro, um homem muito direto. Ele disse: "Tu és o Cristo, o Filho do Deus vivo" (Mateus 16:15-16). Se essa declaração não fosse verdadeira, Jesus teria instantaneamente corrigido uma afirmação tão ousada e blasfema. Nenhum verdadeiro profeta de Deus teria permitido que um equívoco tão nocivo persistisse.

Jesus não corrigiu ou repreendeu Pedro por sua revelação impressionante mas, em vez disso, o elogiou dizendo: "Feliz é você, Simão, filho de Jonas! Porque isto não lhe foi revelado por carne ou sangue, mas por meu Pai que está nos céus". Jesus continuou, dizendo a Pedro que edificaria a sua Igreja sobre este mesmo fundamento, a revelação a qual "as portas do Hades não poderão vencê-la" (Mateus 16:17-18). Nesse diálogo entre Pedro e o Senhor, podemos ver as linhas de combate sendo estabelecidas, e esse combate custaria a muitos dos seguidores de Jesus suas próprias vidas.

A batalha cósmica se reduziria ao conhecimento da verdadeira identidade desse homem de Nazaré, na região norte da Galileia, na pequena nação de Israel. Foi prometido que, independentemente da ferocidade do conflito, os poderes das trevas não prevaleceriam. A partir desse diálogo, fica claro por que houve tamanho alvoroço em torno do nome de Jesus Cristo. Nenhum outro nome evoca tamanho debate ou emoção — o nome mais popular, assim como o que mais dividiu opiniões da História. Ao mesmo tempo, nenhum outro nome inspirou tamanha beleza, coragem e sacrifício.

A voz

Um dos programas mais populares da televisão norte-americana é o *The Voice*. Ele é mais um show de talentos inspirado por programas como *Britain's Got Talent* e *American Idol*. Para aqueles que não o conhecem, os juízes viram suas cadeiras de costas para os competidores e os ouvem cantar sem conseguir vê-los. Cada juiz escolhe a voz que mais gosta e vira sua cadeira para ver quem escolheu. No que se refere às verdades espirituais, esse poderia ser um dos melhores exemplos de como decidimos qual voz ouviremos e seguiremos.

Neste momento, em pleno século XXI, parece que todo o conjunto de regras da civilização ocidental está sendo derrubado, semelhante à revolta no começo do século XX, que envolveu as leis da ciência e da natureza (a Teoria da Relatividade e a Teoria Quântica).

Toda estrutura moral e social agora parece estar disponível a qualquer pessoa, pronta para ser redefinida em nome da tolerância e da liberdade. As únicas vozes de oposição a essa revolução social e moral são aquelas que parecem ser motivadas pela religião. Algumas dessas vozes são reacionárias, temerosas e intolerantes. Entretanto, há outra voz que não grita nem berra, mas tem falado fielmente de uma a outra era com relação à natureza de Deus e da humanidade: é a voz amorosa do nosso Criador. Não uma força impessoal distante ou uma primeira causa afastada, mas um Deus amoroso e misericordioso. Esse Deus era poderoso o suficiente para criar o universo, mas acessível o bastante para se tornar parte da própria criação em Jesus Cristo. É por isso que suas palavras são diferentes de todas as outras. São essas as palavras que não nos dão meras regras cegas a serem seguidas, mas, em vez disso, fornecem instruções amorosas sobre como viver da maneira mais plena. É a voz que nos conduz a um caminho estreito de bondade e luz, uma voz na qual podemos confiar por causa da vida e do caráter que a respaldam.

O objetivo deste livro é construir no leitor a confiança de que Jesus Cristo foi não apenas uma pessoa real, mas o Messias (Salvador) prometido e o Filho de Deus. Não é minha missão explorar cada especulação e teoria que têm tentado explicar essa verdade desfazendo-se dela, mas lidar com as principais obstruções que tentam bloquear a luz que dela emana. Sem dúvida, a voz que você escolher ouvir será a decisão mais importante que poderá tomar. Se você está lendo este livro, é possível que já seja um seguidor de Cristo ou deseje explorar a possibilidade de se tornar um seguidor. Implícito nisso está o fato de ser capaz de ajudar outros a segui-lo também. Você muito provavelmente encontrou alguma forma de reação contrária ou oposição por parte de outros que não compartilham dessa mesma paixão e busca. Portanto, você quer ser capaz de expor a eles as razões da sua fé. Este livro foi escrito para ser uma ferramenta capaz de ajudá-lo a explicar e defender as verdades e afirmações básicas da fé cristã — em outras palavras, responder à Grande Pergunta de maneira fiel e verdadeira.

Preparar os crentes para expor as razões de sua fé deveria ser a prioridade máxima de todos os esforços daqueles que estão engajados no ministério cristão. Afinal, se a verdade da mensagem está sendo posta em dúvida, todo o projeto do cristianismo está em perigo. Como pastor, certamente estou ciente do quanto a maioria dos líderes das igrejas está ocupada. As exigências de estar diante de pessoas no ministério para cuidar de suas necessidades podem ser avassaladoras. Muitas vezes, as necessidades urgentes do nosso povo assumem a prioridade sobre as questões urgentes acerca da verdade da fé que inquietam os que estão de fora. Porém, as imensas necessidades de todos, em todos os lugares deste planeta, criaram uma oportunidade para demonstrar de forma prática o amor de Deus e de compartilhar o evangelho com eles. "Sejam sábios no procedimento para com os de fora; aproveitem ao máximo todas as oportunidades. O seu falar seja sempre agradável e temperado com sal, para que saibam como responder a cada um" (Colossenses 4:5-6).

De todos os direitos humanos pelos quais deveríamos lutar, o primeiro deles deveria ser o direito de todo ser humano ouvir o evangelho e ter a oportunidade de conhecer Jesus. Embora haja uma obra incrível sendo feita em todo o mundo pelas pessoas de fé para ajudar os necessitados e curar os que sofrem, estamos deixando a desejar de maneira dramática quanto ao quesito de preparar as pessoas para terem uma fé que floresça em pleno século 21, saturado pela mídia e por uma mentalidade contrária à fé. As pessoas são inundadas por imagens e mensagens que sugerem que a fé em Deus é, na melhor das hipóteses, irrelevante. Para piorar a situação, cada ideia falsa tem seu próprio website para torná-la mais digna de crédito. O resultado é um grande número de cristãos perplexos e confusos com a maneira como o mundo enlouqueceu, com o fato de que seus valores e crenças não estão apenas desconectados da sociedade predominante, mas também, para alguns, são considerados fanáticos e ignorantes. Talvez isso ajude a explicar por que apenas três por cento das igrejas dos Estados Unidos estão crescendo através do evangelismo.

O ponto principal, para mim, é bastante simples: se você acredita que a história de Jesus é verdadeira e entende o porquê, irá compartilhá-la com outros. Mas se você não acredita, não o fará. Os cristãos precisam ser ensinados e treinados, não apenas consolados e entretidos. Diante do predomínio desse tipo de atividade superficial, não é de admirar que pesquisas mostrem repetidamente a tendência de os jovens abandonarem a igreja em números recordes.

Não existe território neutro neste debate. As afirmações sobre Jesus feitas na Bíblia tornam praticamente impossível descartá-lo e considerá-lo apenas um simples homem. As outras duas opções são um mito ou o messias. A escolha que você fizer decidirá como agirá em cada área da sua vida. Se Jesus é um mito, então você deveria viver a sua vida do seu jeito. Crie a sua própria moralidade, seja o seu próprio chefe. Mas se ele é o Messias, o Senhor da criação, então viva de forma íntegra e santa para ele.

Por Jesus ser a fonte de toda bondade na vida, então ele deveria estar no centro da nossa vida pessoal, bem como da nossa cultura e das nossas práticas. Para fazer isso, precisamos recuperar a confiança de que suas palavras são verdadeiras e podem ser conhecidas com alto grau de certeza. Elas não se perderam irremediavelmente devido ao passar de centenas de anos ou da tentativa dos homens de colocar em sua boca palavras que ele nunca disse. A nossa busca pelo Jesus real nos levará a deixar para trás todos os impostores que tentam afirmar que ele faz parte da história deles, enquanto descartam a maior parte de sua história — o fato de que ele é Senhor de toda a criação. Essa separação é essencial, porque a mensagem que Cristo oferece é esperança para a humanidade. Você consegue pensar em alguma coisa mais necessária nos nossos dias que isso? Como Jesus disse: "E conhecerão a verdade, e a verdade os libertará" (João 8:32).

"ÀS VEZES UMA CANÇÃO PODE FICAR TOCANDO NA SUA CABEÇA."

Foi essa a confissão do mais famoso ateu do mundo, em um debate público em Oxford com um filósofo e um teólogo. Richard Dawkins revelou de maneira franca que ele cantara um hino naquela mesma manhã no chuveiro, um hino que havia aprendido quando criança na Igreja Anglicana, intitulado "It Is a Thing Most Wonderful" (É algo maravilhoso demais).[2] Depois de mencionar o título e as primeiras palavras do hino, ele continuou dizendo que, para ele, o universo vir a existir do nada e depois produzir seres como os humanos, com consciência, era algo simplesmente maravilhoso demais para ser verdade. Dawkins obviamente parou antes de terminar o restante da estrofe de abertura do hino, cujas palavras apontavam para outra história, justamente o objeto da perplexidade do autor:

> *É uma coisa maravilhosa demais,*
> *maravilhosa demais para ser verdade:*
> *Que o Filho do próprio Deus tenha descido do céu*
> *E morrido para salvar um pequenino como eu*
> *E, no entanto, eu sei que é verdade.*[3]

Que ironia o fato de que a maravilha e a graça descritas na canção tenham sido atribuídas por Dawkins a simplesmente nada, senão às forças cegas da natureza. Foi descartada a mensagem deslumbrante de que Cristo era o verdadeiro objeto do assombro e o destinatário digno da nossa gratidão.

Assim como Richard Dawkins, lembro-me de hinos da minha infância também.

Temos uma história a contar às nações
Essa verdade fará o coração delas se voltar para o que é certo
Uma história de verdade e misericórdia
Uma história de paz e de luz
Pois as trevas se transformarão em alva
E o amanhecer se converterá em brilhante meio-dia
E o grande reino de Cristo virá à terra
O reino de amor e luz.[4]

É com essa esperança que escrevo. Sua resposta à Grande Pergunta sobre Jesus — ele é um homem, um mito ou o Messias? — será a mais importante de todas. É uma resposta que vale a pena buscar de todo o seu coração, mente, alma e força. A realidade dessa verdade e poder o fará exclamar: é realmente algo maravilhoso demais, maravilhoso demais para ser verdade.

CAPÍTULO 1

Homem, mito ou Messias?

A maior pergunta da História

Não existe tarefa histórica que revele de tal maneira o verdadeiro eu do homem quanto escrever sobre a vida de Jesus.[1]
— ALBERT SCHWEITZER

Um dos estranhos costumes da natureza humana é o de tentarmos acreditar em coisas absurdas e loucas enquanto duvidamos e descartamos as coisas críveis e importantes.

Essa tendência de dar crédito a especulações tolas e sem base foi satirizada no programa de TV norte-americano *Saturday Night Live*. Este é um dos meus programas de comédia favoritos de todos os tempos. Isso aconteceu no programa em que houve um diálogo entre um anjo e alguém que havia morrido recentemente e ido para o céu. O recém-chegado interrogava o anjo com todas as perguntas não respondidas e todos os mistérios não resolvidos de sua experiência passada. O diálogo foi mais ou menos assim: "O que aconteceu com a nota de cinquenta dólares que perdi quando me formei?" e "Quem era apaixonada por mim e eu não soube?" Sei que você consegue imaginar a cena. Finalmente, a mais recente aquisição do céu perguntou: "Qual é a coisa que mais me surpreenderia se eu a soubesse?"

O personagem que fazia o papel do anjo fez uma pausa dramática e depois disse: "A luta livre profissional é de verdade."²

Achei engraçado o fato de que eu realmente conheci pessoas que acreditavam que a luta livre na TV era autêntica (e não um entretenimento encenado); minha avó era uma delas. É claro que existem muitas pessoas que consideram coisas bobas reais, como os óvnis ou as aparições de Elvis. Como Blaise Pascal escreveu em seu livro *Pensamentos*, "A sensibilidade do homem às ninharias e a sua insensibilidade às grandes coisas indicam uma inversão estranha".³

Isso enfatiza a tendência de negar eventos nos quais se deveria acreditar, como o Holocausto ou o fato de os norte-americanos terem andado na lua, e o fato de que o 11 de Setembro foi um ataque terrorista executado por muçulmanos radicais, e não uma conspiração do governo dos Estados Unidos.

Lamentavelmente a quantidade de desinformação e boatos é desenfreada em uma era em que todo ponto de vista estranho tem o seu próprio site e a sua própria página no Facebook. Encontrar a verdade se torna um trabalho árduo. Também requer que estejamos dispostos a aceitá-la, independentemente das nossas próprias preferências ou tendências pessoais. Em outras palavras, precisamos estar dispostos a seguir a evidência seja aonde for que ela nos leve.

Embora muitas crenças falsas sejam relativamente inofensivas e não tenham consequências, outras podem ser devastadoras, principalmente se a história real for obscurecida ou ignorada. Isso nunca foi mais óbvio para mim do que quando visitei locais como os campos de concentração nazistas da Segunda Guerra Mundial, como o de Auschwitz, na Polônia. Andar por quartos imensos cheios de sapatos, malas e cabelos no que resta desse testemunho do inferno na terra dissipará qualquer sugestão absurda de que o Holocausto nunca aconteceu. Milhões de judeus foram assassinados em um dos momentos mais tenebrosos da humanidade.

O mesmo pode ser dito sobre uma viagem a Yad Vashem, o memorial do Holocausto em Jerusalém. É simplesmente ultrajante que alguém possa negar que esses eventos impensáveis ocorreram há apenas setenta curtos anos.

Um esquecimento dessa espécie é intencional — uma recusa deliberada a recordar. Esse parece ser um padrão familiar demais na história. Isso porque lembrar é um trabalho árduo que exige de todas as nossas faculdades que estejam desimpedidas da tendência e das agendas pessoais. Esse tipo de memória dolorosa nos leva de volta à realidade da vergonhosa propensão da natureza humana à crueldade e à injustiça. Se forem deixados sem controle e sem prestação de contas, os fortes dominarão os fracos e impotentes, em vez de se levantarem para defendê-los — principalmente se houver o risco de perder a própria vida ou credibilidade.

Foi por causa dessa falha fatal na natureza humana que Deus enviou o próprio Filho à semelhança dos humanos para andar entre nós e ser o modelo da antítese desse tipo de egocentrismo. Jesus Cristo viveu uma vida que foi contra essa forte corrente da História. Ele viveu a vida que nós deveríamos ter vivido, uma vida moral e eticamente sem manchas. Nenhuma outra figura da história humana faria ou poderia fazer tal afirmação de ser sem pecado, mas Jesus o fez. Por esse motivo, sua vida foi a mais singular e importante da História; uma vida que não podemos descartar ou ignorar.

No entanto, algo tão precioso e impressionante é rejeitado como uma impossibilidade pelos céticos, que aceitam prontamente explicações absurdas e irracionais sobre a nossa existência, principalmente se elas forem destituídas de qualquer implicação moral. Eles enquadram todas as crenças religiosas em uma estrutura que engloba a todos e as descartam com a acusação de que a fé é cega ou, como gostam de dizer, que "fé é acreditar no que você sabe que não é verdade".

Como afirma o ateu Michael Shermer: "A fé religiosa depende de uma série de fatores sociais, psicológicos e emocionais que têm pouco ou nada a ver com as probabilidades, com a evidência e com a lógica".[4]

Nada poderia estar mais longe da verdade. Embora haja muitos que acreditam em Deus sem estar cientes de toda a evidência e lógica que atestam sua existência, isso não significa que a evidência e a lógica não existam. Se você acredita em Deus e é um seguidor de Cristo, essa fé está bem fundamentada na História e na razão — a verdadeira fé não é cega. Porém a Bíblia adverte: "Meu povo foi destruído por falta de conhecimento." (Oseias 4:6).

Se desejamos não ser engolidos por um tsunami de disparates digitais, precisamos encontrar o fundamento sólido de algo que é verdadeiro e confiável. É muito mais fácil recostar-se e seguir o fluxo do que a cultura diz sobre algo do que buscar a verdade sincera e objetivamente, independentemente de aonde a evidência possa levar.

Toda pessoa tem o direito de conhecer a verdade (os fatos) e de tomar a sua própria decisão. Dito isso, definitivamente existem armadilhas e vielas escuras perigosas nas quais você pode ser atacado e despido de sua fé. Vale a pena repetir: as vozes que você ouve nesta jornada de fé e descoberta são cruciais.

Deus não está morto revisitado

Depois de trinta anos trabalhando com estudantes universitários em todo o mundo, decidi escrever os argumentos da existência de Deus de uma maneira que eu esperava ser concisa e direta. Esse esforço tornou-se o livro *Deus não está morto*. Ele proporcionou um vislumbre do debate carregado de emoção que é travado entre duas visões opostas do mundo: o materialismo (ateísmo) e o teísmo. Essa não é uma discussão amigável. Embora haja vozes de razão e moderação de ambos os lados, a atitude comum é gritar uma série de insultos em vez de argumentos, usando a retórica em lugar da razão. Recebi uma quantidade impressionante de respostas de crentes de todas as idades e origens, que me contaram experiências de como as vozes da intolerância fizeram tudo o que era possível para silenciar seus pontos de vista porque eles eram cristãos. Eles, também, tiveram de tomar uma posição, correndo o risco de perder a credibilidade, as notas de um professor ou até o emprego.

Para o seguidor de Cristo, há um conflito feroz que se desenvolve em duas frentes diferentes. De um lado está o desafio que mencionamos entre o materialismo e o ateísmo. O materialista acredita que a natureza é tudo o que existe. O mundo e tudo o que há nele pode ser explicado por causas naturais sem necessidade de qualquer "peripécia sobrenatural", como declara o físico e ateu Lawrence Krauss.[5] A visão teísta de mundo acredita que a ordem e a informação do universo físico apontam para uma mente inteligente por trás de tudo. A informação em si é uma entidade não material sem massa ou qualidade física. Isso derrota a noção materialista de que somente as coisas físicas são reais. A natureza não material da informação se une à lista das outras realidades não físicas das quais os cientistas dependem para criar suas hipóteses, observações, medições e conclusões. Elas incluem a matemática, a razão e as leis da lógica. A própria ciência repousa sobre a suposição de que essas coisas são verdade.

Os defensores da visão ateísta esperam que não percebamos que essa visão não repousa sobre fatos concretos e definidos, mas, sim, em um conjunto de pressupostos. Eles afirmam que essa é a visão de mundo endossada pela maioria dos principais cientistas e, portanto, a única conclusão de qualquer mente racional e cientificamente culta. A vida é meramente o produto do acaso aleatório e de forças puramente naturais. Uma vez que não houve um verdadeiro começo da humanidade, somos apenas um ramo da árvore da vida evolucionária; portanto, não há pecado a ser expiado nem necessidade de um salvador. A vida é simplesmente uma luta em que sobrevivem os mais fortes. Os demais enfrentam a extinção. Estamos reduzidos a sermos animais programados pelo nosso DNA para sobreviver.

A capa da pretensão acadêmica precisa ser removida a fim de se ver a verdadeira influência que está por trás desse tipo de ateísmo e ceticismo radical: a filosofia do naturalismo. Contrários ao pronunciamento de Stephen Hawking de que "a filosofia está morta",[6] os escritos dos ateus populares demonstram que a filosofia ruim ainda está florescendo nas trevas da mente incrédula.

A realidade é que não agimos simplesmente como um grupo de animais lutando para sobreviver. Podemos pensar filosoficamente sobre a condição humana, criar maneiras de remediar a injustiça onde quer que ela se encontre e servir aos pobres e necessitados. Essas ações que ajudam os fracos e enfermos logicamente não fluem de um instinto evolucionário ou de um ponto de vista de sobrevivência. Na verdade, Darwin disse que estamos impedindo o processo evolucionário com esses atos de altruísmo inexplicável.[7] Ao contrário, isso vem naturalmente porque em nós foi inserida uma lei moral que reflete a nossa distinção como humanos, criados à imagem de Deus. Contrariamente a Darwin, Jesus disse: "Ninguém tem maior amor do que aquele que dá a sua vida pelos seus amigos" (João 15:13). Foi exatamente isso que Jesus fez ao entregar a própria vida para pagar pelos nossos pecados com sua morte em uma cruz romana. Ele agora nos chama para amar e servir os outros em seu nome.

Do outro lado da luta cristã, em uma frente diferente, está o desafio que se origina no fato de que existem muitas religiões no mundo e muitas vozes contraditórias descrevendo como é Deus e o que esse Deus espera de nós.

Com todas as religiões do mundo, qual é a certa?

É apenas uma questão de sinceridade? Como todas elas podem estar certas quando, como veremos, as afirmações de verdade das religiões do mundo são mutuamente excludentes? Em outras palavras, se considerarmos seus próprios testemunhos, é impossível que todas elas estejam certas. Algumas creem em um Deus pessoal, outras, em diversas divindades, e outras, ainda, em uma força impessoal. Existem milhões de pessoas que nunca questionarão o que lhes é dito e que seguem cegamente suas crenças culturais e a fé de seus pais. Mas existem outros milhões que examinarão o que lhes foi dito à luz do mercado livre de ideias. Eles desejarão saber o que é realmente verdade acima do que é preferido culturalmente. Aquilo que é realmente verdade pode resistir ao escrutínio da investigação histórica, filosófica e racional. A própria essência da verdade reside no fato de que ela é verdade, independentemente da cultura ou do contexto.

Deus nos chama para segui-lo com o nosso coração e a nossa mente. Podemos começar com a fé de nossos pais, mas precisamos fazer dela a nossa própria fé. Em geral esse é um trabalho muito árduo. Toda religião se baseia em afirmações que precisam ser testadas à luz da história, da filosofia, da ciência e da teologia. Todas elas fazem afirmações que podem e devem ser comparadas e contrastadas. Elas fazem afirmações que não podem ser todas verdadeiras. Por exemplo, o Alcorão afirma que Jesus não foi crucificado (Surata 4:157-158), enquanto, por sua vez, a Bíblia obviamente afirma que ele não apenas foi crucificado, como também foi ressuscitado dos mortos. Como discutiremos ao longo deste livro, a evidência avassaladora aceita pelos historiadores é a de que Jesus foi crucificado nas mãos do procurador romano Pôncio Pilatos. A questão não se resume apenas a quem pode gritar mais alto para determinar a veracidade ou a falsidade das afirmações críticas que as diferentes religiões e filosofias fazem.

Podemos e devemos ser capazes de fazer esse tipo de distinção clara entre as afirmações sobre a verdade que competem entre si. Desde o começo do projeto inicial *Deus não está morto,* a esperança foi ajudar as pessoas a cumprirem 1Pedro 3:15-16: "Estejam sempre preparados para responder a qualquer pessoa que lhes pedir a razão da esperança que há em vocês. Contudo, façam isso com mansidão e respeito...".

Há dois anos levei meu filho mais novo, Charlie, em uma jornada pelo deserto. A viagem foi anunciada como algo para tirar você da sua zona de conforto. Ele ficava me dizendo: "Mas eu gosto da minha zona de conforto, por que eu iria querer sair dela?" Havia uma série de desafios intimidadores, inclusive fazer *rafting*. Felizmente, tínhamos um guia nessa viagem que nos guiou por uma série de corredeiras. Ouvir essa voz experiente sobre quando se inclinar para a esquerda ou para a direita, quando remar ou quando levantar nossos remos, tirando-os da água, permitiu que passássemos por uma série de rochas perigosas que poderiam ter nos derrubado ou nos ferido gravemente. As pessoas que feriram a sua fé ou a perderam completamente por ouvirem as vozes erradas são muito numerosas para se contar. Sou grato pelos mentores que tive que me ajudaram a navegar pelos desafios céticos até à verdade da fé cristã. Minha esperança é ajudar o leitor a evitar as coisas que causam o naufrágio da sua confiança em Deus. Esse processo começa aceitando um fato que está realmente além de qualquer dúvida: Jesus realmente existiu.

Fé ou História?

O fato da existência de Jesus traz a discussão sobre ele para fora da esfera da fé religiosa e a amplia para a área da investigação histórica. Se alguém for intelectualmente honesto, deverá pelo menos examinar a evidência da vida de Cristo como faria com qualquer outra pessoa que viveu, como Sócrates, César Augusto ou Napoleão. A evidência de sua vida não deveria ser descartada antecipadamente por causa da consciência de uma conclusão extraordinária, que poderia estar aguardando de forma ameaçadora no fim da pesquisa.

No que se refere a Jesus Cristo, definitivamente tem havido um padrão mais elevado, às vezes irracionalmente alto, para estabelecer os fatos que cercam sua vida, suas obras e suas palavras. Os critérios específicos usados por muitos estudiosos modernos para verificar a autenticidade de Jesus têm sido tão rigorosos que, se fossem aplicados à história antiga, a maior parte do que é aceito atualmente se dissolveria no esquecimento. Por exemplo, imagine afirmar, como os céticos fazem quanto aos relatos bíblicos, que só poderíamos saber sobre a Roma antiga a partir do que aprendemos das fontes não romanas. Em contraste, os estudiosos que usam abordagens confiáveis reconhecem de maneira justa e consistente que as crenças cristãs sobre Jesus estão protegidas de maneira sólida no fato histórico. Como foi afirmado em *Reinventing Jesus* (Reinventando Jesus): "Se você é cético quanto ao Jesus da Bíblia, esperamos que você descubra que um passo na direção dele não exige que você deixe o seu cérebro para trás. Se você abraçar o Cristo bíblico, mas pensar que a fé não está relacionada às questões da mente, queremos que você perceba que a crença no Deus da encarnação entrando no mundo do tempo-

-espaço como homem há dois milênios o compele a levar a história a sério".[8]

Os historiadores se utilizam de critérios confiáveis para estabelecer a probabilidade de que um evento aconteceu no passado. Por exemplo, as afirmações são mais provavelmente verdadeiras se elas forem relatadas por fontes múltiplas independentes. Com base nesse padrão, nosso conhecimento sobre Jesus é superior ao de praticamente todas as outras figuras históricas antigas. Os estudiosos descobriram mais fontes literárias para o Jesus histórico dentro dos primeiros cem anos após sua vida que todas as principais fontes literárias relacionadas a Sócrates, que, a propósito, estão muito menos de acordo umas com as outras do que os Evangelhos.[9]

Quando o processo histórico é arbitrário e inconsistente, o passado se torna algo que os defensores de determinada agenda podem manipular como uma história de ficção. Esse tipo de mentalidade leva ao descarte dos relatos milagrosos feitos pelos seguidores de Jesus nos evangelhos. Esses relatos são substituídos por perfis históricos de como alguém que viveu no tempo de Jesus *provavelmente* teria sido. Outros vão tão longe a ponto de afirmar que os seguidores de Jesus meramente tomaram fatos emprestados da mitologia dos egípcios, gregos e persas. Em que argumento se fundamentam? Os milagres não aconteceram porque milagres não podem acontecer. Vamos analisar isso em detalhe em um capítulo posterior. A cultura pop apropriou-se dessas especulações infundadas e as divulgou como fato.

O comediante e comentarista cultural Bill Maher vomita esse palavreado para o deleite de suas audiências, que o adoram. Outros simplesmente repetem isso vez após vez como se fizesse parte da ortodoxia do credo de uma nova religião cética. E não se engane: o ateísmo é uma religião. Ele é um conjunto de crenças sobre a natureza do mundo e de nós como humanos, tais crenças têm implicações drásticas de como devemos viver e de como a sociedade deve operar. No cerne desse sistema antiteísta está a necessidade de descartar o sobrenatural, principalmente o nascimento sobrenatural, a vida sobrenatural, a morte sobrenatural e a ressurreição sobrenatural de Jesus Cristo.

Mentiroso, lunático ou Senhor?

Em uma geração anterior, o ex-ateu e lendário escritor e filósofo C.S. Lewis apresentou o seu famoso trilema. Ele disse que, com base nas afirmações de Jesus nos Evangelhos sobre ser o Filho de Deus, que ele era ou um lunático (por pensar que era Deus), um mentiroso (por saber que isso não era verdade), ou era realmente Senhor.

Esse desafio de Lewis visava a ajudar as pessoas a não ficarem presas à ideia de que Jesus era meramente um homem bom e não o Messias que ele afirmava e demonstrava ser. Portanto, ele era um mentiroso ou um lunático e seria desqualificado para ser a pessoa que deveríamos considerar como a representação definitiva do Deus invisível.

Bart Erhman, um ex-cristão evangélico que se tornou agnóstico e que ensina na Universidade da Carolina do Norte, fala sobre como ele acrescentou a palavra *lenda* à lista de opções que Lewis propôs quando considerou a verdadeira identidade de Jesus. Ele perguntou: "E se Jesus não afirmou ser o Filho de Deus?" Isso significaria que as histórias sobre os milagres de Cristo e sua ressurreição dos mortos eram simplesmente lendas, construídas por seus seguidores muito depois de sua morte. Essa noção encontra eco nos escritores populares que descartam a afirmação de Jesus ser o Cristo e o relegam a ser um zelote judeu que morreu por tentar liderar uma insurreição contra os romanos. Escritores como Reza Aslan, o sociólogo mencionado na introdução que se desviou da fé cristã e voltou à sua fé original no islamismo, afirma que Jesus foi um camponês analfabeto que nunca disse a maior parte do que os evangelhos afirmam que ele disse nem fez as coisas que dizem ter feito. Muito pouco do que Aslan diz é pensamento original, entretanto. Ele simplesmente reafirma os escritos dos céticos que vieram antes dele, como S.G.F. Brandon, John Dominic Crossan e Marcus Borg. Aslan ignora os Evangelhos e opta por escritos não sobre Jesus, mas sobre o tipo de pessoas do seu tempo e daqueles que poderiam ter vivido em sua cidade. Ele afirma: "Para melhor ou para pior, o único acesso que uma pessoa pode ter ao verdadeiro Jesus vem não das histórias que foram contadas sobre ele após sua morte, mas, sim, da superficialidade dos fatos que podemos reunir de sua vida como parte de uma grande família judaica de marceneiros/construtores lutando para sobreviver na pequena aldeia da Galileia de Nazaré".[10]

Isso é como dizer que podemos ter um retrato melhor de Abraham Lincoln estudando como eram as pessoas de sua região nos Estados Unidos em sua época, em vez de estudar os relatos de sua vida feitos por aqueles que o conheciam melhor. É profundamente irresponsável descartar o testemunho das pessoas que acreditavam em Jesus como tendencioso e aceitar as percepções daqueles que não acreditavam nele como sendo mais dignas de crédito.

O número crescente de literaturas que fazem esse tipo de afirmação e o aumento dos céticos na internet que proclamam esse tipo de escritos como "sábios" e "confiáveis" têm evocado um esforço renovado para se esclarecer as coisas. É por isso que o título desta obra, *Deus não está morto 2*, oferece um trilema diferente para uma geração diferente.

A BUSCA PELO JESUS HISTÓRICO

Podemos pesquisar as raízes dessa cultura de ceticismo e encontrar suas evidências a partir dos séculos 17 e 18. Esse período, comumente mencionado como a Era das Luzes, poderia ser mais bem descrito como a era do ceticismo. A mentalidade dessa era é resumida por um antigo matemático e filósofo francês chamado René Descartes. Ele começava com a dúvida a fim de chegar a um lugar de confiança sobre o que podia saber com certeza: "Para buscar a verdade é necessário, pelo menos uma vez no curso da nossa vida, duvidar, tanto quanto possível, de todas as coisas".[11]

Essa perspectiva acabou levando-o a estabelecer o fundamento de que a realidade era seus próprios pensamentos (apesar das dúvidas) sobre o fato de sua própria existência. As sementes que Descartes plantou cresceram ao longo do século seguinte até o Iluminismo, que proclamou que "a razão substituiu a revelação" como a fonte da epistemologia da cultura — que é como sabemos o que sabemos.

Essa tendência filosófica floresceu no século 19 com o lançamento de *A origem das espécies*, por Charles Darwin. A teoria da evolução por meio da seleção natural que Darwin descreveu substituiu na mente dos céticos a crença de que a vida precisava de um projetista para responder pelo "aparecimento do projeto na natureza". Essa história alternativa alterou radicalmente a maneira como as pessoas veriam as nossas origens e por extensão nosso destino, nosso valor e nosso entendimento da realidade fundamental. Pois se não houvesse necessidade de um Criador sobrenatural para explicar a vida, então, por que não o descartar completamente?

Não deveríamos nos admirar com o fato de que o ceticismo sobre o Jesus histórico tenha se levantado no mesmo período. Se você não acredita em Deus ou o descarta ao considerá-lo uma Divindade impessoal que não está preocupada com os assuntos dos homens, então você não acreditaria que ele teve um Filho que foi enviado para pagar pelos pecados do mundo. Essas dúvidas sobre o Jesus de Nazaré operador de milagres alcançariam plena expressão com o teólogo liberal David Strauss. Seus escritos cristalizaram uma visão de Jesus que eliminaria todos os supostos milagres e, portanto, qualquer afirmação de que ele era o Filho de Deus que morreu e ressuscitou.

A identidade de Jesus foi ainda mais degradada em 1906 pelo livro *A busca do Jesus histórico*, de Albert Schweitzer. Ele argumentou que Jesus não era sequer o grande instrutor moral visualizado pelos estudiosos liberais, mas simplesmente um mestre bem-intencionado que estava enganado quanto ao iminente fim do mundo. Schweitzer também negou a maioria das afirmações significativas do Novo Testamento sobre a vida de Jesus, seus ensinamentos e seus milagres.

> O Jesus de Nazaré que apareceu publicamente como o Messias, que pregou a ética do Reino de Deus, que fundou o Reino dos céus sobre a terra e morreu para dar a sua obra a consagração final nunca existiu. Ele é uma figura projetada pelo racionalismo,

dotada de vida pelo liberalismo e revestida pela teologia moderna com uma veste histórica. Essa imagem não foi destruída a partir do exterior; ela partiu-se em pedaços.[12]

A influência desses estudiosos ainda é sentida nos dias de hoje. No século XX, os teólogos e historiadores céticos continuaram a construir sobre as revisões anteriores de Jesus e a reconstruí-lo, transformando-o em todo tipo de coisa, desde um camponês analfabeto liderando uma revolta contra Roma a um guru da Nova Era promovendo o misticismo ocidental esotérico. Nos anos 1980 e 1990, o *Jesus Seminar* [Seminário sobre Jesus] foi formado por um "grupo autosselecionados de estudiosos da mesma opinião", como um tribunal dos nossos dias para votar e decidir que palavras da Bíblia achavam que Jesus havia realmente dito e quais foram fabricadas pelos cristãos que vieram depois dele.[13] Como você pode imaginar, pouca coisa restou depois das edições dos evangelhos feitas por eles — verdadeiras varreduras — restando apenas alguns dos ensinamentos éticos de Jesus. Esse esforço recordava a Thomas Jefferson, que literalmente cortou as passagens dos evangelhos que continham qualquer coisa de sobrenatural e deixou somente os ensinamentos éticos de Jesus, criando sua própria versão da Bíblia. No fim, a maioria dos estudiosos do Novo Testamento reconheceu que o seminário não representava de modo algum a maioria dos especialistas na área, mas unicamente a opinião de uma facção radical, muitos dos quais foram impelidos pelo desejo de desacreditar o cristianismo histórico.

A RESSURREIÇÃO MUDA TUDO

A afirmação de que Jesus ressuscitou três dias após sua morte não é apenas um artigo de fé, mas é também uma afirmação que pode ser examinada historicamente. O filósofo Stephen Davis observou: "Sustento, porém, que o significado da ressurreição depende do fato da ressurreição. Isto é, se Jesus realmente não ressuscitou dos mortos, então a ressurreição de Jesus não tem um significado interessante em particular".[14]

O cristianismo se baseia nessa afirmação central, portanto está aberto à investigação histórica crítica. Do mesmo modo que Charles Darwin em seu livro *A origem das espécies* procurou estabelecer a história passada das coisas vivas com o método chamado *inferência à melhor explicação*, podemos olhar para esse evento utilizando o mesmo processo. Na verdade, o apóstolo Paulo escreveu que, se não houvesse ressurreição, então a fé cristã seria falsa (1Coríntios 15:14). Os críticos sustentaram por muito tempo que as afirmações religiosas são simplesmente declarações de fé sem qualquer evidência ou substância. As afirmações da ciência, dizem eles, são mais dignas de crédito porque podem ser provadas como falsas. Porém é exatamente isso que o cristianismo declara. Não existe outra religião que baseie todo o peso de sua credibilidade em um único evento ou milagre. Como afirmou com ousadia Michael Grant, "o cristianismo é a única religião que se mantém de pé ou é derrubada por supostos acontecimentos históricos".[15]

Foi essa convicção que compeliu um pequeno grupo de seguidores de Cristo a sair das sombras do medo e da incredulidade para o palco central da História. Ela se tornou a fonte de um poder e de uma sabedoria sobrenatural que confundiria seus oponentes. Finalmente, ela subjugaria um império, não por meio de proezas militares, mas pela verdade que penetra o coração e pelo amor irredutível. O mundo não havia testemunhado nada assim antes ou depois. O historiador Will Durant conclui:

> Não existe drama maior no registro humano que a visão de alguns cristãos ridicularizados ou oprimidos por uma sucessão de imperadores, suportando todos os julgamentos com uma tenacidade ardente, multiplicando-se silenciosamente, gerando ordem enquanto seus inimigos geravam o caos, combatendo a espada com a Palavra, a brutalidade com a esperança, e por fim derrotando o Estado mais forte que a História conheceu. César e Cristo haviam se encontrado na arena, e Cristo havia vencido.[16]

Foi a crença de que Jesus havia ressuscitado dos mortos que evocou uma dedicação e um sacrifício por parte dos seus seguidores de obedecerem as suas ordens. No topo da lista estava a ordem de amar seus inimigos. É altamente improvável que seus seguidores tivessem sido fieis a essas palavras se a vida de Jesus tivesse terminado permanentemente na cruz. Na verdade, o estudioso do Novo Testamento N. T. Wright indica que nenhum dos muitos autoproclamados messias do mundo antigo teve continuidade ou influência após morrerem. Poderíamos citar, a título de informação, os seguidores não apenas de João Batista, mas de Judas, o Galileu, Simão, Atronges, Eleazar ben Dinai e Alexandre, Menaém, Simão bar Giora, e o próprio Bar-Kochba. Enfrentando a derrota de seu líder, os seguidores dessas figuras ou se recolhiam ou definhavam até desaparecer. Outra possibilidade era a de se apegarem a um novo líder. No caso da dinastia que acabou ficando conhecida como os Sicários, quando um líder era morto, eles simplesmente escolhiam outro da mesma família. Não existe nenhum caso em que se ouça falar de qualquer grupo, após a morte de seu líder, afirmando que ele estivesse de algum modo vivo outra vez e, portanto, a expectativa de Israel havia de algum estranho modo se cumprido. A história, portanto, enfatiza esta questão: o que aconteceu para fazer com que os seguidores de Jesus, desde o começo, articulassem tal afirmação e desenvolvessem suas implicações?[17] Para nós, hoje, a necessidade urgente é recuperar a mesma convicção da verdade despertada por esse evento que os primeiros discípulos possuíam.

Mais que uma lição de História

Os discípulos de Jesus fizeram a pergunta: "Quem é este?", quando o testemunharam acalmar uma tempestade no mar da Galileia com as palavras "Cala-te! Aquieta-te!". As multidões fizeram a mesma pergunta quando ele entrou em Jerusalém uma semana antes de sua crucificação aos gritos de "Hosana" ao Rei. A resposta? Ele é o Cristo, o Messias.

Essa crença sem dúvida estava fundamentada na evidência do poder das suas palavras e das suas obras. Ele curou os enfermos, alimentou as multidões, andou sobre as águas e até ressuscitou Lázaro dos mortos. Aquele não era um homem comum. Foi dito que nenhum homem falou como ele falava (João 7:46). Apesar de terem um assento na primeira fila para observar os três anos mais incríveis da história humana, os discípulos de Jesus ainda combatiam a dúvida. Se eles tinham problemas com a dúvida, tendo realmente visto os milagres se desenrolarem diante de seus próprios olhos, que chance temos nós de acreditar nessas coisas, afastadas dos eventos originais há dois mil anos? Essa pergunta enfatiza uma realidade essencial no que se refere a um relacionamento com Deus: a fé é mais do que apenas acreditar em uma versão correta da História. Embora a morte e a ressurreição de Jesus sejam acontecimentos que podem ser julgados historicamente, o que permanece ainda é um convite para um relacionamento que exige um passo de fé (confiança).

Após a impressionante revelação de Pedro de que Jesus era o Messias, Jesus lhe diz: "Feliz é você, Simão, filho de Jonas! Porque isto não lhe foi revelado por carne ou sangue, mas por meu Pai que está nos céus" (Mateus 16:17). Como os outros discípulos, Pedro havia visto a evidência de quem Jesus era em primeira mão. Todos eles viram os mesmos milagres e ouviram as mesmas palavras, mas não foram capazes de chegar à mesma conclusão. Algo mais era necessário. O motivo está no fato de que Deus não é um objeto a ser estudado ou uma força a ser medida, ele é pessoal e, portanto, relacional. Como em qualquer relacionamento pessoal, você não pode obrigar alguém a falar com você, muito menos a lhe dar qualquer informação pessoal profunda sobre si mesmo. Pense em sua própria vida. As pessoas podem saber que você existe, mas isso não significa que podem obrigá-lo a contar a elas algum dos seus pensamentos, sentimentos ou preferências. Na essência, você não entra em um relacionamento com alguém sem ser convidado. O mesmo acontece com Deus. Seu Espírito transmite ao nosso coração o significado desses fatos e depois nos faz um convite em forma de promessas. Se acreditarmos nas suas palavras, aceitaremos seu convite.

Dois mil anos depois de sua ressurreição, esse convite ainda está sendo feito, e ainda podemos responder. Podemos realmente ter um encontro tão vivo com o Senhor quanto aqueles que andaram com ele fisicamente nas praias da Galileia e o viram após sua ressurreição. Na verdade, Jesus disse aos seus discípulos: "Mas eu lhes afirmo que é para o bem de vocês que eu vou. Se eu não for, o Conselheiro não virá para vocês; mas se eu for, eu o enviarei" (João 16:7). É claro que sugerir que Deus se comunica com a humanidade diretamente é um convite para o escárnio por parte da multidão de incrédulos. É certo que tem havido um uso excessivo e equivocado da afirmação "Deus me disse" alguma coisa. Mas essa suposição não significa que Deus não pode ou não se comunica conosco. Por mais que a evidência e os argumentos quanto à verdade da fé cristã sejam poderosos, o maior privilégio disponível à humanidade é sem dúvida um relacionamento pessoal com o nosso Criador. Como escreveu Agostinho: "Nossos corações ficam inquietos até que encontrem descanso em ti."[18] A Bíblia fala sobre o amor de Deus que "excede todo o entendimento" (Efésios 3:19). Saber sobre alguém é uma coisa; conhecê-lo pessoalmente é outra bem diferente.

A evidência histórica pode servir de grande ajuda às pessoas em sua jornada rumo a Deus, mas sozinha não pode levar uma pessoa totalmente a Deus. Os historiadores não podem fazer afirmações sobre o passado antigo com absoluta certeza, apenas com vários níveis de confiança. Em outras palavras, os historiadores raramente falam em termos do que *definitivamente* aconteceu, mas do que *provavelmente* aconteceu, como se pode ver na seguinte citação: "Nenhum historiador realmente acredita na verdade absoluta do que escreve, simplesmente em sua verdade provável. Não obstante, a incapacidade de ter certeza absoluta não proíbe os historiadores de terem uma certeza adequada."[19]

Dizendo isso de um modo ligeiramente diferente, a certeza absoluta só é possível em esferas como a matemática, mas a matemática não pode falar diretamente dos eventos históricos por si. Entretanto, alguns eventos são sustentados por tantas evidências que sua ocorrência tem uma probabilidade tão alta a ponto de nos permitir, para todos os fins práticos, dizer com certeza que eles realmente ocorreram. "Os cálculos matemáticos não podem demonstrar a existência e a carreira de Alexandre, o Grande, no século 4 a.C. Mas as evidências históricas convergentes tornariam absoluto negar que ele viveu e mudou a face política e cultural do Oriente Médio",[20] comenta o autor e historiador Gerald O'Collins.

A evidência da ressurreição se encaixa nessa categoria. Ela é tão convincente, conforme determinado pelos padrões históricos mais confiáveis, que negar o evento é injustificável, se a pessoa verdadeiramente abordar a evidência de forma objetiva e aberta. E aí está o desafio. Ninguém é verdadeiramente objetivo, já que todos nós vemos o mundo através de suposição e tendências inconscientes. As tendências podem resultar da criação ou de influências de outros estímulos culturais. Por exemplo, uma pessoa criada de modo a negar a existência do sobrenatural simplesmente descartaria a evidência da ressurreição antes mesmo de examiná-la. As tendências também podem ter resultado do fato de pessoas viverem em rebelião contra o verdadeiro Deus e de entregarem seus corações a ídolos como o dinheiro, o poder e o *status*. Como afirmou o apóstolo Paulo, "O deus desta era cegou o entendimento dos descrentes, para que não vejam a luz do evangelho da glória de Cristo, que é a imagem de Deus" (2Coríntios 4:4).

O PASSO DE CONFIANÇA

Sejam quais forem os obstáculos, recebemos o convite para entrarmos em um relacionamento pessoal com Deus. Isso requer um passo de confiança na direção em que as evidências apontam. Esse passo envolve tanto nosso coração (espírito) como mente. Lembre-se, o maior mandamento que Deus nos deu foi o de amá-lo com todo o nosso coração, mente, alma e força (Marcos 12:29-30; Deuteronômio 6:4-5). E Jesus ensinou: "Deus é espírito, e é necessário que os seus adoradores o adorem em espírito e em verdade" (João 4:24).

Se adorássemos a Deus apenas com nossa mente, nos restaria meramente um exercício intelectual, limitado pelas nossas próprias habilidades e capacidades intelectuais. Por outro lado, o verdadeiro amor vai muito além do simples intelecto. Qualquer pessoa que seja casada ou esteja apaixonada pode testemunhar sobre a natureza transcendental de amar outra pessoa. É uma experiência que inclui análise e cognição, mas essa é apenas uma de suas dimensões. Somos seres espirituais, não apenas físicos. Entretanto, a mente ainda é essencial. A dimensão intelectual atua como um juiz e árbitro dos fatos disponíveis a nós. Precisamos acreditar em nossos corações, mas não descartar a nossa mente, pois não se trata de um ou outro. Essa escolha falsa é o refrão constante dos céticos que dizem que a fé e a razão são irreconciliáveis. Porém as duas são não apenas compatíveis como estão inseparavelmente ligadas.

Deus nos criou de tal maneira que podemos captar alguma coisa com o nosso coração (espírito) mesmo se a nossa mente não conseguir compreendê-la completamente. Como o finito pode captar totalmente o infinito? Se existe uma mensagem central na Bíblia, do começo ao fim, é a confiança. Deus nos dá evidências suficientes nas coisas que podemos saber, para confiarmos nele nas coisas que não somos capazes de entender.

Como pai de cinco filhos, passei muitos dias ensinando-os a confiar em mim. Quando eles estavam aprendendo a nadar, eu pedia que eles pulassem para os meus braços no lado da piscina que eu estava na água. Eles não entendiam todos os motivos pelos quais podiam ou deviam confiar quando eu pedia que eles dessem um "salto de fé", mas tinham evidências suficientes para confiar nas minhas palavras assim mesmo e saltar. Na verdade, eu estava pedindo a eles que dessem um passo de confiança. Meu pedido aos meus filhos é semelhante ao passo de confiança que Deus pede de nós. Ele nos chama para acreditarmos nele, não com base em uma fé cega, mas em como ele provou ser confiável tanto em nossas vidas quanto ao longo da História.

Resumo

Quando se trata das questões fundamentais da fé cristã, a maior disputa disputa geralmente não é com os fatos da História, mas com as pressuposições e as visões de mundo daqueles que interpretam esses fatos. À medida que você ouvir e pesar as evidências sobre Jesus, poderá saber com confiança que ele é o Filho de Deus. Os capítulos 2 a 5 demonstrarão que uma evidência avassaladora confirma que Jesus foi verdadeiramente um homem da História, que foi crucificado, morto, sepultado e depois ressuscitou dos mortos. Além disso, esses capítulos defendem que os evangelhos são relatos confiáveis da vida, do ministério e dos ensinamentos de Jesus. O capítulo 6 descartará a noção absurda de que a vida de Jesus estava enraizada na mitologia pagã. O capítulo 7 demonstrará que Jesus foi o Messias prometido, que é o Salvador do mundo. O capítulo 8 continuará esse tema, defendendo a realidade dos milagres de Jesus, e ele demonstrará que seus seguidores continuaram a realizar milagres em seu nome após sua ressurreição e até o dia de hoje. Finalmente, os capítulos 9 e 10 explicarão como você pode vir a conhecer Jesus pessoalmente e depois entrar nos propósitos dele para sua vida.

CAPÍTULO 2

Os fatos mínimos

Aquilo em que até os céticos acreditam

> *Habermas compilou uma lista com mais de duas mil fontes em francês, alemão e inglês em que especialistas escreveram sobre a ressurreição de 1975 até o presente. Ele identificou fatos mínimos que possuem provas contundentes e que são consideradas históricas por grande maioria dos estudiosos, incluindo os céticos.*[1]
> — Michael Licona

Como um jovem aluno de doutorado na Universidade do Estado de Michigan, Gary Habermas estava perdendo sua fé. Não é raro ouvir esse tipo de história sobre aqueles que mergulham nos volumes de debates e especulações críticas que cercam a crença nas Escrituras como a Palavra revelada de Deus à humanidade. Gary sentia-se tão abalado e esgotado diante desse desafio que chegou a pensar em se tornar budista. Ele lera na Bíblia a declaração do apóstolo Paulo de que se Cristo não ressuscitou dos mortos, então o cristianismo era falso — ou, como Paulo disse, "inútil é a fé que vocês têm" (1Coríntios 15:17). A partir disso, Gary concluiu que se ele pudesse ter confiança no fato de que a ressurreição realmente ocorreu, esse conhecimento salvaria a sua fé. Então ele propôs ao seu comitê de doutorado escrever sobre a ressurreição de Jesus. O comitê consistia de um erudito judeu, um agnóstico e dois outros que não acreditavam que a Bíblia era a palavra inspirada de Deus. O líder do comitê disse:

"Tudo bem, apenas não volte e nos diga que Jesus ressuscitou dos mortos só porque a Bíblia diz isso".

À medida que pesquisava as evidências históricas da ressurreição de Cristo, Gary reuniu os fatos que a maioria dos historiadores aceitaria, independentemente de serem cristãos, agnósticos ou ateus. Ele passaria a chamar esse método de a abordagem dos "fatos mínimos".[2] O método é projetado idealmente para discutir a fé com os céticos e com os que duvidam, uma vez que ele mostra que as crenças cristãs, especialmente a ressurreição, não são apenas uma questão de fé, mas de História.

O Dr. Michael Licona, um historiador e defensor da abordagem dos fatos mínimos, afirma:

> Alguns fatos são tão fortemente evidenciados que são praticamente indiscutíveis. Esses fatos são mencionados como "fundamentos históricos"... O fundamento histórico desses fatos atende a dois critérios. Em primeiro lugar, eles são tão fortemente evidenciados que o historiador pode considerá-los muito bem como fatos históricos. Em segundo lugar, a maioria dos estudiosos contemporâneos os vê como fatos históricos.[3]

Os tipos específicos de evidências que levam à designação de um fato histórico se encaixam em diversas categorias. Conforme mencionado anteriormente, uma afirmação histórica costuma ser considerada altamente provável se for feita a partir de fontes múltiplas independentes. Paul Maier afirma: "Muitos fatos da antiguidade repousam sobre uma única fonte antiga, ao passo que duas ou três fontes em concordância geralmente tornam o fato incontestável".[4]

Além disso, as fontes são consideradas mais confiáveis se sua origem for pouco posterior aos eventos reais. Como um terceiro exemplo, os textos são considerados mais confiáveis se registram detalhes que são realmente constrangedores para os autores. Quanto mais desses critérios os dados históricos reunirem, mais provável será que uma afirmação histórica passe a ser reconhecida como fato.

O processo de avaliar as afirmações históricas a partir desses critérios é, essencialmente, o método científico aplicado à história. A abordagem dos fatos mínimos oferece um denominador comum capaz de envolver as pessoas em uma discussão significativa. Para mim, alguém que acredita firmemente na confiabilidade da Escritura, essa abordagem significou, de fato, a remoção de uma barreira no processo de transmitir a verdade do evangelho aos incrédulos, que duvidam da confiabilidade dos Evangelhos.

Ela também funciona como uma ferramenta para lidar com os céticos radicais, que não querem saber das evidências reais da fé cristã e simplesmente afirmam absurdos, tais como a não existência de Jesus. A abordagem desses céticos poderia ser chamada de "dúvida cega". Esse ceticismo jamais poderia ser usado pelos historiadores da história antiga sem minar toda a disciplina. "Se, com relação a outras fontes antigas, usássemos o mesmo ceticismo predeterminado que alguns estudiosos usam em relação aos Evangelhos, saberíamos muito pouco sobre a antiguidade."[5]

Os fatos são algo irritante. Eles tendem a ficar no caminho da afirmação que nega as evidências de que o cristianismo é verdade. Neste capítulo, examinaremos alguns dos muitos fatos que os eruditos da História, como Habermas, apresentam como fatos mínimos. Eles incluem eventos mencionados tanto fora da Bíblia quanto dentro dela. Lembre-se de que até os céticos mais ferrenhos aceitam algumas coisas na Bíblia como verdadeiras.

Antes de abordar os fatos mínimos, examinaremos a afirmação mais óbvia da fé cristã questionada por alguns: "Jesus realmente existiu?" A existência de Jesus não está relacionada como um fato mínimo pelo motivo óbvio — é claro que ele existiu.

Entretanto, por existirem aqueles que querem desafiar esse fato a fim de tornar controversas as argumentações sobre o que Jesus disse, fez e quem ele realmente era, começaremos nossa discussão nesse nível mais elementar.

Últimas notícias: Jesus vive!

Até os últimos anos, o veredito dos historiadores era praticamente unânime no sentido de que Jesus foi uma pessoa histórica. Contudo, a ascensão do ateísmo na última década viu a ascensão dos céticos proeminentes que simplesmente asseveram suas "dúvidas" quanto à existência real de Jesus, sem fornecer uma evidência digna de crédito. Ouvi ateus proeminentes como Richard Dawkins e Lawrence Krauss afirmarem coisas do tipo: "Jesus, se é que ele existiu..." É importante notar que esses homens não são historiadores e simplesmente fazem essa alegação na esperança de que ninguém os desafie porque, afinal, eles são cientistas. Desde então, Dawkins retratou-se e admitiu que Jesus existiu.[6]

Essa atitude desdenhosa, no entanto, se infiltrou nas entranhas da cultura pop, florescendo também na blogosfera e nos sites ateus. Ouvi-los equivale a ter como sua fonte de notícias um daqueles tabloides sensacionalistas — do tipo que traz manchetes como "Fui abduzido por extraterrestres". Como uma das principais vozes céticas, Bart Ehrman observou: "Jesus existiu, e as pessoas sem papas na língua que negam isso o fazem não porque consideraram a evidência com o olhar desapaixonado do historiador, mas porque têm alguma outra agenda à qual essa negação atende".[7]

Esse fato da história está definido nas mentes dos historiadores sérios, independentemente de suas crenças religiosas. A vida de Jesus, de aproximadamente 33 anos, ainda é a mais importante de toda a existência humana. Dois mil anos depois, seus ensinamentos são a base da civilização.

Até mesmo a necessidade de defender o fato de Jesus ter sido uma pessoa real precisar ser discutido, em qualquer aspecto, demonstra a natureza do desafio de se viver em uma era na qual a informação rapidamente se transforma em desinformação. Os negadores radicais repudiarão qualquer evento que não se encaixe na narrativa preferida deles. Para os céticos que tentam desesperadamente eliminar qualquer sugestão da credibilidade histórica da fé cristã, a própria existência de Jesus é uma concessão impossível de ser feita.

Há um pouco de ironia no fato de eu estar escrevendo este capítulo enquanto estou em Jerusalém. Seria difícil encontrar alguém vivo aqui hoje que negasse que Jesus existiu. O impacto da vida dele nesta terra é inegável. Multidões afluem para essa parte do mundo a fim de fazer longas excursões aos lugares onde Jesus viveu, pregou e realizou milagres. Há muito tempo tenho sentido que qualquer pessoa que duvide da existência de Jesus deveria simplesmente vir a Israel e fazer uma excursão de uma semana. E não é preciso estar acompanhado de um estudioso ou de um historiador. Qualquer guia turístico pode esclarecer os fatos para o visitante. Para alguns, no entanto, principalmente para os que têm menos de 30 anos, isso se tornou um ponto de incerteza.

Recentemente, estive em uma reunião com um dos principais jovens comunicadores dos Estados Unidos, Heath Adamson. Depois de me ouvir falar sobre o livro que escrevi, declarando que Jesus existiu, ele fez uma pausa e disse: "Esta é a pergunta mais importante que podemos responder para os jovens que estão tendo dificuldade para encontrar a fé — Jesus realmente existiu?" Se Jesus nunca viveu, então essa coisa toda sobre ter fé nele é uma farsa.

A motivação mais superficial de tamanha dúvida cega é óbvia. Se Jesus nunca existiu, então você não tem de se preocupar com todo o trabalho árduo de olhar para a evidência das suas palavras ou das suas obras ou para todos os outros fatos históricos que exigem uma atenção justa.

Assim como o debate sobre a existência de Deus, os céticos pensam que por repetirem a frase mágica uma vez após a outra, "não há evidências de Deus... não há evidências de Deus" tudo isso simplesmente desaparecerá. Eles parecem estar tentando fazer o mesmo truque no que se refere à existência de Jesus Cristo.

No filme *Deus não está morto 2* o debate é travado em torno do questionamento se um professor pode sequer mencionar o nome de Jesus em uma sala de aula. Se Jesus viveu, por que ele não deveria ser citado? Principalmente se considerarmos o fato de que o impacto de sua vida ainda é sentido hoje. Até seus críticos admitem que as palavras de Jesus mudaram o mundo e nos deram um padrão ético sem paralelos na história. William Lecky não era amigo dos cristãos; ele era um oponente, mas escreveu:

> O cristianismo segundo seu líder se mostrou capaz de atuar em todas as eras, nações, temperamentos e condições, evidenciando-se não apenas como o mais alto padrão de virtude, mas também o mais forte incentivo à sua prática, exercendo uma influência tão profunda que podemos dizer, verdadeiramente, que o simples registro de três curtos anos de vida ativa fez mais para regenerar e abrandar a humanidade do que todas as dissertações dos filósofos e toda a exortação dos moralistas.[8]

A verdadeira motivação para os céticos negarem que Jesus realmente viveu não é a falta de evidência. Geralmente, eles desejam atacar o cristianismo de todas as maneiras possíveis por causa do mal perpetrado pelos que se intitulam cristãos. Infelizmente, essa perspectiva representa uma trágica compreensão equivocada da história e das Escrituras. Os atos obscuros realizados em nome de Jesus, as atrocidades cometidas durante as Cruzadas, a Inquisição, os ataques contra o povo judeu, todas essas coisas são diretamente contrárias às palavras de Jesus. Ele mesmo previu que muitos o chamariam de "Senhor, Senhor", mas não fariam o que ele disse (ver Lucas 6:46).

Além do mais, muitos dos seguidores de Jesus seriam condenados à morte por não negarem que ele viveu, morreu e ressuscitou. O que as pessoas poderiam ter ganhado em fabricar um ensinamento que incluísse "amar os seus inimigos" e "o maior entre todos vocês será aquele que serve?"

Os líderes religiosos com certeza não teriam fabricado um personagem que os chamasse para abandonar a sua hipocrisia. As autoridades romanas tampouco poderiam ter sido a fonte dessa história — elas não queriam ter sua autoridade desafiada. Não, a evidência é abundantemente clara. O Jesus da história é realmente o Cristo da fé registrado na Bíblia. O primeiro passo crucial é saber qual evidência histórica é essa. Ao fazer isso, você estará preparado para lidar com as afirmações sem fundamento que circulam em nossa cultura com a intenção de minar a fé na credibilidade da história cristã.

Lembre-se de que estamos procurando pela evidência da história aceita até por aqueles que não acreditam na confiabilidade geral dos Evangelhos. Como veremos claramente no capítulo 3, os Evangelhos são confiáveis e excelentes fontes para definir o que aconteceu historicamente na vida de Jesus. Entretanto, para falar aos céticos em seus próprios termos e analisar a evidência aceita pelos historiadores, ainda podemos estabelecer os seguintes eventos e afirmações como verdadeiros.

Ele foi crucificado

O primeiro fato mínimo é que Jesus morreu crucificado. A cruz é o símbolo da fé cristã e, sem dúvida, o emblema religioso mais reconhecível do mundo. Quase 2 bilhões de pessoas acreditam que a crucificação de Jesus teve algo a ver com a absolvição de seus pecados por Deus. No capítulo seguinte, analisaremos em mais detalhes as razões pelas quais Jesus foi crucificado e como sua morte afeta o nosso relacionamento com Deus. Aqui, vemos o fato de que sua execução realmente aconteceu. Não apenas os quatro Evangelhos relatam isso, como praticamente todos os escritos da Igreja primitiva trazem muitas referências a esse acontecimento.

No topo da lista dessa evidência estão os relatos dos historiadores e escritores que não simpatizavam com a causa cristã. Quando um inimigo ou oponente faz referência a um evento, os historiadores consideram esse fato uma marca de autenticidade. A fonte judaica mais famosa é Flávio Josefo, um historiador judeu que foi contratado pelos romanos e escreveu durante o tempo de Cristo. Ele registrou: "Quando Pilatos, ao ouvir que era acusado por homens da mais alta posição entre nós, condenou-o a ser crucificado...".[9]

Uma segunda fonte é Tácito, geralmente considerado como o maior dos historiadores romanos. Ele foi procônsul da Ásia de 112 a 113 d.C. Sua última obra, *Anais*, foi escrita aproximadamente em 116-117 d.C. e incluía:

> Nero apressou-se em culpar [por conta do incêndio de Roma] e infligiu as torturas mais sofisticadas a uma classe odiada por suas abominações, chamada de cristãos pelo populacho. Christus, de cujo nome vem sua origem, sofreu a penalidade extrema durante o reinado de Tibério nas mãos de um dos nossos procuradores, Pôncio Pilatos.[10]

Outra fonte romana é Luciano. Ele foi um dramaturgo do segundo século que escreveu: "Os cristãos, vocês sabem, adoram um homem até o dia de hoje — o personagem distinto que introduziu os novos ritos deles, e foi crucificado por esse motivo".[11]

Como exemplo final, a coleção de ensinamentos judaicos conhecida como *Talmude* relata que "na véspera da Páscoa, Yeshua foi pendurado".[12] Yeshua é "Joshua" em hebraico (traduzido como "Jesus" em grego). O equivalente em grego é "Jesus". Ser pendurado em uma árvore era a expressão usada para descrever a crucificação na antiguidade.

Toda a saga do julgamento e da execução de Jesus e a dispersão dos seus discípulos deixaram uma cratera na história que dá testemunho da realidade desses eventos fatídicos. A morte de Jesus por crucificação é um fato histórico sustentado por evidências consideráveis. Na verdade, na sequência contínua da probabilidade histórica, a crucificação de Jesus "sob Pôncio Pilatos" é a mais certa de todas as afirmações relacionadas a Jesus.[13]

Seu túmulo foi encontrado vazio

Outro fato importante é que após a crucificação de Jesus, seu túmulo foi encontrado vazio por um grupo de seguidoras. O túmulo vazio, tecnicamente, não está incluído por Habermas como um fato mínimo, já que o número de eruditos críticos que o aceitam cai para cerca de 75%[14] (em comparação com mais de 90% para os demais fatos mínimos[15]). Essa queda deve-se, provavelmente, à profunda implicação do significado de um túmulo vazio. Se Jesus fosse enterrado após sua morte, então, o túmulo vazio seria uma peça de evidência adicional decisiva para os discípulos encontrarem um Jesus físico.

Apesar da aceitação um pouco menor, a evidência de um túmulo vazio é enorme. Primeiramente, todos os quatro Evangelhos mencionam que as primeiras testemunhas oculares foram mulheres. Esse fato é significativo porque o testemunho de mulheres geralmente era descartado nos julgamentos antigos.[16] Portanto, nenhum autor do primeiro século jamais teria inventado essa história.

Portanto, nenhum autor do primeiro século jamais teria inventado essa história. Todos os quatro Evangelhos também mencionam especificamente que o corpo de Jesus foi imediatamente solicitado a Pilatos por José de Arimateia, que o colocou em seu túmulo. Além disso, o antigo credo mencionado por Paulo em 1Coríntios 15:4 diz: "Ele foi sepultado". Se Jesus foi sepultado, então o túmulo teria sido um marco geográfico, assim como histórico. Tudo que as autoridades romanas e judaicas teriam de fazer seria produzir o corpo morto de Jesus, e então a história cristã seria bruscamente interrompida.

Os céticos tentam trabalhar sobre essa evidência, afirmando que Jesus não teria recebido um sepultamento adequado. Em vez disso, os romanos teriam jogado seu corpo aos animais selvagem. Em primeiro lugar, um ato como esse teria violado as leis romanas, que afirmavam que os costumes das nações por eles ocupadas deviam ser respeitados tanto quanto possível.[17] Essas leis foram colocadas em vigor a fim de manter a paz.[18] Além disso, a lei judaica ordenava expressamente que os corpos dos condenados fossem sepultados para que a terra não fosse contaminada.

Se um homem culpado de um crime que merece a morte for morto e pendurado num madeiro, não deixem o corpo no madeiro durante a noite. Enterrem-no naquele mesmo dia, porque qualquer que for pendurado num madeiro está debaixo da maldição de Deus. Não contaminem a terra que o Senhor, o seu Deus, lhes dá por herança (Deuteronômio 21:22-23).

Como afirmou o estudioso do Novo Testamento Craig Evans, "dados os costumes e a sensibilidade judaicos, o sepultamento teria sido esperado, e até exigido".[19] Igualmente significativo é o fato de a tradição da Igreja primitiva ser unânime em designar o local do túmulo. E o local identificado fica dentro dos muros de Jerusalém, após sua realocação mais para fora, entre 41 e 43 d.C. O costume exigia que Jesus fosse enterrado do lado de fora dos muros, de modo que a tradição da localização do túmulo teve de voltar para dez anos após a ressurreição. A probabilidade de um túmulo ter sido produzido tão próximo aos eventos reais é remota.[20] Essas evidências cumulativas e tão avassaladoras indicam que o ceticismo daqueles que negam o sepultamento e o túmulo vazio não tem qualquer fundamento histórico sólido.

Os discípulos acreditavam que Jesus apareceu a eles

O terceiro fato mínimo são as experiências dos discípulos com o Jesus ressurreto. A evidência que sustenta esse fato está em harmonia com a crucificação de Jesus. A maneira como os historiadores estão dispostos a explicar esses aparecimentos é outra questão. Embora os céticos não reconheçam uma ressurreição real ou um aparecimento em corpo físico, eles admitem o fato de que os discípulos de Jesus e também os céticos, como Paulo (um perseguidor de cristãos) e Tiago (irmão de Jesus), acreditavam que Jesus apareceu a eles após sua morte. Luke Timothy Johnson, em seu livro *The writing of the New Testament* [A escrita do Novo Testamento], afirmou:

> *Algo aconteceu* na vida de homens e mulheres reais; algo que fez com que eles encarassem a vida de um modo novo e radicalmente diferente... Se concordarmos que algo aconteceu, entretanto, precisamos encarar a pergunta ainda mais difícil: o que aconteceu? O que poderia ser profundo e poderoso o suficiente para transformar seguidores medrosos em líderes ousados e proféticos? Que poder poderia transformar um perseguidor fanático em um apóstolo fervoroso?[21]

Uma das peças de evidência mais fortes para essa conclusão vem do relato de Paulo, contando o que ele ouvira das testemunhas oculares acerca dos aparecimentos. Os estudiosos aceitam amplamente que Paulo foi o autor do livro de Gálatas, no qual descreve como ele viu o Senhor na estrada para Damasco, e então três anos depois foi a Jerusalém e falou com Pedro e Tiago. Desses encontros, Paulo detalha em 1Coríntios 15:3-8 os aparecimentos:

> O que primeiramente lhes transmiti foi o que recebi: que Cristo morreu pelos nossos pecados, segundo as Escrituras, foi sepultado e ressuscitou no terceiro dia, segundo as Escrituras, e apareceu a Pedro e depois aos Doze. Depois disso apareceu a mais de quinhentos irmãos de uma só vez, a maioria dos quais ainda vive, embora alguns já tenham adormecido. Depois apareceu a Tiago e, então, a todos os apóstolos; depois destes apareceu também a mim, como a um que nasceu fora de tempo.

Paulo faz uma lista digna de crédito das testemunhas oculares que deram testemunho do fato de que Jesus havia ressuscitado dos mortos.

Outra indicação significativa do fato de que os discípulos acreditavam que haviam visto o Jesus ressurreto foi a transformação de suas vidas e de seu caráter. Por exemplo, o meio-irmão de Jesus, Tiago, não era um seguidor durante o início do ministério de Cristo. Na verdade, ele era cético e o criticava juntamente com o restante da família (ver Marcos 3:21; João 7:5). Depois de ver Jesus vivo, porém, ele tornou-se um dos líderes da Igreja primitiva em Jerusalém, tendo sido apedrejado até a morte tempos depois, conforme registrado pelo historiador Josefo.[22] Os outros discípulos também se transformaram, passando de homens cheios de dúvida e desiludidos a proclamadores ousados da ressurreição. Aliás, todos estavam dispostos a sofrer e morrer pela convicção que possuíam de que Jesus ressuscitou da sepultura. Temos, ainda, boas evidências de que alguns foram até martirizados.[23]

Há relatos de que outros homens também afirmavam ser o Messias, mas a morte deles rapidamente dispersou seus seguidores e pôs fim aos movimentos. Um exemplo é mencionado no livro de Atos (5:34-39), quando os líderes religiosos foram confrontados pelas notícias de que Jesus estava vivo. O fato de o movimento ter crescido com base no testemunho de centenas de pessoas de que Jesus estava vivo aponta para a conclusão mais lógica, de que as alegadas aparições eram genuínas.

Os Evangelhos oferecem um apoio extra a esse fundamento. Mateus e Lucas registram que Jesus apareceu aos discípulos na Galileia, após sua ressurreição:

> Os onze discípulos foram para a Galileia, para o monte que Jesus lhes indicara. Quando o viram, o adoraram; mas alguns duvidaram. Então, Jesus aproximou-se deles e disse: Foi-me dada toda a autoridade nos céus e na terra. Portanto, vão e façam discípulos de todas as nações, batizando-os em nome do Pai e do Filho e do Espírito Santo (Mateus 28:16-19).

João também descreve várias aparições, e o fim provavelmente original do Evangelho de Marcos menciona que elas logo surgiriam (Marcos 16:7). Os céticos podem não aceitar os detalhes exatos das narrativas sobre as aparições nem admitir que Jesus estivesse realmente presente fisicamente. Entretanto, a maioria dos principais eruditos reconheceria que a inclusão desses relatos em fontes múltiplas independentes, inclusive as dos Evangelhos e a do apóstolo Paulo, indica que realmente ocorreram aparições de alguma espécie.

A evidência adicional vem do sermão e dos resumos de discursos encontrados no livro de Atos. Faço aqui a advertência de que muitos estudiosos não quiseram aceitar Atos como historicamente confiável, de modo que, tecnicamente, esse livro não faria parte de um argumento sobre os fatos mínimos. Entretanto, o capítulo seguinte demonstrará que uma avaliação honesta do livro o sustenta firmemente como uma fonte confiável. Em particular, um historiador do calibre de Lucas teria representado fielmente o conteúdo original dos locutores.[24] E Lucas (o autor) teve acesso ao testemunho ocular e a outras fontes muito primitivas. O livro de Atos menciona especificamente que Lucas era companheiro de viagens de Paulo, que o acompanhou a Jerusalém e encontrou-se com Tiago e com os presbíteros (ver Atos 21:18). Portanto, os resumos representam uma evidência sólida de que os apóstolos testemunharam as aparições de Jesus.

Por exemplo, Pedro as menciona em sua mensagem aos primeiros cristãos gentios:

> Nós somos testemunhas de tudo o que ele fez na terra dos judeus e em Jerusalém, onde o mataram, suspendendo-o num madeiro. Deus, porém, o ressuscitou no terceiro dia e fez que ele fosse visto, não por todo o povo, mas por testemunhas que designara de antemão, por nós que comemos e bebemos com ele depois que ressuscitou dos mortos (Atos 10:39-41).

Elas também estão descritas na mensagem que Paulo pregou em sua primeira viagem missionária a uma sinagoga judaica:

> Mesmo não achando motivo legal para uma sentença de morte, pediram a Pilatos que o mandasse executar. Tendo cumprido tudo o que estava escrito a respeito dele, tiraram-no do madeiro e o colocaram num sepulcro. Mas Deus o ressuscitou dos mortos, e, por muitos dias, foi visto por aqueles que tinham ido com ele da Galileia para Jerusalém. Eles agora são testemunhas dele para o povo (Atos 13:28-31).

Vários outros exemplos poderiam ser acrescentados para demonstrar que os apóstolos incluíram as aparições como parte central de seu testemunho.

A ressurreição foi proclamada antecipadamente

O quarto fato mínimo é que a ressurreição foi proclamada muito antes (dias antes do acontecimento em si). O cristianismo teve início no lugar em que seu êxito era menos provável, onde teria sido mais fácil refutá-lo: em Jerusalém, três dias após sua morte. Embora os principais eruditos céticos admitam que a ressurreição de Jesus foi proclamada antecipadamente, os céticos obstinados geralmente tentam obscurecer ou mesmo negar esse fato — obviamente por causa de suas implicações. Em vez de se dedicaram ao debate histórico, obras de ficção populares como *O código Da Vinci* fazem afirmações de que o cristianismo tornou-se proeminente por causa de Constantino, em 325 d.C. A verdade é que a pregação sobre a ressurreição virou o mundo de cabeça para baixo, desde o começo. Como mencionado, 1Coríntios 15:3-8 representa um credo precoce, que Paulo recebeu de Pedro *menos de cinco anos depois* da morte de Jesus, durante sua primeira visita a Jerusalém. Considerando que os credos exigem tempo para se tornarem padronizados, o ensinamento original só poderia ter surgido anos antes.[25]

Além do mais, a morte, o sepultamento e a ressurreição também são mencionados em Atos como parte dos primeiros sermões. A evidência de Atos é significativa, mas para nos mantermos dentro dos critérios dos fatos mínimos, ela será classificada como suplementar pelas mesmas razões mencionadas aqui. Além disso, os mais eminentes pais da Igreja primitiva, como Policarpo, Inácio e Papias, escreveram sobre os estágios iniciais da fé e da importância central da ressurreição. Essas fontes serão discutidas em maiores detalhes no capítulo 3.

Essa evidência torna a proclamação inicial do evangelho um fato histórico, que é reconhecido praticamente por todos os estudiosos do Novo Testamento. Até Bart Ehrman data a pregação da ressurreição dois anos após o evento. James Dunn, um dos principais eruditos do mundo, estabelece uma data de meses após o sepultamento. E Larry Hurtado, um pioneiro no estudo da Igreja primitiva, data a pregação de dias após os eventos.[26] Portanto, a mensagem cristã não é baseada em um mito que se desenvolveu ao longo dos anos dentro da igreja. Tampouco está fundamentada em uma ilusão criada pelos discípulos e compartilhada por todo o grupo em resultado da tristeza por terem perdido seu amado líder; tal cenário teria exigido um espaço de tempo muito mais longo para se desenvolver. A proclamação inicial de que Jesus de Nazaré havia ressuscitado dos mortos e, portanto, era o Messias prometido, teve início logo após sua morte, e somente essa mensagem poderia ter produzido congregações de cristãos fiéis por todo o mundo Mediterrâneo em um espaço de tempo tão curto.

Saulo de Tarso

Em quinto lugar, os historiadores são praticamente unânimes em sua convicção de que Saulo de Tarso, também conhecido como Paulo, era um oponente feroz da nova religião oriunda do judaísmo, chamada de cristianismo, mas ele foi transformado em um defensor dessa fé após acreditar que havia encontrado o próprio Jesus ressurreto. Os eruditos também aceitam que ele escreveu pelo menos sete das epístolas (cartas) do Novo Testamento que levam seu nome. Uma de suas maiores contribuições foi interagir com testemunhas oculares do ministério de Jesus e transmitir a nós o testemunho delas (ver 1Coríntios 15, Gálatas 1 e 2). Ele descreveu como conheceu Tiago, o irmão de Jesus; relatou como "apresentei a eles o evangelho que prego" (Gálatas 2:2), falando de João e Pedro. Bart Ehrman fala sobre Paulo passando 15 dias com Pedro (ver Gálatas 1:18). Ehrman, como qualquer outra pessoa interessada no cristianismo, diz que teria amado passar 15 dias com Pedro.

Então por que razão os historiadores demonstram aceitar o testemunho de Paulo como uma parte do fundamento histórico? Primeiramente, como acabamos de mencionar, Paulo nos dá seu próprio relato como testemunha ocular. O fato de que ele viu o Cristo ressurreto não foi apenas escrito pelo próprio Paulo, mas também Lucas, historiador e seu companheiro de viagem, escreveu sobre o seu encontro dramático no livro de Atos (ver Atos 9:27). Em segundo lugar, ele era originalmente um inimigo violento do movimento cristão, de modo que os historiadores dão maior peso a suas afirmações com relação aos eventos que ele relatou. Não havia maior inimigo do movimento recente do que Paulo. Imagine alguém como Richard Dawkins sendo convertido e tornando-se um campeão de Cristo. Essa foi a magnitude da salvação de Paulo. Em terceiro lugar, ele deu um testemunho constrangedor sobre si mesmo e a reversão total de seus atos resolutos. A admissão de Paulo de que ele estava errado em seus esforços incansáveis para desacreditar e destruir o cristianismo é considerada uma evidência altamente digna de crédito. Em quarto lugar, Paulo era bastante instruído, e escreveu em detalhes sobre seu encontro com o Cristo ressurreto e sua subsequente transformação (ver Gálatas 1 e 2). Finalmente, ele estava disposto a sofrer e a morrer pelo movimento cristão que anteriormente havia perseguido. Paulo foi martirizado por Nero em 64 d.C.[27]

> Imagine Saulo, um cidadão romano, decidindo de maneira voluntária abrir mão da vantagem que essa condição lhe concedia, para submeter-se voluntariamente à punição definitiva da pena de morte — tudo porque se recusava a negar que Jesus realmente havia ressuscitado dos mortos e, portanto, era o Messias prometido. "Esse ponto está bem documentado, relatado pelo próprio Paulo, assim como por Lucas, Clemente de Roma, Policarpo, Tertuliano, Dionísio de Corinto e Orígenes. Assim sendo, temos testemunhos antigos, múltiplos e em primeira mão, de que Paulo se converteu, passando de firme oponente do cristianismo para um dos seus maiores defensores."[28]

Toda essa evidência aponta para a conclusão de que Saulo foi transformado porque ele acreditava que havia visto o Jesus ressurreto.

Outros Fatos Mínimos

Delineamos os cinco fatos mínimos mais comumente usados para defender a ressurreição. Entretanto, há muitos mais do que a maioria dos estudiosos aceitaria. Mencionarei brevemente dois fatos mínimos adicionais e um evento fortemente sustentado, mas entrarei em maiores detalhes sobre eles ao longo dos capítulos seguintes.

Tiago, o Cético, tornou-se discípulo de Jesus

O primeiro fato mínimo adicional é que Tiago, o meio-irmão de Jesus, era originalmente um cético e crítico do ministério de seu irmão (ver Marcos 3:20-21; João 7:1-5). Entretanto, mais tarde Tiago passaria a crer que Jesus era o Filho de Deus, depois de vê-lo vivo em seguida à sua morte. O aparecimento de Jesus a seu meio-irmão foi mencionado no credo de 1Coríntios 15. Mais tarde ele também se tornaria o líder da Igreja de Jerusalém (ver Atos 15:13-21). Ele foi martirizado pelos líderes religiosos de Jerusalém, conforme registrado por Eusébio e Josefo.[29] Algo extraordinário teve de ocorrer para convencer um cético de que seu irmão era o Salvador do mundo.

A Igreja cristã foi fundada e floresceu

O segundo fato mínimo adicional está relacionado com o início e o crescimento repentino da Igreja cristã. Praticamente todos os estudiosos concordam que a igreja foi imediatamente estabelecida em Jerusalém e cresceu rapidamente. A evidência das cartas de Paulo indica que igrejas cristãs importantes haviam sido estabelecidas em todo o império Romano, da Judeia à Grécia, até em Roma, algumas décadas depois da crucificação. A expansão inicial também é confirmada pelos escritos de líderes romanos e historiadores, como Plínio, o Jovem, Suetônio, Tácito, e até pelo Talmude judaico. Os autores não teriam prestado atenção aos primeiros cristãos, até que o número deles se tornou significativo.

João Batista batizou Jesus

O evento final sustentado por evidências históricas significativas é o batismo de Jesus por João Batista.[30] João é mencionado nos quatro relatos dos Evangelhos. O batismo é mencionado nos Evangelhos de Marcos, Mateus e Lucas (Marcos 1:9-11; Mateus 3:13-17; Lucas 3:21-22) e o Evangelho de João sugere sua ocorrência (João 1:29-34). Todos os Evangelhos também descrevem confirmações sobrenaturais do ministério de Jesus. Além disso, João estava batizando as pessoas para o perdão dos pecados. Então, o fato de João batizar Jesus poderia sugerir que Jesus era inferior a ele, o que teria sido constrangedor para a Igreja primitiva. Por essa característica, não há probabilidade de que essa história tenha sido inventada. Esses fatos convenceram até mesmo os estudiosos liberais de que o evento é histórico.[31]

Resumo

Lembro-me de ouvir sobre a existência de fatos relacionados à vida e morte de Jesus, assim como eventos posteriores à sua morte, que eram considerados fatos históricos, até mesmo pelos céticos. Embora eu acreditasse que as histórias da Bíblia fossem verdadeiras, por vezes, tinha dificuldades em como transmitir esses fatos com eficácia a céticos que rejeitavam meu uso das Escrituras. Usar a abordagem dos fatos mínimos, conforme ensinado pelo Dr. Gary Habermas, ajudou-me a reunir esses eventos-chave e apresentá-los claramente a outras pessoas. Essa abordagem foi um grande elemento na edificação da confiança da minha própria fé, e espero que você a domine para consolidar sua fé também, a fim de transmiti-la a outros com mais eficácia.

CAPÍTULO 3

Podemos confiar nos Evangelhos

Por que a Bíblia é confiável?

Um homem cuja precisão pode ser demonstrada em questões nas quais é possível testá-la, provavelmente terá a mesma precisão, ainda quando os meios para testá-lo não estejam disponíveis. A precisão é um hábito mental, e sabemos pela feliz experiência que algumas pessoas são habitualmente precisas, assim como podemos confiar que outras são imprecisas. O relato de Lucas o capacita a ser considerado um escritor de precisão habitual.[1]
— F. F. BRUCE

Muitos filhos consideram seus pais como heróis. Eu definitivamente penso assim. Quando jovem, meu pai, Bill Broocks, serviu na Marinha durante a Segunda Guerra Mundial, em um submarino chamado USS Barb. Por causa dos atos de ousadia e coragem durante inúmeros conflitos no mar, o almirante do navio recebeu a Medalha de Honra do Congresso. Na verdade, toda a tripulação mereceu e recebeu reconhecimento por suas ações.

Papai ainda é capaz de contar muitos dos eventos de 70 anos atrás de forma muito clara. Para ele, aquele período de aproximadamente três anos e meio foi inesquecível. Eu me sentava e o ouvia enquanto ele — com seus oitenta e tantos anos — contava histórias de algumas das façanhas das quais eles participaram e dos graves desafios que enfrentaram. Seu irmão mais velho, Ben, era oficial da Marinha e foi morto na ilha de Saipan, quando um homem-bomba saltou para dentro do seu abrigo, matando a si mesmo e muitos outros nas proximidades. Meu pai recebeu a notícia enquanto seu navio estava no porto de Pearl Harbor. O almirante levou meu pai até à ilha de Saipan, em meio ao conflito que ainda estava sendo travado ali, e permitiu que ele e dois amigos levassem um pequeno barco remando até à praia e depois engatinhassem por um cemitério escuro por várias horas, para localizar o túmulo de seu irmão. Eles resgataram dali o corpo dele, para que pudesse ser transportado para os Estados Unidos para ter um enterro adequado. Eles só tinham a luz da lua para guiá-los, brilhando de forma intermitente através das nuvens. O mais impressionante para mim nessa história é que ele tenha esperado tanto tempo para nos contar os detalhes. Sem dúvida a geração dele era diferente. Muitos a chamaram de "a maior geração de todas".

Quando ouvi essas histórias de 70 anos atrás serem contadas, lembrei-me do apóstolo João, que fez parte de outra campanha inesquecível que também durou três anos e meio. Ele foi uma testemunha ocular dos atos heroicos e do ministério de Jesus de Nazaré. João escreveria os relatos desses eventos aproximadamente 70 anos depois de terem acontecido. Ouvir o quanto a memória de meu pai era clara com relação aos incidentes notáveis da guerra mostrou-me o quanto uma lembrança do passado pode ser realista, principalmente de eventos que exerceram um impacto dramático sobre muitas pessoas.

Os escritores dos outros Evangelhos, Marcos, Lucas e Mateus, escreveriam mais cedo, como discutiremos em breve. Marcos escreveu seu Evangelho cerca de trinta a quarenta anos, no mínimo, após a morte e ressurreição de Jesus. Isso seria como tentar me lembrar dos eventos de 1981, o ano em que houve uma tentativa de assassinato de Ronald Reagan. Mateus e Lucas escreveriam sobre isso cerca de cinquenta anos depois, o que seria como tentar recordar os tempos turbulentos dos anos 1960.

Entretanto, os escritores do Evangelho não estavam simplesmente escrevendo eventos relacionados a uma lembrança distante. Eles tinham acesso a outros líderes e membros da igreja que haviam repetido aquelas histórias vez após vez, por décadas, e tinham outros relatos escritos. Cada autor dos Evangelhos escreveu uma compilação confiável, em seu próprio estilo, da vida, dos ensinamentos e do ministério de Jesus, que haviam sido fielmente lembrados e transmitidos desde o começo.

Os Evangelhos sob escrutínio

Os quatro relatos da vida, da morte e da ressurreição de Jesus são indiscutivelmente a literatura mais lida, estudada, escrutinizada e, ainda assim, a mais amada da história. Eles foram o tema de inúmeras reportagens de capa, livros, documentos, e até de livros e filmes revisionistas. Os períodos de tempo e as analogias descritas são muito importantes na discussão da confiabilidade desses testemunhos sobre Jesus Cristo. A narrativa cética afirma que os Evangelhos foram escritos muito depois dos eventos reais para serem confiáveis, portanto, eram meramente expressões criativas de fé da recente comunidade de cristãos. Entretanto, tais descrições negam muitas das evidências da história e da arqueologia.

A principal razão de muitos descartarem os Evangelhos é por rejeitarem a possibilidade de qualquer evento sobrenatural ou milagre. Essa mentalidade estava enraizada no liberalismo e no ceticismo alemão do século XIX, que absorveu esse tipo de filosofia naturalista. Se você rejeita de antemão todas as coisas sobrenaturais tendo-as por mito ou lenda, então rejeitará muitas das ocorrências de eventos desse tipo no Novo Testamento. Esses ataques não representam as conclusões objetivas dos eruditos que examinam os fatos cuidadosamente. Ao contrário, eles geralmente são as tentativas de homens e mulheres de rejeitar as consequências de se reconhecer a autoridade que os ensinamentos de Jesus deveriam ter sobre suas vidas. Em outras palavras, começam seus estudos presumindo que os Evangelhos são falsos e então forçam as evidências para que elas se encaixem em suas conclusões predeterminadas.

Outros cresceram com um entendimento incorreto dos estilos de escrita da época, de modo que não apreciam a flexibilidade que os autores do primeiro século tinham ao registrar eventos e ensinamentos com suas próprias palavras ou reorganizar materiais. Por isso, consideram as diferenças entre os relatos paralelos dos Evangelhos como "contradições" ou "erros", o que mina a confiabilidade desses textos. Este capítulo demonstrará que examinar as evidências de forma justa, com um entendimento adequado acerca da literatura do primeiro século, leva à conclusão de que os Evangelhos representam a história confiável.

Para reforçar essa confiança, examinaremos perguntas-chave, cujas respostas espero que construam uma crença maior na confiabilidade da Bíblia.

O que são os Evangelhos?

Os Evangelhos agora são reconhecidos pelos estudiosos como biografias históricas, do mesmo tipo que teria sido comum no mundo grego e romano há dois mil anos. Esse estilo de escrita não era um relato cronológico diário sobre a vida de alguém, mas uma organização feita pelo escritor dos detalhes que lhe pareceram mais importantes, no intuito de tornar as lições morais mais claras de um modo geral. O fato de serem biografias descarta a especulação de que esses escritos tinham o formato de lendas ou mitos. O historiador Michael Licona afirma o significado dessa conclusão: "O próprio fato dos autores optarem por adaptar as convenções biográficas greco-romanas para contarem a história de Jesus indica que eles estavam preocupados principalmente em comunicar o que pensavam que realmente havia acontecido".[2]

Os céticos querem desesperadamente negar que os Evangelhos fornecem dados históricos. Qual é a razão? Porque o que está em jogo é a autoridade de Jesus em nossas vidas e em nossa cultura. Eles atacam a confiabilidade dos Evangelhos tentando reduzi-los a declarações de fé feitas por cristãos muito depois de os eventos ocorrerem. Um dos principais céticos é Reza Aslan, que escreveu:

> Independentemente disso, os Evangelhos não são, nem jamais pretenderam ser, uma documentação histórica da vida de Jesus.

Eles não são testemunhos oculares das palavras e feitos de Jesus registrados por pessoas que o conheceram. São testemunhos de fé compostos por comunidades de fé e escritos muitos anos depois dos eventos que descrevem. Resumindo, os Evangelhos nos falam sobre Jesus, o Cristo, e não sobre Jesus, o homem".[3]

Esse tipo de declaração é simplesmente uma repetição das mesmas afirmações vazias de outros céticos anteriores a ele, desesperados por reduzir Jesus ao nível de mais um homem que falhou em sua missão quixotesca. Se desconsiderar os Evangelhos, você está livre para interpretar o que eles realmente queriam dizer de um ponto de vista quase histórico, desenhando um esboço de Jesus fundamentado na imaginação dos céticos acerca de como teria sido alguém que viveu no tempo de Jesus. Essa é a falha fatal tanto na historiografia quanto na lógica da mente cética. Em contraposição a isso, os estudiosos que comparam honestamente os Evangelhos à literatura da época reconhecem que esses escritos representam biografias fundamentadas no testemunho ocular, os quais documentam fielmente a vida, o ministério, e o que é mais importante, a ressurreição de Jesus.

Quem escreveu os Evangelhos e quando?

Os nomes Mateus, Marcos, Lucas e João formam provavelmente o quarteto de autores mais famoso da história. Você sabe que alguém é famoso quando não precisa de um sobrenome para saber quem ele é. O fato de esses homens terem sido os autores autênticos dessas biografias de Jesus tem sido aceito desde o princípio da fé cristã. Entretanto, durante os últimos séculos, os céticos questionaram a autoria tradicionalmente atribuída a eles, como uma estratégia para descartar a autoridade do seu conteúdo. Contrariamente, os céticos argumentam que os verdadeiros autores não tiveram acesso ao testemunho ocular, de modo que seus relatos não são confiáveis. Entretanto, a evidência da autoria tradicional ainda é muito forte.[4]

Obras eruditas importantes foram escritas sobre esse tema. O objetivo aqui é fornecer um breve resumo da evidência da autoria desses livros cruciais. A evidência mais forte a favor da visão tradicional é que o testemunho dos líderes da Igreja primitiva é quase uniforme com relação a quem escreveu cada livro. Por exemplo, um bispo chamado Irineu, proeminente do segundo século, citou vários detalhes sobre os autores dos Evangelhos a partir de uma fonte antiga do segundo século, um bispo chamado Papias, que estudou como discípulo do apóstolo João:

> Mateus também redigiu um Evangelho, escrito entre os Hebreus e no próprio dialeto deles, enquanto Pedro e Paulo estavam pregando em Roma e estabelecendo os fundamentos da igreja. Depois da partida deles, Marcos, o discípulo e intérprete de Pedro, também nos entregou por escrito o que havia sido pregado por Pedro. Lucas, o companheiro de Paulo, também registrou em um livro o Evangelho pregado por ele. Depois disso, João, o discípulo do Senhor, que também havia reclinado a cabeça em seu peito, publicou um Evangelho durante seu tempo de residência em Éfeso, na Ásia.[5]

Marcos

O primeiro Evangelho a ser escrito foi o de Marcos, que geralmente é datado entre 60 e 70 d.C. Os líderes da Igreja primitiva atestaram universalmente que esse era o mesmo João Marcos que foi companheiro de Pedro (ver 1 Pedro 5:13) e primo de Barnabé (ver Colossenses 4:10). Em um determinado momento, ele também acompanhou Paulo (ver Atos 12:25). Acredita-se que Marcos registrou as memórias de Pedro próximo à sua morte, em Roma, quando Pedro estava sendo perseguido por Nero em meados dos anos 60 a.C. O historiador da Igreja primitiva, Eusébio, relata que Papias também disse: "Tendo Marcos se tornado o intérprete de Pedro, escreveu com exatidão, embora não em ordem, tudo o que se lembrava sobre as coisas ditas ou feitas por Cristo".[6]

A autoria de Marcos é sustentada ainda por várias peças de evidência interna. Por exemplo, o estilo de escrita sugere que o autor falava aramaico, o idioma comum em Israel. Esse Evangelho também menciona Pedro com mais frequência do que os outros, inclusive logo no início e também no fim. E a perspectiva parece ser a de um dos Doze.[7] Em particular, ela inclui muitos detalhes vívidos que somente poderiam ser conhecidos pela comunidade de Jesus, como a referência a Alexandre e Rufo (Marcos 15:21) serem filhos de Simão, o Cireneu. Igualmente significativo, o nome de Marcos foi ligado a manuscritos que datam do segundo século. Marcos não era uma figura importante na Igreja primitiva, de modo que seu nome provavelmente não estaria associado ao Evangelho, a não ser que ele fosse o verdadeiro autor. Esses fatos se encaixam bem na afirmação tradicional de que o Evangelho são as memórias de Pedro, relatadas por Marcos.

Mateus

O Evangelho de Mateus foi o segundo a registrar um Evangelho que foi incluído no Novo Testamento. Ele geralmente é datado de fins dos anos 70 a 80 d.C, uma vez que sua ênfase nas profecias de Jesus sobre a destruição de Jerusalém corresponde às memórias dos cristãos após a destruição da cidade, em 70 d.C. As datas desse período também se encaixam no fato de que ele usa o Evangelho de Marcos como uma de suas principais fontes, bem como no fato de que Mateus tornou-se um Evangelho favorito em todo o mundo cristão por volta do segundo século. Os pais da Igreja primitiva universalmente atribuem a autoria ao apóstolo Mateus. Irineu, por exemplo, relata que Papias disse: "Então Mateus escreveu os oráculos em idioma hebraico, e todos os interpretavam como podiam".[8]

O Evangelho de Mateus na verdade foi escrito em grego, mas Mateus pode ter escrito citações de Jesus, que foram passadas adiante em aramaico ou hebraico. Daí a referência de Papias ao idioma hebraico. Entretanto, o grego foi o idioma preferido para a versão final dos Evangelhos, já que era o idioma comum da região.

A autoria é sustentada ainda por uma evidência contida no próprio texto. Na história sobre um publicano chamado para seguir Jesus, este chama-se *Levi* nos Evangelhos de Marcos e Lucas, mas chama-se *Mateus* no Evangelho de Mateus. O autor deste Evangelho provavelmente não teria mudado o nome usado em Marcos, a não ser que fosse seu próprio nome. As pessoas da época costumavam usar dois nomes. Do mesmo modo, Marcos e Lucas se referem à "sua casa" (Marcos 2:15; Lucas 5:29), ao passo que Mateus se refere "à casa" (Mateus 9:10) como alguém faria quando escrevesse sobre a própria casa no contexto de uma narrativa em terceira pessoa. A escrita de Mateus também mostra sinais de um treinamento religioso judaico, já que ele possui um forte domínio do grego. Esses detalhes se encaixam bem na descrição dos Evangelhos de Mateus/Levi como um levita e coletor de impostos.[9]

Lucas

O autor do Evangelho de Lucas é o médico que foi um dos companheiros de viagem de Paulo. O apóstolo o menciona pelo nome em várias de suas cartas (ver Colossenses 4:14; 2Timóteo 4:11; Filemom 24). Lucas menciona explicitamente sua presença em viagens com Paulo durante suas últimas jornadas, nas passagens em que diz "nós", que começam em Atos 16:10. Além disso, a autoria de Lucas é sustentada de maneira uniforme pelos líderes da Igreja primitiva. Por exemplo, Irineu escreveu: "Lucas relatou os ensinamentos de Paulo após a morte de Pedro e Paulo. Ele escreveu depois do hebreu Mateus, e por volta da mesma época de Marcos, e antes de João".[10] Irineu também relata que Lucas escreveu o livro de Atos e viajou com Paulo.[11] A autoria de Lucas é confirmada ainda pelos líderes da Igreja primitiva: Clemente,[12] Tertuliano[13] e Orígenes.[14]

Várias evidências internas ajudam a estabelecer a data da escrita do Evangelho lucano e do livro de Atos nos anos 70 d.C. Por exemplo, Atos relata em detalhes certas insurreições, as quais seriam desnecessárias mencionar, a menos que ainda estivessem na lembrança das pessoas a quem o livro foi originalmente endereçado. A acusação de que Paulo deu início a tumultos precisava ser explicada durante sua custódia e após sua execução. Além disso, Lucas parafraseia as profecias do fim dos tempos de Marcos de modo a relacioná-las claramente à destruição do templo de Jerusalém, em 70 d.C. Reforçar essa associação seria importante se o livro foi escrito quando esses eventos traumáticos ainda estavam frescos na mente dos leitores. Entretanto, alguns estudiosos datam os escritos de Lucas como sendo anteriores, porque essas obras terminam antes da morte de Paulo. Obviamente, essa posição não enfraqueceria o argumento da confiabilidade; ao contrário, o reforçaria ainda mais.

João

Testifica-se de forma consistente pela tradição da igreja que o Evangelho de João foi escrito pelo próprio apóstolo João. Por exemplo, Irineu, no segundo século, citou Policarpo, seu contemporâneo e conhecido, aluno do apóstolo João, dizendo:

> João, o discípulo do Senhor, que também havia reclinado a cabeça em seu peito, redigiu, ele próprio, um Evangelho durante seu período de residência em Éfeso, na Ásia... aqueles que se relacionavam com João, o discípulo do Senhor, na Ásia, [afirmaram] que João lhes transmitiu essa informação. E ele permaneceu entre eles até os tempos de Trajano... Então, novamente, a Igreja em Éfeso, fundada por Paulo, e tendo João permanecido entre eles permanentemente até os tempos de Trajano, é uma verdadeira testemunha da tradição dos apóstolos.[15]

João também menciona diretamente a si mesmo como uma testemunha ocular (ver João 19:35), referindo-se implicitamente à sua presença como o discípulo "a quem Jesus amava" (ver 13:23; 19:26; 20:2; 21:7; 21:20). De forma notável, o nome João não aparece, embora ele seja mencionado nos outros Evangelhos como um dos três mais chegados a Jesus. Se João foi o autor do livro, essa ausência notável seria compreensível. E a perspectiva é de alguém que fazia parte do círculo mais íntimo. Esses fatos também se encaixam melhor na designação tradicional.

O Evangelho de João foi escrito perto do fim do primeiro século. A data não poderia ser posterior, uma vez que um dos fragmentos mais antigos do manuscrito descoberto é uma peça parcial do Evangelho de João. Ele é mencionado como o fragmento de John Ryland e data do início do segundo século.[16] O fragmento foi descoberto no Egito, de modo que o Evangelho provavelmente foi escrito décadas antes, a fim de permitir o tempo necessário para que uma cópia viajasse para tão longe de sua composição original.

Por que há somente quatro Evangelhos?

Os Evangelhos do Novo Testamento são os únicos aceitos pelos líderes da Igreja primitiva como parte da coleção oficial de escritos conhecidos como o cânon do Novo Testamento. Esses escritos canônicos foram escolhidos com base em um conjunto de critérios extremamente restritos. Primeiramente, os escritores deviam ser testemunhas oculares de Jesus, ou pessoas intimamente associadas a essas testemunhas. Os escritos também tinham de ser reconhecidos muito anteriormente como confiáveis em todas as regiões do mundo cristão. E tinham de se conformar ainda aos ensinamentos que correspondessem diretamente aos apóstolos. Todos os Evangelhos atendem a esses critérios. Por volta do segundo século, os quatro Evangelhos foram reconhecidos por toda a Igreja primitiva como uma autoridade singular. Os pais da igreja faziam citações extensas com base neles. Na verdade, todo o Novo Testamento poderia ser reconstruído a partir desses escritos.

Também existiram outros Evangelhos, como o Evangelho da Verdade, o Evangelho de Maria e o Evangelho de Pedro. Entretanto, nenhum desses evangelhos não canônicos atende a qualquer dos critérios aqui mencionados. Em geral, eles foram compostos mais de um século depois do Novo Testamento ser concluído. Não foram escritos por ninguém que estivesse sequer intimamente associado aos apóstolos, e não eram amplamente conhecidos. O ensinamento contido neles também diferia drasticamente do ensino dos apóstolos. Como tal, a confiabilidade desses Evangelhos e sua importância perdem a força em comparação com os quatro autênticos.

Apesar desses fatos, um escrito em particular, conhecido como o Evangelho de Tomé, adquiriu maior popularidade graças a um grupo de estudiosos do Novo Testamento extremamente cético, já mencionados no início deste livro, conhecidos como *The Jesus Seminar* [Seminário sobre Jesus]. Eles alçaram o Evangelho segundo Tomé ao mesmo patamar dos Evangelhos canônicos. Embora a opinião desse grupo não representasse o consenso dos eruditos, eles ganharam a atenção da mídia. Um entre muitos dos objetivos principais dos membros era minar a confiança no Novo Testamento, e eles tiveram êxito em plantar as sementes da dúvida naqueles cristãos que não estavam familiarizados com a evidência real.

Na verdade, o Evangelho de Tomé é simplesmente uma coleção de citações, cuja origem, em parte, vem dos Evangelhos canônicos. No que se refere ao conteúdo que difere dos Evangelhos canônicos, nada pode ser verificado historicamente ou arqueologicamente, e ele provavelmente foi escrito em meados do segundo século. O mais estarrecedor é que boa parte de seu ensino é completamente divergente de tudo o que sabemos sobre o Jesus histórico. Apesar das honras conferidas ao Evangelho de Tomé pelo *The Jesus Seminar*, comparar os Evangelhos autênticos a ele é muito semelhante a comparar as biografias de Abraham Lincoln escritas pelos eruditos notáveis da Ivy League Lincoln com o livro *Abraham Lincoln — caçador de vampiros*.

O que temos agora é o mesmo que eles escreveram naquela época?

Uma das pedras de tropeço enfrentada por alguns céticos é o fato de os Evangelhos não terem sido copiados a partir dos documentos originais escritos pelos autores, mas sim de cópias (manuscritos) posteriores. Essa preocupação é completamente destituída de fundamento, uma vez que praticamente nenhum outro documento histórico descoberto é original, a não ser que tenha sido gravado em pedra. Os Evangelhos, como muitas fontes antigas, foram escritos em papiro, um material que costumava perecer dentro de algumas centenas de anos. Entretanto, o número extraordinário de manuscritos, muitos dos quais são extremamente antigos, garante que conheçamos a substância do que foi originalmente escrito na grande maioria dos textos dos Evangelhos.

Na verdade, os Evangelhos são alguns dos relatos históricos de maior qualidade do mundo antigo. O importante estudioso, Dr. Dan Wallace, descreve a quantidade imensa de informações como "uma abundância de riquezas no que diz respeito aos documentos do Novo Testamento".[17] A maioria das biografias e histórias antigas foi escrita muito depois dos eventos que elas relatam. Por exemplo, a mais antiga biografia de Alexandre, o Grande, foi escrita mais de três séculos após a ocorrência dos eventos relatados. Tais informações muitas vezes eram provenientes de relatos de terceira mão.[18] Posto isso, temos fontes melhores em relação aos detalhes da vida de Jesus do que em relação aos detalhes da conquista, por Alexandre, do mundo conhecido. Como um segundo exemplo, todos, exceto um dos relatos escritos mais valorizados sobre o imperador Tibério César, um contemporâneo de Jesus, foram escritos 80 anos ou mais após os eventos descritos.[19] Em contraposição, os quatro Evangelhos, por sua vez, foram escritos entre 30 a 70 anos após o ministério de Jesus. Assim, temos fontes melhores e mais numerosas com relação a Jesus do que com relação a figuras antigas mais famosas.

Além disso, o número de cópias dos livros originais das escrituras do Novo Testamento é imensamente maior que o de qualquer peça da literatura antiga, totalizando cerca de 5800 manuscritos gregos. O melhor exemplo a se considerar é a *Ilíada*, de Homero, que atualmente tem pouco menos de 1800 manuscritos descobertos. Além disso, as cópias mais recentes das escrituras do Novo Testamento estão muito mais próximas dos originais. A diferença de tempo entre a cópia original da *Ilíada* e a primeira cópia descoberta é de 350 a 400 anos. Normalmente, as primeiras cópias de outros textos antigos datam de mais de mil anos antes. Em contraposição, inúmeras cópias encontradas das escrituras do Novo Testamento datam de 300 anos de sua composição, e o fragmento mais antigo data de menos de 50 anos antes.

A riqueza e a qualidade dos dados permitiram que os estudiosos do Novo Testamento reconstruíssem os originais com exatidão, com uma precisão de 99%. Além disso, a maior parte desse 1% dos textos restantes representa apenas diferenças de ortografia ou outras diferenças insignificantes. As incertezas que afetam o real significado das passagens não passam de cerca de 0.1% do total — e nenhuma delas coloca em questão qualquer doutrina ou prática cristã importante. Portanto, podemos nos sentir completamente seguros em saber que os textos escritos em nossas Bíblias hoje são, para todos os fins práticos, os mesmos escritos pelos autores originais.[20]

As primeiras décadas

Como abordamos no último capítulo, os historiadores concordam que o Evangelho foi proclamado dentro de pouco tempo, apenas dias após o túmulo de Jesus ter sido encontrado vazio. A mensagem dos apóstolos estava centralizada na crença de que Jesus era o cumprimento da *Tanakh* (as Escrituras do Antigo Testamento). Os primeiros livros do Novo Testamento foram escritos dezenove anos após a ressurreição. Durante a época anterior a esses escritos, os primeiros cristãos tinham as Escrituras do Antigo Testamento, o testemunho acerca da ressurreição, e as palavras de Jesus às quais os discípulos lembravam e transmitiam oralmente. Vejo um padrão semelhante em minha própria família. Meus filhos são capazes de repetir as frases do nosso filme favorito, *Nacho libre*, ou do meu filme favorito, *A felicidade não se compra*. Eles também são capazes de cantar a letra de várias canções que ouviram. Felizmente, os discípulos viviam em uma cultura oral, de modo que eram muito mais experientes em lembrar e transmitir informações verbalmente de forma precisa.[21] Por exemplo, os rabinos compilaram e passaram adiante a Torá oral para os seus discípulos, que transmitiram a mensagem de geração em geração. Os discípulos de Jesus sem dúvida seguiram essa mesma prática.

A confiabilidade da transmissão da vida e dos ensinamentos de Jesus foi reforçada por estudos da tradição oral em comparação com os textos dos Evangelhos. A maioria das pessoas do primeiro século não sabia ler, de modo que as comunidades desenvolveram ferramentas eficazes para transmitir suas histórias oralmente. O ensinamento de Jesus segue esses mesmos padrões. Como comenta o estudioso do Novo Testamento, Mark D. Roberts:

> As formas orais da tradição de Jesus também garantiram a transmissão confiável das histórias sobre ele. Considere o exemplo das histórias de milagres nos Evangelhos. Elas quase sempre incluem os seguintes elementos: uma exposição do problema; a breve descrição do milagre; uma exposição da resposta. Isso tem um sentido lógico, é claro, mas também condiciona a mente a recordar e relacionar as histórias de milagres fielmente. É bem semelhante ao que acontece às piadas, que podem assumir uma forma familiar para nos ajudar a lembrar delas: "Um padre, um pastor e um rabino..." ou "Toc, toc, toc..."[22]

Jesus e os discípulos estruturaram seus ensinamentos de maneira a garantir que eles fossem adequadamente lembrados e ensinados às gerações seguintes. Esse tipo de tradição oral não teria se corrompido no curto intervalo entre os eventos e o momento em que os Evangelhos foram escritos. Portanto, não é preciso sequer aceitar as visões tradicionais de autoria para confiar na precisão dos Evangelhos.

O jogo do texto

Entretanto, evidências ainda mais fortes sustentam a nossa confiança nos Evangelhos. Estou certo de que você entende que as mensagens de texto de seu celular podem ainda estar disponíveis na nuvem. Em um tribunal, essas mensagens podem ser citadas e recuperadas, para comparar o que você diz ou disse com o que realmente escreveu naquele texto que pensou que ninguém mais leria. Esse exemplo é uma maneira incrível de ver como o "texto" da Bíblia também pode ser recuperado e comparado.

Assim como acontece com as mensagens de texto, podemos verificar a precisão dos escritores dos Evangelhos comparando-os uns com os outros e com os escritos de Paulo. Os Evangelhos relatam claramente a mesma história básica, pois todos eles se sobrepõem em inúmeros fatores, inclusive com relação à natureza sobrenatural do ministério de Jesus, seus ensinamentos básicos, a oposição que ele enfrentou por parte dos líderes religiosos, e sua morte, sepultamento e ressurreição. O livro de Atos também possui inúmeros detalhes em comum com os escritos de Paulo, inclusive suas visitas a diversas cidades, os açoitamentos que ele sofreu e suas discussões com os líderes em Jerusalém. Além disso, Lucas e Mateus se apoiaram em Marcos como uma fonte anterior, e usaram também uma segunda fonte comum, geralmente chamada de Q. As semelhanças significativas entre passagens paralelas em Mateus e Lucas (por exemplo, Mateus 3:7-10; Lucas 3:7-9) e entre os três Evangelhos (ver Mateus 14:3-4; Marcos 6:17-18; Lucas 3:19-20) indicam que Lucas e Mateus usaram suas fontes com muita precisão. As diferenças entre os relatos dos Evangelhos não são maiores que a liberdade literária que os biógrafos e historiadores do primeiro século empregavam normalmente.

Igualmente significativo é o fato de que o autor do Evangelho de Lucas e de Atos afirma explicitamente que sua informação veio do testemunho ocular e de outros relatos confiáveis:

> Muitos já se dedicaram a elaborar um relato dos fatos que se cumpriram entre nós, conforme nos foram transmitidos por aqueles que desde o início foram testemunhas oculares e servos da palavra. Eu mesmo investiguei tudo cuidadosamente, desde o começo, e decidi escrever-te um relato ordenado, ó excelentíssimo Teófilo, para que tenhas a certeza das coisas que te foram ensinadas (Lucas 1:1-4).

Essa introdução era típica de uma obra histórica do primeiro século, que tentava descrever os eventos com exatidão. O autor menciona a existência de muitos outros relatos escritos, aos quais provavelmente ele poderia ter acesso. Além disso, ele usou como fonte o que foi transmitido "por aqueles que desde o início foram testemunhas oculares e servos da palavra". Em outras palavras, ele tinha acesso às próprias testemunhas oculares dos eventos reais, que se tornaram líderes oficiais da Igreja. Não há dúvida de que esses líderes garantiram que os ensinamentos e o ministério de Jesus fossem transmitidos com exatidão para a próxima geração. Conforme mencionado anteriormente, Lucas tinha acesso até mesmo a Pedro e a Tiago.

Testemunho constrangedor

Outra categoria de evidência, que sustenta a confiabilidade dos Evangelhos, é a inclusão de um testemunho constrangedor. Os escritores não inventariam deliberadamente eventos que promovessem uma imagem negativa de si mesmos. Contudo, os Evangelhos estão repletos desse tipo de indício. Por exemplo, os discípulos, que se tornariam os líderes da Igreja, aparecem em todos os relatos dos Evangelhos abandonando Jesus após sua prisão (e.g., Marcos 14:50; Mateus 26:56; Lucas 22:57; João 18:17). Eu mesmo afirmei em várias ocasiões, em *campus* universitários em todo o mundo, que se os homens fossem os únicos autores dos Evangelhos, eles teriam se preocupado em melhorar muito a sua imagem. Mark Roberts conclui o mesmo em seu livro *Can we trust the gospels* [Podemos confiar nos Evangelhos?]:

Se você ler os quatro Evangelhos bíblicos, descobrirá que os discípulos quase nunca são retratados como modelos de perfeição de fé e de sabedoria. Eles são repetidamente retratados de modo negativo. Esse fato, por si só, me parece provar a inconsistência da tese de um golpe de poder. Se os escritores, editores e receptores dos Evangelhos tivessem sido motivados pelo desejo de poder, eles sem dúvida teriam modificado o relato dos Evangelhos.[23]

A arqueologia confirma a narrativa?

A confiabilidade dos Evangelhos e do livro de Atos é sustentada também pelas evidências arqueológicas. Há muito tempo os estudiosos céticos haviam afirmado que muitas pessoas, lugares e outros detalhes mencionados nos Evangelho foram inventados pelos autores. Entretanto, uma enormidade de descobertas arqueológicas derrubou essa crença. Por exemplo, foram descobertas as ruínas das cidades de Belém e Nazaré. E os arqueólogos descobriram as ruínas da sinagoga na cidade de Cafarnaum. Também foram feitas descobertas relacionadas à moeda com a imagem de César mencionada no Evangelho de Mateus (22:19) e ao vaso de alabastro usado para guardar o perfume que ungiu os pés de Jesus (Marcos 14:3). Além disso, os tanques de Siloé e Betesda também foram encontrados, confirmando as descrições dos Evangelhos.

Várias outras descobertas confirmaram a existência dos locais descritos nos Evangelhos, sua topografia e seu povo. Roberts comenta:

> A geografia dos Evangelhos é claramente a da Palestina do primeiro século, e não a de alguma espécie de Nárnia do primeiro século. Mais uma vez, os evangelistas colocam os principais marcos nos lugares certos. Quando eles colocam Cafarnaum junto ao mar da Galileia, por exemplo, isso está correto. E quando se referem a Jesus "subindo" a Jerusalém, embora ele estivesse viajando para o sul, eles falam corretamente, já que uma viagem a Jerusalém envolvia, literalmente, subir. A grande maioria das referências geográficas nos Evangelhos se encaixa no que conhecemos por outras fontes sobre a região onde Jesus ministrou.[24]

O livro de Atos possui igualmente abundantes detalhes que foram verificados, inclusive os nomes dos líderes e seus títulos, seus costumes locais e os eventos históricos. Tais evidências convenceram muitos especialistas históricos de que Lucas foi um dos maiores historiadores do seu tempo. O historiador mais renomado do século XX em antiguidade greco-romana, Eduard Meyer, opinou que Lucas foi um grande historiador e que Atos, "apesar de seu conteúdo mais restrito, tem os mesmos traços encontrados nos maiores historiadores, como Políbio, Tito Lívio e muitos outros".[25]

Qualquer historiador objetivo concluiria que os Evangelhos fornecem relatos confiáveis da vida e dos ensinamentos de Jesus. Aqueles que desafiam essa visão não o fazem por causa das evidências, mas sim apesar delas. Eles permitem que suas inclinações contra o cristianismo os ceguem para a conclusão mais sensata.

Apesar da evidência convincente descrita aqui, os céticos ainda atacam os Evangelhos com base nas tensões existentes entre eles. As próximas seções tratarão dos desafios mais comuns enfrentados pelos Evangelhos, demonstrando que os argumentos dos céticos, que a princípio parecem extraordinários, são pouco mais do que um jogo de espelhos e fumaça.

Contradições ou variações nos relatos?

Quando ouvimos os céticos, percebemos que todos eles têm suas frases bombásticas ou dizeres favoritos, muito semelhantes ao que poderíamos ouvir em campanhas políticas. Eles servem mais como artifícios retóricos do que como argumentos capazes de derrubar a fé. O favorito de Bart Ehrman é quando ele lê uma lista do que chama de discrepâncias nos Evangelhos, e em seguida acrescenta consistentemente a frase: *Depende de qual Evangelho você lê*. Depois de ler cerca de uma dúzia dessas comparações entre incidentes similares registrados nos diferentes Evangelhos, enfatizando o suposto conflito entre os dois relatos, Ehrman faz um grande esforço mental para convencer os ouvintes de que as evidências de os relatos serem irreconciliáveis são avassaladoras; assim, ele conclui que o testemunho deve ser então descartado em sua totalidade.[26] É simplesmente sem sentido descartar a historicidade de um evento apenas porque os relatos das testemunhas oculares parecem diferir. Um exemplo clássico é o naufrágio do Titanic. Algumas testemunhas oculares disseram que ele se partiu em dois antes de afundar, outras testemunhas oculares disseram que ele afundou em uma só parte. Embora os relatos possam divergir, ninguém conclui que o Titanic não afundou.[27]

Quando você olha mais de perto para os Evangelhos, muitas dessas supostas discrepâncias podem ser resolvidas ao se fazer a distinção entre uma contradição real e uma variação de relatos. Por exemplo, quando os eventos são relatados por jornalistas, há uma série de maneiras pelas quais o momento pode ser contado, sem que se afirme que essas várias histórias são contraditórias. Se um relato menciona apenas uma pessoa específica e o outro se refere a várias, isso significa simplesmente que os escritores tinham diferentes motivos para as mencionarem. O mesmo é verdade com relação aos Evangelhos (eg., Mateus 20:30 versus Lucas 18:35).

Ironicamente, as diferenças nos relatos dos Evangelhos, de fato, sustentam sua confiabilidade histórica, pois elas enfatizam o fato de que a mesma história está sendo contada por testemunhas separadas, de modo que os detalhes que se sobrepõem são quase que seguramente autênticos. Na verdade, um detetive chamado J. Warner Wallace examinou atentamente os relatos dos Evangelhos como se estivesse examinando os testemunhos de pessoas na investigação de um crime ocorrido há décadas passadas. Ele determinou que a quantidade de semelhanças e diferenças era perfeitamente compatível com o que seria esperado se a história básica fosse verdadeira. Além disso, os fatos não fariam sentido se as histórias fossem inventadas. Quando deu início à investigação, o detetive era um agnóstico, mas as evidências o convenceram a se tornar um cristão.[28]

Como exemplo de um tipo de evidência, os eventos em um Evangelho se "entrelaçam" com as descrições paralelas nos outros Evangelhos. Por exemplo, no relato de João sobre a multiplicação dos pães, Jesus pergunta a Filipe onde eles poderiam comprar comida (6:5), mas nenhuma explicação é dada quanto à razão pela qual a pergunta foi feita a Filipe. Já no relato de Lucas, ficamos sabendo que esse milagre ocorreu próximo a Betsaida (9:10), que era a cidade natal de Filipe (João 12:21). O fato de Jesus perguntar a Filipe, conforme descrito em João, faz sentido de acordo com a informação adicional de Lucas. Essas conexões e outros exemplos similares mostram que as histórias dos Evangelhos se fundamentaram em eventos históricos reais.[29]

Alguns detalhes nos Evangelhos não se harmonizam totalmente com os outros Evangelhos ou com outras fontes históricas. Um exemplo clássico está relacionado especificamente ao censo mencionado por Lucas (2:1-3). Entretanto, nenhum historiador competente rejeitaria a confiabilidade geral de um autor antigo com base exclusivamente em algumas tensões com outros documentos antigos, particularmente quando o autor provou ser preciso em tantos outros detalhes, como é o caso de Lucas. Além do mais, aparentes erros ou incoerências na Bíblia foram consistentemente justificados por descobertas arqueológicas posteriores. Até mesmo com relação ao censo de Lucas, os estudiosos do Novo Testamento propuseram explicações plausíveis sobre como cada detalhe na narrativa do nascimento está historicamente correto.[30] Em suma, não existe qualquer tensão nos Evangelhos que de alguma forma relevante possa minar sua confiabilidade.

Perdas na tradução?

Um segundo desafio é o fato de que muitos céticos, e até mesmo cristãos, esperam que os autores dos Evangelhos tenham produzido seus textos como se estivessem escrevendo para os ocidentais modernos. Entretanto, é um erro supor que os estilos de escrita dos escritores dos Evangelhos sejam os mesmos de hoje. Em outras palavras, assim como a moda sem dúvida é diferente hoje do que era há 2 mil anos, os estilos de escrita também são diferentes. Você pode imaginar comparar os estilos de roupas hoje com o de 100 anos atrás? E quanto a 2 mil anos atrás? Julgar os Evangelhos pelos mesmos padrões dos autores modernos é como julgar o estilo de vestir de alguém de mil anos atrás comparando com o de hoje. Essa rigidez irrealista dos estudiosos em sua percepção da Bíblia fez com que muitos questionassem a própria fé.

Por exemplo, os historiadores antigos não estavam necessariamente preocupados com a cronologia, e eles normalmente parafraseavam e resumiam. Esse padrão explica muitas das diferenças entre os relatos paralelos dos Evangelhos na redação exata, na ordem dos eventos ou em outros detalhes. Por exemplo, Marcos menciona Tiago e João pedindo a Jesus que os colocasse em uma posição de autoridade em seu reino vindouro (ver Marcos 10:35-37), ao passo que Mateus registra a mãe deles fazendo o pedido (ver Mateus 20:20-21). Essa diferença é facilmente compreendida quando pensamos nas diferentes audiências originais. Mateus estava escrevendo para uma comunidade judaica, de modo que seu público teria entendido que Tiago e João estavam usando sua mãe como uma intermediária para fazer o pedido deles. Os dois autores escreveram o evento de forma diferente para audiências diferentes, a fim de transmitirem melhor o ponto principal esclarecido por Jesus.

Alguns têm considerado essas diferenças como sérios desafios à inspiração da Bíblia, mas essa visão é infundada. Deus inspirou os autores bíblicos a transmitirem perfeitamente a sua verdade, mas ele fez isso usando os próprios padrões de escrita e os contextos culturais dos escritores. Do mesmo modo que Jesus representa a encarnação de Deus em forma humana, os diferentes livros da Bíblia representam a verdade divina de Deus encarnada em ambientes culturais e literários específicos.

Outro desafio está relacionado à questão da tradução. Jesus falava em aramaico, mas a maioria das audiências dos escritores dos Evangelhos falava grego, que nos dias de hoje seria como o inglês, em termos de idioma global. Então as palavras de Jesus tinham de ser traduzidas. Quando você traduz afirmações de um idioma para outro, é importante transmitir o significado da frase, não apenas as palavras exatas. Por exemplo, se eu dissesse em português "A perda do jogo realmente me arrasou", e alguém estivesse traduzindo essa expressão para o coreano ou o chinês, ela poderia ser transmitida de tal maneira que expressasse a minha fala, e não as minhas palavras exatas. É sempre engraçado quando eu digo alguma coisa em inglês que leva cerca de 15 segundos, e o tradutor fala por cerca de um minuto na tentativa de transmitir o meu pensamento. Ouvi muitas histórias nas quais alguma coisa se perde na tradução ou é parafraseada pelo tradutor para fazer a ideia ser entendida.

Do mesmo modo, os escritores do Novo Testamento tiveram de traduzir os ensinamentos em aramaico de Jesus para o grego koiné, que era o idioma comum da época. Assim sendo, os Evangelhos registram os termos gregos que o Espírito Santo inspirou os autores a escreverem, que correspondiam as palavras em aramaico que Jesus havia falado. "Toda a Escritura é inspirada por Deus e útil para o ensino, para a repreensão, para a correção e para a instrução na justiça" (2Timóteo 3:16).

Resumo

O peso da evidência histórica demonstra que os Evangelhos são muito confiáveis. Muitos historiadores passaram a reconhecer esse fato, embora originalmente não aceitassem que eles eram inspirados e infalíveis. De fato, os Evangelhos se destacam de forma extraordinária acima da grande maioria da literatura antiga, em termos da evidência dos manuscritos e dos fundamentos quanto à sua precisão histórica.

Quando está equipado com esse conhecimento, você pode estudar a vida e os ensinamentos de Jesus com grande confiança em sua veracidade. Diferentemente dos céticos, que pensam poder criar de forma grosseira uma imagem de Jesus com base em eventos históricos desconectados, você pode ter a visão clara do Jesus da história e de sua missão de salvar o mundo. Nos próximos capítulos, veremos porque os Evangelhos são mais do que confiáveis; eles são a Palavra de Deus.

CAPÍTULO 4

A crucificação

Por que Jesus tinha de morrer?

Pois a mensagem da cruz é loucura para os que estão perecendo, mas para nós, que estamos sendo salvos, é o poder de Deus.
— 1Coríntios 1:18

O novelista russo Fiódor Dostoiévski escreveu seus livros durante o turbulento século 19, um período em que o terreno moral mudava dramaticamente sob os pés de sua nação. Em um de seus clássicos, *Crime e castigo*, ele explora o tormento psicológico de um jovem que comete duplo assassinato e tenta se evadir da descoberta do crime, assim como explora a angústia mental e espiritual que resulta disso. No fim, ele não consegue escapar das acusações de sua própria consciência e se entrega às autoridades. A mensagem desse livro, e de outras obras como *Os irmãos Karamazov*, é a de que existe um verdadeiro código moral no mundo que emana de Deus, do qual não podemos escapar. Portanto, há um princípio moral distinto que todos nós parecemos aceitar: o crime exige punição.

Durante milhares de anos de história humana, o princípio de que alguém que comete um crime merece justa punição tem sido amplamente aceito. Os humanos são seres morais inatos com códigos de conduta que, quando violados, exigem retribuição. Esse desejo é o que entendemos por justiça. Se alguém é prejudicado, a justiça clama que algo seja feito. Por outro lado, injustiça é permitir que atos maus continuem sendo praticados sem qualquer consequência para seus perpetradores. Quando não há punição, a injustiça cresce e prospera.

O que se concluiu logicamente é que *quanto maior o crime, mais severa a punição*. Alguns atos de violência são tão graves que, ao longo da civilização, a punição máxima da morte foi colocada em vigor. Mesmo aquelas sociedades que são contra a punição capital designam a esses ofensores a prisão perpétua. Anular o restante da vida do criminoso é visto como a única punição compatível com o crime.

Esses exemplos estão relacionados aos crimes contra a humanidade. Mas e quanto aos atos que vão além do que é feito a outras pessoas? E quanto aos crimes contra Deus? Esses atos não trariam o maior julgamento de todos, uma vez que são, na verdade, crimes do coração contra o nosso criador? Os Dez Mandamentos começam com aqueles que se referem ao nosso relacionamento com Deus: não devemos ter outros deuses diante dele; não devemos fazer ídolos e adorá-los; não devemos tomar o nome do Senhor em vão; e devemos lembrar do sábado (Êxodo 20:1—11). Depois desses, vêm os mandamentos que falam do nosso relacionamento uns com os outros como pessoas. Mas a pergunta que nos deixa perplexos é: como os nossos pecados contra Deus devem ser tratados?

O Deus de amor é também um Deus de justiça. Por que razão? Se ele não julgasse o pecado, não poderia ser amoroso. Imagine se seus pais não impedissem que seus irmãos o atacassem por serem pais amorosos? Se eles fossem realmente amorosos, impediriam a parte ofensora e a puniriam por seus atos. A punição atua como uma maneira de dissuadir alguém de cometer a ofensa novamente. As pessoas realmente querem que Deus impeça o mal, mas o modo como ele faz isso é por meio do juízo.

Sim, as pessoas têm livre-arbítrio, mas Deus também o tem. As pessoas podem agir como querem, mas, no fim das contas, Deus agirá. Ironicamente, quando se diz que Deus julga as pessoas más, os críticos o acusam de ser duro e não amoroso. Entretanto, Deus só pune as pessoas e as nações por amor ao mundo inteiro, e seus juízos, até os mais severos, são sempre justos. Infelizmente, todos violaram a Lei de Deus e agiram de várias formas que feriram outros e destruíram a criação dele. Portanto, todos nós somos merecedores de julgamento, e até da morte. Então o dilema é: como Deus pode ser amoroso e justo ao mesmo tempo, sem comprometer nenhuma dessas duas qualidades?

A resposta a essa pergunta está ligada à sua morte na cruz, que, como tratamos no capítulo 2, é um fato aceito na história. Em essência, Jesus morreu na cruz para sofrer as consequências dos pecados da humanidade (cumprindo as exigências da justiça) enquanto estendia misericórdia a nós, que merecíamos a punição. Cristo veio para sofrer e morrer em cumprimento ao que foi anunciado pelos profetas. Ele deu liberalmente a sua vida pela nossa (ver João 10:15), a fim de que pudéssemos ser livres do poder e do juízo do pecado. E embora a cruz tenha se tornado o símbolo universalmente reconhecido da fé cristã, seu poder foi obscurecido e seu horror foi amplamente minimizado.

Deus não está interessado apenas no mal que acontece *a você*; ele quer impedir que o mal venha *por meio de você*.

POR QUE A CRUCIFICAÇÃO?

Deus escolheu o momento específico da história para sua morte ocorrer nas mãos daqueles que eram conhecidos por serem os melhores, os mais eficientes, os mais cruéis e os mais irredutíveis na habilidade de matar alguém, a fim de que a credibilidade dessa morte nunca pudesse ser questionada.

Foi uma morte pública. Levar Jesus a morrer em algum tipo de forma privada e humana significaria que o mundo poderia duvidar se ele realmente havia morrido, ou pensar que seus seguidores encenaram uma aparente execução, como uma equipe que trabalha para um ilusionista. Mas aquela forma de execução gerou uma cratera no coração da história humana.

Os detalhes médicos acerca da crucificação foram estudados extensamente com base nos relatos do Evangelho, na evidência histórica, e na mortalha do sepultamento de Jesus (ver capítulo 5). Conforme retratado nos Evangelhos, os que eram condenados à crucificação eram primeiro açoitados usando-se um chicote que consistia de faixas de couro com pedaços de metal e osso presos a elas. Essa tortura rasgava profundamente a carne da vítima, causando um sangramento intenso. Jesus também recebeu uma coroa de espinhos que foi pressionada em sua cabeça, causando ainda maior perda de sangue. A vítima então carregava a viga cruzada em forma de cruz, que pesava em torno de 45 quilos, até o local da crucificação. Naquele local, os pulsos[1] e os pés eram pregados à cruz. Os pregos eram do tamanho de pregos de estradas de ferro, e eles cortavam um nervo principal, o que causava uma dor excruciante. Depois que os soldados colocavam a vítima na cruz, eles costumavam zombar e repartir suas roupas. Esses detalhes são mencionados nos Evangelhos, e são precisamente compatíveis com os detalhes das crucificações romanas. Essas correspondências confirmam ainda mais que os autores estavam relatando eventos reais ouvidos de testemunhas oculares.

A posição dos indivíduos crucificados impedia sua respiração, de modo que eles tinham de tentar se erguer usando os braços e pés, na tentativa de respirar. As vítimas geralmente paravam de respirar devido a exaustão ou a dor, e então morriam por falta de oxigênio. Outros morriam de desidratação ou perda de sangue. Se os soldados quisessem acelerar a morte, eles quebravam as pernas do condenado, como é mencionado no Evangelho de João. Jesus parecia já estar morto, de modo que eles enfiaram uma lança do seu lado para se certificarem. Os soldados romanos sempre se certificavam de que suas vítimas estavam realmente mortas antes de permitirem que elas fossem retiradas da cruz, ou eles próprios seriam executados.[2]

Porém, apenas saber que Jesus morreu não basta; precisamos entender o significado da sua morte. Milhares de pessoas morrem todos os dias. Não pensamos que a morte delas tenha qualquer efeito sobre nós além da tristeza da perda de alguém que conhecíamos ou amávamos. Mas a morte de Jesus tem tudo a ver conosco. A importância de conhecer a crucificação não tem a ver com provocar em nós emoção ou tristeza, mas com uma convicção do que foi realizado em nosso favor. Sua missão de nos salvar foi o que o conduziu além da dor e do tormento. "Tendo os olhos fitos em Jesus, autor e consumador da nossa fé. Ele, pela alegria que lhe fora proposta, suportou a cruz, desprezando a vergonha, e assentou-se à direita do trono de Deus" (Hebreus 12:2).

Essa alegria inexplicável é o segredo de como Jesus suportou aquele momento. Foi a alegria de saber o que seu sacrifício realizaria por toda a humanidade. Agora, voltemos a nossa atenção para o entendimento da grandeza do que foi realizado por meio da sua morte na cruz — começando com o encerramento das acusações de culpa contra nós por causa das nossas transgressões.

O plano de Deus para pôr fim à injustiça

Ao olharmos profundamente para esse ato supremo de Justiça Divina, devemos estremecer diante das suas implicações para nós e nossa salvação. Inicialmente, Deus criou o mundo livre do mal e do sofrimento. O primeiro casal existia em um relacionamento perfeito com Deus, um com o outro e com a criação. Eles só precisavam confiar em Deus como a fonte da sua identidade, da sua segurança e do seu propósito. Entretanto, Adão e Eva optaram por se rebelar contra Deus e por se tornarem a própria autoridade fundamental. A rebelião resultou na separação deles de Deus, a fonte da verdadeira vida. Então eles experimentaram a dor e o sofrimento, que se espalharam para o mundo inteiro. Mas Deus não abandonou a humanidade. Em vez disso, pôs em ação seu plano de salvação para nos salvar tanto das consequências do pecado quanto do seu poder destruidor.

O plano da salvação começou com o primeiro sacrifício — a morte de um animal no jardim para criar uma cobertura para o pecado de Adão e Eva. Estendeu-se para a formação da nação de Israel, com o seu sistema de sacrifícios, que cobria os pecados do povo hebreu. Culminou com o sacrifício de Jesus na cruz pelos pecados do mundo inteiro, e será plenamente encenado com a segunda vinda de Jesus, quando todo o mal será removido e as pessoas experimentarão plenamente a presença de Deus para sempre na criação restaurada.

Faço um parêntese aqui, por um instante, para dizer que os críticos empacam diante da ideia de que Adão e Eva foram pessoas reais, mas diversos fatores apontam para a autenticidade de sua existência. Na ciência, o registro de fósseis sugere que as características distintas dos humanos apareceram de repente em vez de evoluírem gradualmente com o tempo.[3] Além disso, a evidência genética é compatível com todas as pessoas se originando de um único casal.[4] Em seguida, Jesus falou sobre Deus criando o homem e a mulher no princípio (ver Mateus 19:4). Como mencionamos e discutiremos em mais detalhes no próximo capítulo, a ressurreição de Jesus valida sua identidade e dá credibilidade às suas palavras acima de todas as outras. Se Jesus disse que Adão e Eva eram reais, então você pode aceitar com confiança essa afirmação como verdadeira. Finalmente, nenhuma premissa teológica é mais sustentada empiricamente do que a condição caída da humanidade. As pessoas têm um senso inato de que os princípios morais absolutos existem, mas temos uma tendência incontrolável de violar essas verdades, em geral por meio dos atos mais horrendos.[5] Essas realidades são abundantemente confirmadas até pelo estudo mais superficial da história, da psicologia ou pelo noticiário vespertino. E apontam para o fato de que fomos criados por Deus à sua imagem, mas a humanidade se tornou corrupta e alienada com relação ao criador.

A penalidade do pecado

O primeiro problema com o qual Cristo teve de lidar foi com a penalidade do pecado. Pelo fato de o pecado, na essência, quebrar a lei de Deus por ser uma rebelião contra ele, o pecado precisa ser punido.

A CRUCIFICAÇÃO

Imagine um assassino cometendo um crime horrível e simplesmente pedindo para ser perdoado e deixado fora da cadeia. O perdão pode ser concedido, mas ainda faltaria a justa punição.

O trauma físico e emocional que Cristo sofreu e suportou é difícil de ser compreendido, mesmo quando retratado graficamente em filmes como *A paixão de Cristo*. A conclusão mais geral é que essa tortura e dor tiveram o propósito de Jesus nos mostrar o quanto ele nos ama. Essa afirmação é verdadeira, mas por uma razão diferente do que a maioria das pessoas supõe. Sim, esse ato foi motivado por um amor incompreensível, porém, tão importante quanto é o fato de que ele levou a nossa punição. Essa foi a penalidade pelos pecados do mundo. Quer percebamos isso ou não, nós é que teríamos de suportar tal punição. É espantoso alguém suportar essas consequências em nosso lugar.

O profeta Isaías previu essa obra substitutiva de Jesus na cruz, como ele levou a nossa punição para pagar a penalidade pelos pecados do mundo.

> Todos nós, tal qual ovelhas, nos desviamos,
>   cada um de nós se voltou para o seu próprio caminho;
> e o Senhor fez cair sobre ele
>   a iniquidade de todos nós (Isaías 53:6).

Essa imagem profética foi dada quase 600 anos antes de seu cumprimento, e retrata as exigências da justiça divina como registrada ao longo da Escritura.

Desde o princípio, quando Deus começou a tratar com a humanidade, o pecado (a transgressão à Lei de Deus) teve um alto preço. Entretanto, Deus constantemente providenciou coberturas e substitutos. O primeiro ato de desobediência resultou na entrada da morte na condição humana. Imediatamente, um animal inocente foi morto para cobrir a transgressão do primeiro casal e a consequente vergonha. A libertação do cativeiro da escravidão no Egito teve seu ponto alto na noite em que os hebreus foram protegidos, pelo sangue de um cordeiro, do juízo que viria sobre a terra. A promessa de Deus foi de que o sangue faria com que o juízo da última praga passasse direto sobre as habitações daqueles que o aplicassem nos umbrais de suas portas. Daí, o termo *Pessach* (Páscoa), que significa "passar sobre". Por meio do sacrifício do cordeiro, os hebreus foram poupados da morte de seus primogênitos.

Esse tema do preço do pecado ser o derramamento do sangue é consistente ao longo da Bíblia. Jesus apontaria para isso simbolicamente em sua última ceia com os discípulos, antes de sua morte. Ele ergueria o cálice de vinho usado na refeição da Páscoa e declararia "Este cálice é a nova aliança no meu sangue, derramado em favor de vocês" (Lucas 22:20).

Entender a gravidade do pecado e a penalidade extrema decorrente dele deveria nos fazer tremer diante da enormidade desse grande sacrifício e presente de Deus, que ele tenha desejado sofrer tamanho tormento e agonia em nosso lugar.

Uma punição severa ofuscada por uma grande misericórdia

O fato geralmente ignorado quando as punições severas pelo pecado no Antigo Testamento são mencionadas é a enorme misericórdia que é disponibilizada a todos. Simplificando: quando você percebe a gravidade das consequências de uma transgressão, fica impressionado com a graça que lhe é oferecida. Por outro lado, se a penalidade pelo pecado fosse insignificante, então o valor do perdão também seria diminuído.

O principal exemplo da provisão de Deus pelo pecado é visto no livro de Levítico. Essa parte do texto bíblico em geral é atacada pelos críticos como uma demonstração primordial da ira excessiva de Deus. Entretanto, uma olhada mais de perto revela o contrário. Antes de Levítico mencionar as leis e as punições, os 16 primeiros dos 27 capítulos dão instruções para a expiação (cobertura pelos pecados) e para receber o perdão e a purificação. No capítulo 16, as instruções para o Dia da Expiação demonstram o quanto à misericórdia de Deus sempre foi abundante e disponível.

A CRUCIFICAÇÃO

Esse dia do perdão ainda é observado 3500 anos após sua instituição. Uma vez por ano, o Dia do Perdão, *Yom Kippur* em hebraico, é celebrado em todo o mundo. Praticamente todas as sinagogas judaicas leem o livro de Jonas durante a cerimônia. Essa escolha da leitura pode parecer estranha a princípio. Por que o livro cuja história principal é sobre um homem engolido por uma criatura do mar receberia tanta atenção? A escolha não é simplesmente uma peculiaridade da fé judaica. Olhando mais de perto, vemos que não é a história sobre o peixe que é a maior surpresa desse relato, mas o dom da misericórdia que engole o juízo anteriormente destinado à cidade de Nínive.

Na história, Jonas foge depois que Deus lhe ordena entregar uma mensagem de destruição à cidade. Muitos supõem que Jonas fugiu porque teve medo de entregar esse grave aviso a uma cidade tão hostil. Mas o verdadeiro motivo pelo qual Jonas fugiu foi porque ele sabia que Deus era misericordioso. No fim, ele diz a Deus que não queria entregar a mensagem de juízo ao povo, porque sabia que Deus os perdoaria e não os destruiria.

> Jonas, porém, ficou profundamente descontente com isso e enfureceu-se. Ele orou ao Senhor: "Senhor, não foi isso que eu disse quando ainda estava em casa? Foi por isso que me apressei em fugir para Társis. Eu sabia que Tu és Deus misericordioso e compassivo, muito paciente, cheio de amor e que prometes castigar mas depois Te arrependes. Agora, Senhor, tira a minha vida, eu imploro, porque para mim é melhor morrer do que viver" (Jonas 4:1-3).

Muitas vezes, nós, humanos, queremos que as pessoas recebam o que merecem. Quando Jonas recebeu a incumbência de anunciar o castigo iminente sobre a cidade, ele estava muito consciente da grande misericórdia de Deus — a ponto de correr para tão longe dela quanto podia. Felizmente, você não pode correr mais do que o amor de Deus. "Mas Deus demonstra seu amor por nós: Cristo morreu em nosso favor quando ainda éramos pecadores" (Romanos 5:8).

O Cordeiro de Deus

Deus demonstrou seu amor e sua abundante misericórdia por meio de muitos outros personagens do Antigo Testamento, além de Jonas. Mas essas figuras eram meramente uma sombra do cumprimento das promessas de Deus que aconteceria adiante, com a entrada de Jesus de Nazaré na história humana. Posteriormente, sua vinda foi proclamada por João Batista, uma dos personagens principais dessa história, que até os críticos concordam que foi uma pessoa real. João pregou arrependimento para o perdão dos pecados no deserto da Judeia, e ele batizou multidões que responderam. Vendo Jesus a distância, ele anunciou: "Vejam! É o Cordeiro de Deus, que tira o pecado do mundo!" (João 1:29)

Chamá-lo de Cordeiro de Deus evocava as imagens do cordeiro do sacrifício, que desviava o juízo de todos os que aproveitavam essa oferta da graça. Isso também prenunciava que Jesus sacrificaria sua vida sem mácula para remover os pecados do mundo. Jesus reconheceu que seu sacrifício era a culminação de sua missão terrena. "Eu sou o Pão vivo que desceu do céu. Se alguém comer deste pão, viverá para sempre. Este pão é a minha carne, que eu darei pela vida do mundo" (João 6:51). Novamente, o preço máximo do pecado aponta para o derramamento de sangue como o pagamento exigido.

Levantado

O apóstolo João em seu Evangelho detalhou outro momento de julgamento divino encoberto pela misericórdia de Deus. O contexto era uma praga que havia se manifestado em meio aos hebreus enquanto estavam no deserto, após a libertação milagrosa do Egito. Em um dos momentos mais estranhos da história, Deus instruiu Moisés sobre o que fazer para deter aquela praga.

> E falou contra Deus e contra Moisés dizendo: Por que vocês nos tiraram do Egito para morrermos no deserto? Não há pão! Não

há água! E nós detestamos esta comida miserável!" Então o Senhor enviou serpentes venenosas que morderam o povo, e muitos morreram.

O povo foi a Moisés e disse: "Pecamos quando falamos contra o Senhor e contra você. Ore pedindo ao Senhor que tire as serpentes do meio de nós". E Moisés orou pelo povo.

O Senhor disse a Moisés: "Faça uma serpente e coloque-a no alto de um poste; quem for mordido e olhar para ela viverá". Moisés fez então uma serpente de bronze e a colocou num poste. Quando alguém era mordido por uma serpente e olhava para a serpente de bronze, permanecia vivo (Números 21:5-9).

Esse realmente é um daqueles momentos estranhos na história, dos quais não devemos descartar a mensagem somente por causa da natureza singular e incomum da narrativa. A história pode ser resumida com o padrão comum que pode ser visto ao longo do Antigo Testamento: o pecado trouxe juízo, mas Deus trouxe misericórdia.

O remédio que Deus prescreveu foi fazer um símbolo do julgamento do povo e levantá-lo até a posição em que todos tivessem a chance de olhar para ele e ser perdoados. Eles foram instruídos a olhar e viver. Podemos imaginar a dificuldade das pessoas olharem para a solução de Deus com todo o tumulto que as cercava. Quando estou em uma situação de pânico e medo, tirar os meus olhos do problema e olhar para a solução de Deus requer um grande passo de fé.

Jesus usaria essas imagens para descrever sua missão. Da mesma forma como Moisés levantou a serpente no deserto, assim também é necessário que o Filho do homem seja levantado, para que todo o que nele crer tenha a vida eterna. Porque Deus tanto amou o mundo que deu o seu Filho Unigênito, para que todo o que nele crer não pereça, mas tenha a vida eterna (João 3:14-16).

Jesus prometeu que as pessoas deveriam olhar para ele quando ele fosse levantado na cruz, a fim de receberem vida eterna. Como aconteceu com as serpentes, o sacrifício de Jesus representou o juízo merecido pelos nossos pecados. E colocar a nossa fé nele resultaria em sermos libertos da maldição da morte. O apóstolo Paulo nos dá uma maior percepção dessa mensagem quando escreve: "Deus tornou pecado por nós aquele que não tinha pecado, para que nele nos tornássemos justiça de Deus" (2Coríntios 5:21).

A razão pela qual uma serpente foi usada possivelmente está associada ao momento em que Jesus levou os nossos pecados na cruz. O versículo mencionado diz que "aquele que não tinha pecado, se tornou pecado por nós". Como o apóstolo Pedro afirmou, "ele mesmo levou em seu corpo os nossos pecados sobre o madeiro, a fim de que morrêssemos para os pecados e vivêssemos para a justiça; por suas feridas vocês foram curados" (1Pedro 2:24).

Mais uma vez, o profeta Isaías falou, centenas de anos antes, sobre Jesus levando sobre si os nossos pecados:

> Ele tomou sobre si as nossas enfermidades e sobre si levou as nossas doenças; contudo nós o consideramos castigado por Deus, por Deus atingido e afligido.
>
> Mas ele foi transpassado por causa das nossas transgressões, foi esmagado por causa de nossas iniquidades; o castigo que nos trouxe paz estava sobre ele, e pelas suas feridas fomos curados (Isaías 53:4-5).

Essa dimensão da salvação não era o que o povo judeu esperava quando procurava por um Messias. Eles esperavam uma libertação nacional e militar, não a salvação espiritual que era desesperadamente tão necessária. A ideia de que o messias seria torturado e humilhado era um escândalo para eles. Porém, esse sacrifício incrível fez com que a paz verdadeira com Deus fosse possível.

Redimidos da escravidão

Jesus também veio para acabar com o poder do pecado sobre nós. O anúncio do nascimento de Cristo por um anjo foi acompanhado por esta profecia: "Ele salvará o seu povo dos seus pecados" (Mateus 1:21). O incrível presente para nós não é apenas o perdão, mas o poder para vencer a nossa tendência inata para o mal. Os profetas do Antigo Testamento prometeram que Deus daria ao seu povo um novo coração (ver Ezequiel 36:26; Jeremias 31:31-33). Essa promessa foi cumprida pelo Espírito Santo, que deu aos cristãos uma nova natureza — um novo nascimento espiritual. O processo de Deus nos libertar do poder do pecado é associado pelos escritores do Novo Testamento a Deus libertando os hebreus da escravidão do Egito.

Muitas das questões que os céticos apontam a fim de desacreditar a Bíblia, na verdade, apontam para a misericórdia e o amor de Deus, quando examinadas abertamente e de forma justa. A escravidão é sem dúvida uma das maiores transgressões da humanidade. Desde o princípio da história registrada, de uma forma ou outra a escravidão tem sido um fato da vida. As pessoas têm afirmado que a Bíblia de certa forma sanciona a escravidão, por conter instruções sobre como os escravos deviam ser tratados. Embora este não seja o lugar para fazer uma exposição completa de como interpretar adequadamente essa questão e sobre o quanto Deus era justo com aqueles que estavam nesta condição,[6] é importante considerar que a escravidão foi a imagem que Deus usou para melhor descrever a condição humana: somos escravos do pecado.

Os Dez Mandamentos, que Deus deu pessoalmente a Moisés, começam com esta afirmação: "Eu sou o Senhor, o teu Deus, que te tirou do Egito, da terra da escravidão" (Êxodo 20:2). Em seguida, os mandamentos são enumerados. Deus não é o autor da escravidão, mas o libertador dela.

É impossível entender o que Cristo realizou por meio da sua crucificação se não captarmos o fato de que ele veio para nos tirar dessa condição de cativeiro espiritual. É isso que o termo *redimido* significa — comprar ou resgatar alguém de uma condição de escravidão e de libertar tal pessoa. "Pois nem mesmo o Filho do homem veio para ser servido, mas para servir e dar a sua vida em resgate por muitos" (Marcos 10:45). Ser resgatado sugere que éramos mantidos reféns em nossa condição caída. Os profetas previram essa redenção, e Cristo a cumpriria com sua morte e ressurreição.

A crucificação é a mensagem central do Evangelho

Fomos chamados para proclamar o Evangelho (boas-novas) a todas as nações. Para uma melhor compreensão do que é essa mensagem, eis uma definição sucinta:

> O Evangelho são as boas-novas de que Deus se tornou homem em Jesus Cristo. Ele viveu a vida que nós deveríamos ter vivido e morreu a morte que nós deveríamos ter morrido, em nosso lugar. Três dias depois, ele ressuscitou dos mortos, provando que é o Filho de Deus e oferecendo o dom da salvação àqueles que se arrependerem e crerem nele.

No centro da mensagem está a frase: "Ele viveu a vida que nós deveríamos ter vivido e morreu a morte que nós deveríamos ter morrido, em nosso lugar". Vamos analisar mais detalhadamente cada ideia apresentada. (Nos próximos capítulos vamos examinar as outras afirmações da mensagem do Evangelho.)

Ele viveu a vida que nós deveríamos ter vivido

Cristo tinha de ser alguém sem mácula. Ele não foi apenas um homem extraordinariamente justo. Ele era perfeito. Em toda a história humana não houve qualquer afirmação de alguém ser perfeito, principalmente no sentido moral. O comediante britânico Stephen Fry fez um pronunciamento grosseiramente injusto contra Deus devido ao mal e ao sofrimento existentes no mundo, afirmando em sua acusação que Deus não podia ser real e permitir tanta dor. Ele continuou dizendo que ele preferiria que os deuses gregos fossem reais, porque eles eram mais semelhante aos humanos, com os mesmos apetites e imperfeições morais. É realmente isto que desejaríamos — um Deus imperfeito?

A CRUCIFICAÇÃO

Depois de provar vez após vez que evitava o pecado, o teste final de Jesus seria entregar-se a Deus e estar disposto a fazer a sua vontade, ainda que isso significasse a morte. Ao longo do ministério de Jesus, ele pregou uma série de mensagens que apontavam para sua missão primordial de entregar sua vida pelos outros — totalmente o oposto da mentalidade da sobrevivência do mais forte. Era uma abordagem revolucionária, que consistiria no chamado radical aos seus seguidores. Se Jesus não veio para ser servido, mas para servir a outros, então esse seria o caminho dos seus seguidores também, um amor radical de ação e não apenas de palavras. O autossacrifício substituiria a autorrealização como o caminho para a paz e a vida.

Por ter vivido sem pecado, Jesus foi capaz de se oferecer por amor a nós como nosso substituto. O único sacrifício apropriado para cobrir os pecados do mundo inteiro era um sacrifício perfeito. Somente Jesus podia cumprir esse requisito. Ele não era apenas um homem extraordinariamente justo, mas também completamente livre de pecado e perfeitamente obediente a Deus em todas as suas palavras e atos. Todos os nossos heróis são imperfeitos, até mesmo o melhor deles. Entretanto, Jesus seguiu completamente a Lei e a vontade de Deus. Ele demonstrou uma compaixão e uma misericórdia sem paralelos. Também demonstrou completa autoridade sobre os poderes malignos, a doença, e até a própria morte. Ele desafiou a hipocrisia religiosa, chamando as pessoas a se afastarem completamente do mal. No fim, ele entregou-se completamente à vontade de Deus, oferecendo a si mesmo como sacrifício na cruz. A vida de Jesus cumpriu a Lei de Deus, e assim sua morte foi capaz de cobrir todos os nossos pecados.

Além disso, por meio da nossa fé em Jesus, o poder do Espírito Santo une a nossa vida à dele. Assim, somos transformados diariamente à sua imagem. Com o tempo, experimentamos maior poder sobre os nossos pecados, e os nossos próprios pensamentos se conformam gradativamente com a vontade de Deus. Também podemos experimentar paz e alegria, sabendo que Deus não nos vê à luz das nossas próprias imperfeições, mas à luz da vida de Jesus.

Ele morreu a morte que nós deveríamos ter morrido

Para muitos, a ideia de morrer pelo pecado de outra pessoa parece sem sentido. O mundo muçulmano rejeita esse conceito e afirma que cada pessoa será julgada pelos próprios atos. A maioria dos sistemas religiosos afirma que o nosso destino eterno é determinado pelo quanto os nossos atos se conformam com algum código moral ou com algum conjunto de ensinamentos. Infelizmente, todas essas afirmações revelam-se insensatas quando reconhecemos que ninguém pode atender aos padrões perfeitos de Deus. Como o apóstolo Paulo afirmou: "Pois todos pecaram e estão destituídos da glória de Deus" (Romanos 3:23).

Todos os que cometem um crime contra a humanidade deveriam pagar por esse crime. Mas como alguém poderia pagar por seus crimes contra Deus? Que punição possível se adequaria à rebelião contra o Criador do Universo? Se certos atos merecem a morte ou a prisão perpétua aqui na terra, não faria sentido que a punição dos pecados contra Deus fosse ainda maior? Não continuariam por toda a eternidade as consequências dos pecados contra um Deus eterno? A triste verdade é que todos nós merecemos o juízo da morte eterna, pois ninguém é digno de estar na presença de Deus. Somente diante dessa revelação o sacrifício de Jesus pode ser entendido adequadamente. Todos nós merecemos a punição, mas a vida perfeita de Jesus pagou a dívida inimaginável que temos com Deus. Por intermédio da fé nele, recebemos o perdão dos nossos pecados e o poder para viver uma nova vida. Como o apóstolo Paulo escreveu aos Romanos:

> [...] justiça de Deus mediante a fé em Jesus Cristo para todos os que creem. Não há distinção, pois todos pecaram e estão destituídos da glória de Deus, sendo justificados gratuitamente por sua graça, por meio da redenção que há em Cristo Jesus. Deus o ofereceu como sacrifício para propiciação mediante a fé, pelo seu sangue, demonstrando a sua justiça. Em sua tolerância, havia deixado impunes os pecados anteriormente cometidos; mas, no presente, demonstrou a sua justiça, a fim de ser justo e justificador daquele que tem fé em Jesus (Romanos 3:22-26).

Realmente foi uma missão divina de resgate. Cristo veio para nos resgatar das garras do pecado e da morte. Mas precisamos destacar este fato: não havia nenhuma outra maneira de nos ajudar, exceto com sua morte substitutiva em nosso favor. Se houvesse outra maneira que não implicasse morrer em nosso lugar, Jesus certamente teria tomado esse caminho. Na verdade, antes da sua morte, ele orou no Jardim do Getsêmani: "Meu Pai, se for possível, afasta de mim este cálice". No fim, não havia outro caminho. O Filho de Deus sem pecado se ofereceu ao Pai em nosso favor, para pagar pelos nossos pecados e nos trazer de volta para Deus.

O impacto da cruz de Cristo

A crucificação de Cristo é inegável. Entretanto, além do fato da sua morte, o significado do que aconteceu se revela quando analisamos a Bíblia mais profundamente. Para alguns, parece o fim brutal e trágico de uma grande vida. Na verdade, esse ato de sacrifício teve consequências de longo alcance. Um alcance tão longo quanto acima do céu e abaixo do inferno.

Ele despojou os poderes das trevas

Os poderes malignos deste mundo haviam conspirado para destruir Jesus. Esses poderes incluíam o sistema religioso corrupto dirigido por Caifás, o sistema político dominante dirigido por Pilatos e Herodes Antipas, e os poderes demoníacos governados por Satanás. A vitória definitiva desses sistemas parecia ser a crucificação de Jesus, mas ele logo demonstraria sua vitória sobre o poder deles na ressurreição. Além do mais, ao pagar pelos nossos pecados, Jesus retirou o poder sobre o mundo das mãos deles.

> Quando vocês estavam mortos em pecados e na incircuncisão da sua carne, Deus os vivificou com Cristo. Ele nos perdoou todas

as transgressões, e cancelou a escrita de dívida que consistia em ordenanças e que nos era contrária. Ele a removeu, pregando-a na cruz, e, tendo despojado os poderes e as autoridades, fez deles um espetáculo público, triunfando sobre eles na cruz (Colossenses 2:13-15).

Como resultado, agora temos autoridade sobre os poderes espirituais malignos deste mundo. Portanto, podemos quebrar fortalezas espirituais que oprimem as nossas vidas e as de outros cristãos. Também podemos orar para que a autoridade e o poder de Deus quebrem a opressão que cobre as comunidades, as cidades e as nações. Nossas palavras jamais poderão descrever toda a grandeza dessa mudança dramática, que se tornou possível por meio da sua morte na cruz.

Ele nos libertou do medo da morte

Portanto, visto que os filhos são pessoas de carne e sangue, ele também participou dessa condição humana, para que, por sua morte, derrotasse aquele que tem o poder da morte, isto é, o Diabo, e libertasse aqueles que durante toda a vida estiveram escravizados pelo medo da morte.

— Hebreus 2:14-15

O fato mais grave da vida é que todos morrem. Esse conhecimento pode fazer com que alguns fiquem tão absortos nos assuntos da vida que simplesmente se distraem para não pensar nesse destino fatal. Outros vivem em um desespero silencioso diante da probabilidade desse fim inevitável. Grandes filósofos lutaram contra esse pensamento, e escreveram sobre lidar com o desespero existencial de uma vida que começa sem razão e termina sem nenhum sentido real. Entretanto, por causa da morte de Jesus, fomos libertos desse poço de desesperança. Não somos mais mantidos prisioneiros do medo da morte. Sabemos que há algo além desta vida.

A CRUCIFICAÇÃO

Ele derrubou o muro de separação

Em Cristo Jesus, vocês, que antes estavam longe, foram aproximados mediante o sangue de Cristo. Pois ele é a nossa paz, o qual de ambos fez um e destruiu a barreira, o muro de inimizade, anulando em seu corpo a Lei dos mandamentos expressa em ordenanças. O objetivo dele era criar em si mesmo, dos dois, um novo homem, fazendo a paz, e reconciliar com Deus os dois em um corpo, por meio da cruz, pela qual ele destruiu a inimizade.

— EFÉSIOS 2:13-16

Não houve maior divisão étnica do que a divisão entre judeus e gentios. A Bíblia diz que por causa da morte de Cristo, esse muro foi derrubado por meio da nossa união com ele. Nosso mundo hoje continua a ser dividido e destroçado por causa do mal do racismo. Ele é resultado das trevas que residem em cada coração humano. Olhamos negativamente para outros grupos de pessoas devido ao nosso próprio medo, às nossas próprias inseguranças e aos nossos próprios julgamentos duros. Muitos não conseguem perdoar os pecados cometidos por alguns membros de alguns grupos, porque olham para todos naquele grupo através das lentes de seus próprios estereótipos. Ou simplesmente não demonstram preocupação pelas dificuldades dos que estão fora de suas comunidades. Somente o poder da cruz pode romper muitas dessas barreiras. Deus perdoar os nossos muitos pecados nos motiva a perdoar os outros. E a misericórdia e bondade de Deus para conosco nos impele a demonstrarmos o mesmo, até aos nossos inimigos.

Voltar-se para Jesus resulta em Deus nos adotar como seus filhos. Nossas identidades não consistem mais nas nossas etnias, na nossa condição socioeconômica ou em qualquer outro critério natural. Reconhecemos que agora pertencemos a uma nova família, que atravessa todas as divisões naturais. Paulo descreveu essa realidade vividamente com relação à divisão que anteriormente existira entre o povo judeu e os gentios (não judeus). Durante o tempo de Moisés, Deus instituiu leis para criar barreiras culturais entre o seu povo e as nações vizinhas, tais como não comer juntos. O propósito era impedir que a idolatria e a corrupção das nações vizinhas poluíssem Israel. Depois de Jesus, o Espírito Santo revestiria os cristãos de poder para viverem retamente mesmo em meio à cultura pagã. As barreiras não eram mais necessárias, de modo que tanto judeus quanto gentios podiam se unir como um povo. O mesmo poder de união existe hoje, capaz de unir todas as pessoas.

Um dos retratos mais poderosos dessa unidade foi o dia de Pentecostes (ver Atos 2). Durante esse festival, o povo judeu de todas as partes do mundo se reuniu em Jerusalém. Certo dia, depois que os discípulos passaram um tempo em oração, o Espírito Santo caiu sobre eles, e eles começaram a falar nas diferentes línguas dos visitantes. Todos ouviram as maravilhas de Deus em sua própria língua. Esse acontecimento unificador desfez a maldição da torre de Babel (ver Gênesis 11:1-9), onde Deus separou os povos do mundo em diferentes línguas a fim de impedir o poder destrutivo da unidade que nasceu a partir da rebelião deles.

Resumo

Em 11 de setembro de 2001, terroristas islâmicos se chocaram contra as torres do World Trade Center, em Nova Iorque, com aviões sequestrados. A devastação colocou os Estados Unidos de joelhos. O local do ataque ficou conhecido como Marco Zero, um nome que continua a ser usado hoje. Durante os dias e semanas que se seguiram aos ataques, aqueles que trabalharam no resgate ergueram uma cruz, feita com o aço retorcido tirado dos escombros das torres caídas. A dor e o sofrimento da cruz foi um lembrete imediato de que Deus está muito consciente da nossa dor e das nossas tristezas. Ela também foi um lembrete de que, mesmo em meio à tragédia, pode haver esperança no amanhã.

Hoje milhões vêm à Nova Iorque visitar o memorial no Marco Zero. Eles vêm talvez para lembrar entes queridos ou amigos que foram perdidos naquele dia fatídico. Outros vêm em busca de respostas para as razões pelas quais eventos tão bizarros e cruéis ocorreram. No fim, a esperança é de que a cura e a paz possam de algum modo ser encontradas nessa visita a esse pedaço consagrado da história.

De certa forma, a cruz de Cristo representa o Marco Zero por excelência da história humana. Na cruz, a maior injustiça da história ocorreu. Jesus Cristo, a única pessoa perfeita que já havia vivido, sofreu e morreu pelos pecados de outros. Independentemente de nossa idade, etnia ou histórico religioso, quando visitamos esse Marco Zero e nos lembramos do sacrifício definitivo que foi feito em nosso favor, isso nos dá a esperança de que precisamos para viver em meio a estes tempos confusos e obscuros, assim como o poder que nos eleva a uma graça real e a uma paz duradoura que ultrapassa todo entendimento.

CAPÍTULO 5

A ressurreição

O acontecimento que mudou tudo

A evidência da ressurreição é melhor que a dos milagres alegados por qualquer outra religião. Ela é excepcionalmente diferente em qualidade e quantidade.[1]
— Antony Flew, famoso ateu que passou a crer em Deus

Um filósofo da ciência, Karl Popper, propôs uma nova maneira definitiva de determinar se alguma coisa poderia ser considerada cientificamente crível. Em vez de tentar estabelecer conclusivamente o que era verdadeiro, ele propôs que o teste-chave fosse a possibilidade de provar se algo era falso.[2] Esse padrão de testagem passou a integrar o vocabulário científico e filosófico, tendo sido considerado um corolário do método cientifico reconhecido universalmente.

Diante do vasto oceano de informação que nos cerca, no qual verificar a credibilidade das afirmações ou a identidade é vital, precisamos ter um conjunto de regras que nos ajudem a eliminar o falso e o fraudulento. Tais critérios ajudam a expor os questionadores e os impostores. Além disso, precisamos nos lembrar de que a existência de falsificações não significa que algo realmente verdadeiro não exista.

Alguns supõem que se as analisamos com base no critério de Popper, as afirmações religiosas ou metafísicas são automaticamente eliminadas. A contestação típica é a de que elas não podem ser verificadas. Portanto, esse tipo de afirmação deveria ficar fora de qualquer discussão cujo objetivo seja descobrir a resposta para perguntas fundamentais. Muitos ficam chocados ao perceber que nem todas as afirmações religiosas são excluídas quando essa restrição é aplicada.

O que se destaca é a distinção inequívoca da fé cristã: ela é a única religião cujo princípio de fé central pode ser testado a partir desse critério. Esse princípio é o de que Jesus Cristo foi ressuscitado fisicamente três dias após sua crucificação. Essa foi a mensagem primordial dos seus discípulos, que virou o mundo de cabeça para baixo. O apóstolo Paulo escreveria ao coríntios: "E, se Cristo não ressuscitou, é inútil a fé que vocês têm" (1Coríntios 15:14).

Deixe-me dizer isso novamente, de forma tão clara e sucinta quanto possível. O cristianismo fundamenta toda a sua construção em um evento singular: a ressurreição de Jesus Cristo dos mortos. A ressurreição não apenas é o fundamento para uma fé digna de crédito, mas também uma esperança realista que nos liberta da incerteza sufocante acerca do que está além do túmulo.

Outras religiões, como o islã, oferecem testes subjetivos para validar suas afirmações. Por exemplo, o Corão afirma que o leitor deve perguntar se alguém seria capaz de escrever um livro como o Corão (Sura 10:37-38). Mas como essa afirmação poderia ser refutada? Afinal, uma pessoa poderia facilmente perguntar se alguém poderia escrever um livro como a *Ilíada* ou *Moby Dick*.

O hinduísmo não faz qualquer tentativa de verificar sua autenticidade. As narrativas sobre os deuses simplesmente são contadas, e o peso de séculos de dinâmica cultural as levam adiante. Em outras palavras, se as histórias são contadas por tempo suficiente, elas se tornam parte da narrativa cultural. Não existe um mandato evangelístico para se enviar missionários hindus com qualquer tipo de mensagem a fim de que outros creiam. Se existem milhões de deuses, como eles acreditam haver, então convencer as pessoas a acrescentarem mais um seria desnecessário.

O budismo não se fundamenta em Buda ter sido uma pessoa real, e certamente não depende de uma afirmação de sua parte ou de parte dos seus seguidores de que ele era Deus ou um representante dele. O budismo, em seu cerne, exige a adesão a um conjunto de compromissos filosóficos de vida e pensamento retos. Como William Lane Craig e Sean McDowell observaram:

> Segundo consta, Buda teria dito: "Nisto todos saberão que um homem não é meu discípulo, quando tentar operar um milagre" (Huston Smith, *The World's Religions*, 1991, p. 97). Jesus falou e disse exatamente o oposto! Jesus realizou milagres para que as pessoas soubessem que ele era o Filho de Deus (e.g., Marcos 2:1-10). Ao contrário de Buda, Jesus mostrou evidências para que as pessoas depositassem uma fé cheia de confiança nele.[3]

A mensagem de Jesus Cristo, por sua vez, é para todos os povos e para todas as nações. Uma de suas muitas distinções reside na inexistência de uma ordem de exportar uma cultura específica (como a cultura judaica). Em vez disso, a missão dada a seus seguidores era a de divulgar a todos os povos a mensagem de que Jesus havia ressuscitado dos mortos, permitindo que o seu Espírito os guiasse nessa tarefa. Deus não está interessado em eliminar a cultura de nenhuma nação. Ele está interessado em transformar corações e mentes. Quando isso acontece, a cultura experimenta um renascimento de suas melhores partes e propósitos. O fato de existirem tantos grupos étnicos e de pessoas distintos aponta para a diversidade e criatividade de Deus em criar uma variedade tão ampla de povos. Como diria o apóstolo Paulo: "De um só fez ele todos os povos, para que povoassem toda a terra [...] Deus fez isso para que os homens o buscassem" (Atos 17:26-27).

A MELHOR EXPLICAÇÃO DOS FATOS MÍNIMOS

No capítulo 2, explicamos os fatos mínimos que cercam a morte de Jesus, aceitos pela maioria dos estudiosos e até pelos céticos. Mais

uma vez, reitero que existem fatos que até os estudiosos céticos aceitam como verdadeiros. Vamos rever rapidamente os principais:
- Jesus foi crucificado sob Pôncio Pilatos, o governador romano.
- Três dias depois, o túmulo foi encontrado vazio por algumas de suas seguidoras.
- Seus discípulos acreditavam que Jesus lhes apareceu em seguida à sua morte.
- A mensagem da sua ressurreição foi proclamada imediatamente após esse reaparecimento aos discípulos.
- Saulo de Tarso, o principal perseguidor dos seguidores de Jesus, tornou-se um cristão.

Por esses fatos serem aceitos como parte do fundamento histórico, podemos usá-los para demonstrar que a única explicação plausível para os eventos relacionados ao fim de seu ministério é Jesus realmente ter ressuscitado dos mortos. N. T. Wright, um dos principais especialistas em ressurreição, concordou que uma ressurreição real era a melhor explicação para os fatos.

> A única razão possível pela qual o cristianismo teve início, assumindo a forma que assumiu, é a de que o túmulo realmente estava vazio, e que as pessoas realmente encontraram Jesus vivo novamente, e (6) que, embora admitir isso envolva aceitar um desafio relacionado ao nível da visão do mundo em si, a melhor explicação para todos esses fenômenos é que Jesus realmente ressuscitou fisicamente dos mortos.[4]

As implicações do fato de que até os céticos aceitam os fatos mínimos não podem ser minimizadas. Durante décadas, os céticos radicais tentaram sugerir que havia muito pouco que podíamos saber fora do Novo Testamento sobre Jesus. Entender o quanto esta afirmação é errônea nos dá um vislumbre dos esforços desesperados para descartar as evidências históricas reais com relação a Jesus Cristo. Ainda por cima, vimos o quanto eles foram igualmente desdenhosos com relação aos Evangelhos e ao restante do Novo Testamento. Esses também são documentos históricos confiáveis e deveriam ser incluídos na busca pelo Jesus histórico. A verdade é que os céticos realmente usam o Novo Testamento — escolhendo o que gostam e jogando fora o que não gostam, com base em pressuposições e inclinações, como tratamos no capítulo 3. Entretanto, qualquer pessoa que examine a evidência de maneira justa chegará inevitavelmente à conclusão de que a ressurreição de fato aconteceu.

Como o teólogo Wolfhart Pannenberg afirmou:

> Considerando que a historiografia não começa dogmaticamente com um conceito estreito da realidade de acordo com o qual 'os mortos não ressuscitam', não está claro por que a historiografia não deveria, em princípio, ser capaz de falar sobre a ressurreição de Jesus como a explicação que melhor define eventos tais como as experiências dos discípulos quanto às aparições e a descoberta do túmulo vazio.[5]

O FRACASSO DAS TEORIAS NATURALISTAS

Com base nos fatos mínimos, alguém poderia naturalmente perguntar se os cristãos provaram a ressurreição. A resposta depende do que se supõe ser o significado de *provar* e do que tal pessoa crê que seja possível. Para o cristão, a evidência aponta inequivocamente para Jesus ter sido ressuscitado dos mortos. Entretanto, os céticos supõem desde o início que todas as afirmações sobrenaturais são falsas, pois não existe nada fora do que é natural. Considerando que as pessoas simplesmente não ressuscitam, qualquer explicação na mente delas, portanto, por mais improvável que pareça, é preferível a acreditar que a ressurreição realmente aconteceu.

A alternativa cética mais popular nos dias de hoje é a teoria da alucinação. Ela reconhece que os discípulos realmente acreditavam ter encontrado o Jesus ressurreto, mas afirma que a experiência deles foi simplesmente uma alucinação movida pela dor e pela desilusão. Essa teoria é promovida principalmente pelos escritores não médicos, sem qualquer conhecimento real do assunto. Os profissionais médicos competentes, por outro lado, indicaram que alucinações tão vívidas assim jamais ocorreriam em grupo ou se manifestariam em tantas pessoas em épocas diferentes (por exemplo, Paulo e Tiago) e em locais diferentes. Além disso, alucinações expressivas desse tipo exigiriam que os discípulos tivessem esperado pelas aparições. Contudo, está claro que os discípulos não tinham essa expectativa uma vez que fugiram da cena. Outras testemunhas, como Tiago, irmão de Jesus, estavam em um estado mental completamente normal, de modo que nada teria gerado qualquer espécie de visão ou percepção de um encontro. Essa teoria tampouco explica o túmulo vazio. Como escreveram o médico Joseph W. Bergeron e Habermas: "Em suma, a hipótese psiquiátrica não oferece qualquer explicação aceitável para os encontros individuais ou em grupo dos discípulos com o Jesus ressurreto".[6]

Outra teoria comum é a de que as afirmações acerca da ressurreição são essencialmente lendas, inventadas décadas após os eventos. Essa teoria exige que praticamente todas as evidências históricas principais sejam completamente ignoradas. Como mencionado, a proclamação da ressurreição ocorreu pouco tempo depois dos eventos, sendo divulgada pelos principais líderes da Igreja. O próprio Paulo escreveu sobre seu próprio encontro após a ressurreição. O túmulo vazio está assentado sobre um fundamento histórico sólido, e somente os membros da corrente extremista da erudição bíblica negariam a realidade da transformação dos discípulos. Em suma, afirmar que a ressurreição é uma lenda é como tentar afirmar que o assassinato de César ou a maioria dos feitos militares de Alexandre, o Grande, não passam de invenções lendárias.

Outra explicação clássica é a de que Jesus teria se recuperado de seus ferimentos, e então andado até o local onde os seus discípulos estavam escondidos. Poucos hoje são aqueles que aceitam esse cenário, já que quase ninguém conseguia sobreviver à crucificação romana. Além disso, se os soldados tivessem falhado em matar o condenado, eles teriam sido executados no lugar do prisioneiro. Ainda mais problemático, porém, é o fato de que se Jesus tivesse esbarrado com os discípulos, eles teriam imediatamente concluído que ele havia sobrevivido milagrosamente à sua aflição, não que havia ressuscitado como Salvador do mundo com um corpo glorificado. A possibilidade da sua ressurreição nunca teria passado pela cabeça deles.

Diversas outras evidências também fazem a "Teoria do Esvaziamento" ser completamente insustentável.[7] Os motivos médicos são resumidos pelo Dr. Alexander Metherell em uma entrevista realizada por Lee Strobel:

> Recorrendo à história e à medicina, à arqueologia e, até mesmo, às regras militares romanas, Metherell havia tapado cada brecha:
> Jesus não poderia ter descido com vida daquela cruz. Ainda assim, pressionei-o ainda mais. "Há alguma maneira possível — *qualquer maneira possível* — de Jesus ter sobrevivido a isso?"
> Metherell balançou a cabeça e para enfatizar apontou seu dedo para mim. "Certeza absoluta de que não", ele disse. "Lembre-se de que ele já estava em estado de choque hipovolêmico por causa da grande perda de sangue mesmo antes do início da crucificação. Ele não conseguiria de modo algum ter fingido sua morte, pois não é possível fingir a incapacidade de respirar por muito tempo. Além disso, o golpe com a lança em seu coração teria acabado de uma vez por toda com essa questão. E os romanos não estavam dispostos a arriscar a própria vida ao permitir que ele saísse andando vivo."[8]

Outras poucas teorias são apresentadas com menos frequência. A mais antiga entre elas é a de que os discípulos roubaram o corpo. Essa teoria teve origem com os principais sacerdotes judeus, imediatamente após a ressurreição (Mateus 28:13). Entretanto, nos últimos 200 anos, nenhum estudioso competente a defendeu, pois ela explica apenas a existência do túmulo vazio. Uma das afirmações mais fantásticas é a de que Jesus tinha um irmão gêmeo idêntico desconhecido, mas até mesmo os eruditos céticos não dão crédito a essa visão. Os problemas existentes em todas as explicações alternativas foram reconhecidos até por alguns dos céticos mais fervorosos. Por exemplo, Bart Ehrman comenta:

> Os apologistas costumam fazer de tudo para provar essas explicações. Qualquer pessoa que diga que os discípulos roubaram o corpo é criticada por pensar que esses homens de moral tão elevada, que acreditavam firmemente no que faziam, pudessem ter feito algo assim. Qualquer um que diga que os romanos mudaram o corpo de lugar é calado com a afirmação de que eles teriam apresentado o corpo, se eles tivessem um corpo para apresentar. Qualquer um que diga que o túmulo estava vazio porque as mulheres foram ao túmulo errado é difamado, por não perceber que poderia ocorrer a outra pessoa — por exemplo, a um incrédulo — ir ao túmulo certo e revelar o corpo. Qualquer um que afirme que Jesus jamais morreu realmente, mas simplesmente entrou em coma e finalmente despertou e saiu do túmulo, é ridicularizado por pensar que um homem que foi torturado até a beira da morte poderia rolar a pedra e aparecer a seus discípulos como o Senhor da Vida, quando na verdade sua aparência seria absolutamente aterrorizadora.[9]

A RESSURREIÇÃO PROFETIZADA

Então Ele começou a ensinar-lhes que era necessário que o Filho do homem sofresse muitas coisas e fosse rejeitado pelos líderes religiosos, pelos chefes dos sacerdotes e pelos mestres da lei, fosse morto e três dias depois ressuscitasse.
— MARCOS 8:31

A ressurreição foi profetizada pelos profetas assim como pelo próprio Jesus. Sua morte não foi um acidente ou um assassinato a ser solucionado. Na verdade, como as Escrituras previram, ele deveria sofrer e ressuscitar. Jesus falou sobre esse evento em várias ocasiões e de muitas formas criativas e até chocantes. Por exemplo, ele profetizou a destruição do templo judaico (que ocorreu em 70 d.C.), e em seguida afirmou que o reconstruiria de volta em três dias, referindo-se no segundo momento a seu próprio corpo. "Jesus lhes respondeu: 'Destruam este templo, e eu o levantarei em três dias'. Os judeus responderam: 'Este templo levou quarenta e seis anos para ser edificado, e o senhor vai levantá-lo em três dias?' Mas o templo do qual ele falava era o seu corpo. Depois que ressuscitou dos mortos, os seus discípulos lembraram-se do que ele tinha dito. Então creram na Escritura e na palavra que Jesus dissera" (João 2:19-22).

Provavelmente uma das histórias mais incomuns e controversas de toda a Bíblia é a mencionada no capítulo anterior, sobre o profeta Jonas, que foi engolido por uma criatura marinha e passou três dias dentro dela. Jesus apontou para essa história como um sinal de sua morte e ressurreição:

> Ele respondeu: "Uma geração perversa e adúltera pede um sinal milagroso! Mas nenhum sinal lhe será dado, exceto o sinal do profeta Jonas. Pois assim como Jonas esteve três dias e três noites no ventre de um grande peixe, assim o Filho do homem ficará três dias e três noites no coração da terra" (Mateus 12:39-40).

Os profetas falaram acerca da ressurreição nas escrituras do Antigo Testamento, e essas profecias foram mencionadas pelos apóstolos em sua pregação:

> Mas Deus o ressuscitou dos mortos, rompendo os laços da morte, porque era impossível que a morte o retivesse. A respeito dele, disse Davi:
>
> "Eu sempre via o Senhor diante de mim. Porque ele está à minha direita, não serei abalado. Por isso o meu coração está alegre e a minha língua exulta; o meu corpo também repousará em

esperança, porque tu não me abandonarás no sepulcro, nem permitirás que o teu Santo sofra decomposição. Tu me fizeste conhecer os caminhos da vida e me encherás de alegria na tua presença".

Irmãos, posso dizer-lhes com franqueza que o patriarca Davi morreu e foi sepultado, e o seu túmulo está entre nós até o dia de hoje. Mas ele era profeta e sabia que Deus lhe prometera sob juramento que colocaria um dos seus descendentes em seu trono. Prevendo isso, falou da ressurreição do Cristo, que não foi abandonado no sepulcro e cujo corpo não sofreu decomposição (Atos 2:24-31).

A ressurreição estabelece os fundamentos proféticos e históricos para uma fé firme e sólida. Quando isso está em falta, o resultado pode ser consequências catastróficas.

A RESSURREIÇÃO É O FUNDAMENTO DA NOSSA FÉ

Os céticos, como Bart Ehrman e Michael Shermer, contam histórias similares entre si, de como um dia foram cristãos fundamentalistas que realmente iam de porta em porta, fazendo evangelismo pessoal, relatando como sua jornada rumo à incredulidade começou quando questionaram a inerrância absoluta da Escritura. Foi dito a esses homens que essa visão elevada da Bíblia era o verdadeiro fundamento da fé. Entretanto, por mais que eu creia na inerrância e infalibilidade do texto bíblico, o fundamento definitivo da fé não está nessa afirmação. Em uma conversa com o erudito do Novo Testamento Dan Wallace, ele concordou que muitas vezes os céticos que um dia foram cristãos fundamentalistas, meramente trocaram uma forma de dogmatismo por outra.

A ressurreição de Jesus é o teste definitivo da veracidade da fé cristã. Sendo assim, é ela que sustenta a inspiração divina e a confiabilidade da Bíblia, e não o contrário. Já vi pessoas entrarem em uma crise de fé ao descobrirem um "problema" na Bíblia para o qual não conseguem encontrar uma explicação. A lista de dificuldades com o texto bíblico que os críticos podem produzir é bastante extensa.

Embora a maioria deles possa ser solucionada quando aplicamos, de modo paciente e objetivo, a lei da não contradição ou simplesmente a lei do bom senso, nossa fé não fica "em suspenso" até que esse tipo de problema seja resolvido.

O cristianismo avançou porque os apóstolos pregaram que Cristo havia ressuscitado dos mortos em cumprimento às profecias dos hebreus. Sua morte satisfez as exigências da justiça por quebrarmos a Lei de Deus, e sua vida perfeita qualificou Jesus para ser o Cordeiro de Deus, o sacrifício sem mácula ou mancha. Os Evangelhos do Novo Testamento e as cartas de Paulo só seriam escritos quase duas décadas depois, mas a Igreja cresceu drástica e rapidamente nesse período. O cerne de sua mensagem era a realidade da ressurreição. Embora seja uma tarefa necessária e nobre defender a autoridade da Escritura, não devemos ir além do que ela própria diz sobre o conteúdo da apresentação central do evangelho.

As histórias que ouvi sobre como a ressurreição salvou a fé das pessoas e de como as impediu de caírem no ceticismo são muitas. Aos 19 anos, o Dr. George Wood debatia-se com esse mesmo dilema, de querer acreditar que sua fé era digna de crédito, mas tinha dificuldade em encontrar o fundamento sólido que precisava. Foi quando ouviu um sermão sobre a historicidade da ressurreição que ele encontrou esse fundamento inabalável. "Agora eu entendia que podia confiar nas palavras de Jesus porque ele havia ressuscitado dos mortos na história".[10] Hoje ele dirige as Assembleias de Deus, um grupo de cerca de 300 mil igrejas em mais de 200 nações.

Como a ressurreição afeta nosso entendimento acerca dos Evangelhos

Os historiadores jamais questionariam a confiabilidade dos Evangelhos se aplicassem a eles, de forma consistente, os mesmos padrões que aplicam a outros textos antigos. A principal razão pela qual esses estudiosos negam a confiabilidade desses textos é porque eles rejeitam qualquer afirmação do sobrenatural, em particular a de que Jesus ressuscitou dos mortos. Então, precisam acreditar que os discípulos estavam tão confusos acerca dos eventos reais que fábulas ilusórias rapidamente se espalharam pela Igreja primitiva. Entretanto, se Jesus realmente ressuscitou dos mortos, ele realmente representou a presença de Deus na Terra, e os relatos dos discípulos eram precisos.

Muitas questões resultam desse entendimento. Em primeiro lugar, Jesus teria previsto sua morte e ressurreição, de modo que ele teria preparado adequadamente seus discípulos para transmitirem com exatidão os seus ensinamentos às futuras gerações. Além disso, os futuros autores e receptores da Bíblia teriam sido guiados pelo Espírito Santo para garantir que a informação fosse preservada fielmente. Afinal, é difícil imaginar Deus assistindo passivamente do céu, enquanto a mensagem de Jesus era corrompida pouco a pouco. Particularmente, quando o próprio Jesus prometeu aos apóstolos que o Espírito Santo lhes lembraria de tudo o que ele havia ensinado, e que lhes ensinaria tudo o mais que eles necessitassem entender (João 14:26).

Jesus comissionou seus discípulos a divulgarem a sua mensagem a todas as nações, prometendo que permaneceria com eles até o fim (Mateus 28:18-20). Portanto, podemos saber confiantemente que eles ensinaram a mensagem de Cristo fielmente e reproduziram seu ministério continuamente por décadas. Eles também treinaram os futuros líderes para transmitirem essa informação à próxima geração. E esses líderes passaram a tradição para a geração seguinte. Esse processo continuou muito depois que os Evangelhos foram escritos e copiados por todo o mundo conhecido. Clemente, sucessor de Pedro em Roma, escreveu:

> Os apóstolos receberam o evangelho do Senhor Jesus Cristo para nós; e Jesus Cristo foi enviado por Deus. Cristo, portanto, é de Deus, e os apóstolos são de Cristo. Essas duas disposições, são, portanto, ordenadas pela vontade de Deus. Recebendo suas instruções e estando cheios de confiança no que se refere à ressurreição do nosso Senhor Jesus Cristo, e confirmados na fé pela Palavra

de Deus, eles avançaram, na completa convicção do Espírito Santo, pregando as Boas-novas de que o Reino de Deus está vindo. Pelos campos e pelas cidades eles pregaram, e nomearam os primeiros convertidos, testando-os pelo Espírito, para serem bispos e diáconos dos futuros cristãos.[11]

Não se trata de um argumento circular

Uma acusação comum feita pelos céticos é a de que os cristãos acreditam na ressurreição simplesmente porque a Bíblia diz que ela aconteceu. Se essa afirmação fosse verdadeira, a lógica então seria esta:

— A Bíblia é a Palavra de Deus.
— A Bíblia diz que Jesus ressuscitou dos mortos.
— Portanto, Jesus ressuscitou dos mortos porque a Bíblia assim o diz.

Esse argumento configuraria um raciocínio circular sendo, portanto, logicamente inválido.

Na verdade, o argumento construído não começa e termina com a afirmação de que a Bíblia é verdadeira. Ele diz:

— Jesus foi crucificado e ressuscitou dos mortos na história.
— Sua ressurreição validou sua identidade como o Filho de Deus.
— Os escritos do Novo Testamento são historicamente confiáveis e testificam ainda mais além desses fatos.
— Portanto, tanto a história quanto a Escritura confirmam que Jesus Cristo de Nazaré ressuscitou dos mortos, três dias após sua crucificação.

Esse é um argumento linear e não circular. A premissa inicial é a de que Jesus existiu e que sua crucificação sob o líder romano Pôncio

Pilatos faz parte dos registros históricos. Portanto, sua ressurreição é a melhor explicação para os fatos históricos que até os céticos reconhecem como verdadeiros. Os escritos do Novo Testamento são documentos históricos confiáveis e confirmam ainda mais a crucificação e a ressurreição como eventos reais. Eles também explicam que esse evento sobrenatural aponta para a identidade de Jesus como Filho de Deus. A conclusão, portanto, origina-se de um evento histórico, não apenas de uma afirmação aleatória feita em um livro religioso, como os céticos gostam de afirmar.

O Dr. Gary Habermas ilustra a importância dessa distinção em suas palestras sobre a realidade da ressurreição. Ele ergue uma Bíblia e diz:

> Se esta Bíblia é a Palavra de Deus inerrante e infalível, Jesus ressuscitou dos mortos. Se esta Bíblia não é inerrante, mas ainda é confiável, Jesus ressuscitou dos mortos. Mas e se a Bíblia não é nem confiável nem inerrante? Jesus ainda ressuscitou dos mortos.[12]

Essa é uma verdade vital à qual aquele que crê em Jesus pode se agarrar ao enfrentar a barreira cética que o espera na sociedade de hoje.

O SIGNIFICADO DA RESSURREIÇÃO

Antes de encerrarmos este importante capítulo, vamos observar um panorama geral do significado da ressurreição — em outras palavras, qual é o impacto desse evento? A história pode apontar para a ressurreição como a melhor explicação para os fatos, mas ela não pode nos dizer seu pleno significado. Quando olhamos para a Escritura, adquirimos uma sabedoria valiosa quanto ao que ela realmente significa.

A identidade de Jesus verificada

Paulo, servo de Cristo Jesus, chamado para ser apóstolo, separado para o evangelho de Deus, o qual foi prometido por ele de antemão por meio dos seus profetas nas Escrituras Sagradas acerca de seu Filho, que, como homem, era descendente de Davi, e que mediante o Espírito de santidade foi declarado Filho de Deus com poder, pela sua ressurreição dentre os mortos: Jesus Cristo, nosso Senhor.

ROMANOS 1:1-4

A ressurreição comprovou que Jesus realmente era o Filho de Deus. Com tantos fazendo afirmações alegando falar em nome de Deus e até sobre ser o Messias, é crucial ter a nossa certeza sobre a identidade de Cristo ser atestada por Deus.

Esse fato me lembra da importância da verificação da identidade de alguém. Quem somos é algo que precisa ser estabelecido além do nosso próprio testemunho. Não nos apresentamos no aeroporto e esperamos que nos permitam entrar em uma área de segurança sem antes confirmarmos quem somos. A ressurreição comprovou quem Jesus é. Em um mundo no qual há roubo de identidade e engano, podemos colocar a nossa confiança em Jesus Cristo com segurança. Porque Jesus foi ressuscitado dos mortos, podemos acreditar que suas palavras são verdadeiras e confiáveis — a própria Palavra de Deus.

Prova da vida após a morte

Enquanto estou aguardando na fila do mercado, divirto-me com as manchetes de revistas que têm títulos sensacionais como "Nova prova de vida após a morte". As experiências de quase morte são um campo de estudos fascinante e têm produzido testemunhos que não podem ser descartados como meras alucinações ou produtos de um estado mental alterado. Porém, a ressurreição de Jesus é diferente de qualquer dessas afirmações. Depois de ser espancado e torturado, Cristo foi crucificado e sepultado. Depois de três dias, ele voltou à vida conforme prenunciado.

Esse evento nos dá uma evidência avassaladora de que existe vida após a morte. Como Jesus disse aos seus discípulos, "vou preparar-lhes lugar" (João 14:2). O fato de que o céu existe baseia-se no testemunho do Filho de Deus. Podemos ter esperança e consolo genuínos no fato de que a nossa existência não termina com a morte física. Como o apóstolo Paulo escreveu: "Quando, porém, o que é corruptível se revestir de incorruptibilidade, e o que é mortal, de imortalidade, então se cumprirá a palavra que está escrita: 'A morte foi destruída pela vitória'. 'Onde está, ó morte, a sua vitória? Onde está, ó morte, o seu aguilhão?'" (1Coríntios 15:54-55).

Fomos ressuscitados espiritualmente — recebemos o Novo nascimento

> *Deus, que é rico em misericórdia, pelo grande amor com que nos amou, deu-nos vida com Cristo, quando ainda estávamos mortos em transgressões — pela graça vocês são salvos. Deus nos ressuscitou com Cristo e com ele nos fez assentar nas regiões celestiais em Cristo Jesus.*
> — Efésios 2:4-6

Jesus disse a um líder religioso chamado Nicodemos que ele precisava nascer de novo (ver João 3:3). Paulo prometeu que se alguém está em Cristo, ele ou ela é uma nova criação (ver 2Coríntios 5:17). Essa afirmação significa que somos transformados a partir do nosso interior. É a ressurreição que provê o poder para nos ressuscitar para essa nova vida. Não estamos mais presos aos ditames dos desejos ou às tendências carnais, porque o poder da ressurreição está disponível a nós; por causa disso, podemos viver uma vida que honre e agrade a Deus.

A ressurreição confirma o juízo que está por vir

> *No passado Deus não levou em conta essa ignorância, mas agora ordena que todos, em todo lugar, se arrependam. Pois estabeleceu um dia em que há de julgar o mundo com justiça, por meio do homem que designou. E deu provas disso a todos, ressuscitando-o dentre os mortos.*
> — Atos 17:30-31

A ressurreição de Jesus é a prova de que ele é o Filho de Deus e o juiz por excelência, aquele a quem enfrentaremos no fim do mundo. Para muitos, o conceito de juízo é assustador demais para ser considerado, mas ignorar esse tópico não o descarta nem o faz desaparecer.

Deus prometeu julgar o mundo por meio de Cristo. O conhecimento de que existe um dia que está por vir, quando compareceremos perante o trono de julgamento de Cristo e prestaremos contas de nossa vida, fortifica o nosso "sistema imunológico espiritual" para resistir ao mal e escolher a justiça.

Ao olharmos para o Novo Testamento, vemos que essa mensagem sobre o juízo vindouro era parte integral da apresentação da Igreja primitiva. Embora sejamos chamados a ser misericordiosos e não julgadores, não obstante, estamos nos dirigindo ao dia em que compareceremos perante o Senhor na eternidade. Essa expectativa deveria nos inspirar a entregarmos tudo de nós ao serviço de Cristo e à obra de promoção do evangelho.

A RESSURREIÇÃO ERA A MENSAGEM CENTRAL DA IGREJA PRIMITIVA

A ressurreição foi a mensagem central que fez a Igreja nascer mesmo em meio a uma cultura hostil. No livro de Atos, existem pelo menos dez incidentes significativos nos quais foram feitos discursos cuja mensagem estava centralizada na ressurreição. Essas mensagens foram apresentadas em diferentes países, geralmente a líderes proeminentes — tanto religiosos quanto seculares. Eis um panorama geral:

1. No dia de Pentecostes, 50 dias após a crucificação de Cristo
    Israelitas, ouçam estas palavras: Jesus de Nazaré foi aprovado por Deus diante de vocês por meio de milagres, maravilhas e sinais, que Deus fez entre vocês por intermédio dele, como vocês mesmos sabem. Este homem lhes foi entregue por propósito determinado e pré-conhecimento de Deus; e vocês, com a ajuda de

homens perversos, o mataram, pregando-o na cruz. Mas Deus o ressuscitou dos mortos, rompendo os laços da morte, porque era impossível que a morte o retivesse (Atos 2:22-24).

2. Às multidões atônitas com a cura de um coxo

O Deus de Abraão, de Isaque e de Jacó, o Deus dos nossos antepassados, glorificou seu servo Jesus, a quem vocês entregaram para ser morto e negaram perante Pilatos, embora ele tivesse decidido soltá-lo. Vocês negaram publicamente o Santo e Justo e pediram que lhes fosse libertado um assassino. Vocês mataram o autor da vida, mas Deus o ressuscitou dos mortos. E nós somos testemunhas disso (Atos 3:13-15).

3. Quando falaram às autoridades depois da mesma cura

Saibam os senhores e todo o povo de Israel que por meio do nome de Jesus Cristo, o Nazareno, a quem os senhores crucificaram, mas a quem Deus ressuscitou dos mortos, este homem está aí curado diante dos senhores (Atos 4:10).

4. Depois de os discípulos serem ameaçados pelos líderes religiosos por continuarem a falar sobre Jesus

O Deus dos nossos antepassados ressuscitou Jesus, a quem os senhores mataram, suspendendo-o num madeiro. Deus o exaltou, colocando-o à sua direita como Príncipe e Salvador, para dar a Israel arrependimento e perdão de pecados. Nós somos testemunhas destas coisas, bem como o Espírito Santo, que Deus concedeu aos que lhe obedecem. Ouvindo isso, eles ficaram furiosos e queriam matá-los (Atos 5:30-33).

5. Quando o evangelho chegou aos gentios

Deus ungiu a Jesus de Nazaré com o Espírito Santo e poder, e [...] ele andou por toda parte fazendo o bem e curando todos os oprimidos pelo Diabo, porque Deus estava com ele. Nós somos testemunhas de tudo o que ele fez na terra dos judeus e em Jerusalém, onde o mataram, suspendendo-o num madeiro. Deus, porém, o ressuscitou no terceiro dia e fez que ele fosse visto, não por todo o povo, mas por testemunhas que designara de antemão, por nós que comemos e bebemos com ele depois que ressuscitou dos mortos. Ele nos mandou pregar ao povo e testemunhar que foi a ele que Deus constituiu juiz de vivos e de mortos. Todos os profetas dão testemunho dele, de que todo o que nele crê recebe o perdão dos pecados mediante o seu nome (Atos 10:38-43).

6. Em uma sinagoga judaica

O povo de Jerusalém e seus governantes não reconheceram Jesus, mas, ao condená-lo, cumpriram as palavras dos profetas, que são lidas todos os sábados. Mesmo não achando motivo legal para uma sentença de morte, pediram a Pilatos que o mandasse executar. Tendo cumprido tudo o que estava escrito a respeito dele, tiraram-no do madeiro e o colocaram num sepulcro. Mas Deus o ressuscitou dos mortos, e, por muitos dias, foi visto por aqueles que tinham ido com ele da Galileia para Jerusalém. Eles agora são testemunhas dele para o povo. Nós lhes anunciamos as boas novas: o que Deus prometeu a nossos antepassados ele cumpriu para nós, seus filhos, ressuscitando Jesus, como está escrito no Salmo segundo:

"Tu és meu filho; eu hoje te gerei"

O fato de que Deus o ressuscitou dos mortos, para que nunca entrasse em decomposição, é declarado nestas palavras:

" 'Eu dou a vocês as santas e fiéis bênçãos prometidas a Davi'.

Assim ele diz noutra passagem:

" 'Não permitirás que o teu Santo sofra decomposição'.

"Tendo, pois, Davi servido ao propósito de Deus em sua geração, adormeceu, foi sepultado com os seus antepassados e seu corpo se decompôs. Mas aquele a quem Deus ressuscitou não sofreu decomposição." (Atos 13:27-37)

7. Introduzindo o evangelho na cidade de Tessalônica

Segundo o seu costume, Paulo foi à sinagoga e por três sábados discutiu com eles com base nas Escrituras, explicando e provando que o Cristo deveria sofrer e ressuscitar dentre os mortos. E dizia: "Este Jesus que lhes proclamo é o Cristo". Alguns dos judeus foram persuadidos e se uniram a Paulo e Silas, bem como muitos gregos tementes a Deus, e não poucas mulheres de alta posição (Atos 17:2-4).

8. Em Atenas, entre a elite intelectual

No passado Deus não levou em conta essa ignorância, mas agora ordena que todos, em todo lugar, se arrependam. Pois estabeleceu um dia em que há de julgar o mundo com justiça, por meio do homem que designou. E deu provas disso a todos, ressuscitando-o dentre os mortos. Quando ouviram sobre a ressurreição dos mortos, alguns deles zombaram, e outros disseram: "A esse respeito nós o ouviremos outra vez" (Atos 17:30-32).

9. Diante de um governador

Vindo eles comigo para cá, não retardei o caso; convoquei o tribunal no dia seguinte e ordenei que o homem fosse apresentado. Quando os seus acusadores se levantaram para falar, não o acusaram de nenhum dos crimes que eu esperava. Ao contrário, tinham alguns pontos de divergência com ele acerca de sua própria religião e de um certo Jesus, já morto, o qual Paulo insiste que está vivo (Atos 25:17-19).

10. Diante de um rei

Mas tenho contado com a ajuda de Deus até o dia de hoje, e, por este motivo, estou aqui e dou testemunho tanto a gente simples como a gente importante. Não estou dizendo nada além do que os profetas e Moisés disseram que haveria de acontecer: que o Cristo haveria de sofrer e, sendo o primeiro a ressuscitar dentre os mortos, proclamaria luz para o seu próprio povo e para os gentios (Atos 26:22-23).

Quando o livro de Atos termina, Paulo está em Roma, esperando para comparecer diante de César. Quando observamos o padrão evidente em suas falas diante de outras pessoas, resta pouca dúvida de que ele teria dito a César que Cristo havia ressuscitado dos mortos, fazendo dele a autoridade suprema na Terra.

No Ocidente, a mensagem predominante é a graça e o amor de Deus. Foi certamente o amor de Deus que o motivou a enviar Jesus para resgatar a humanidade. Entretanto, foi a sua morte e ressurreição que realizaram essa missão. A ressurreição, portanto, era o tema predominante na pregação dos apóstolos, e não o amor de Deus. Não estou de modo algum tentando reduzir a importância desse grande amor ou graça, apenas quero mostrar qual foi a mensagem que fez com que a Igreja prevalecesse contra todas as probabilidades em meio a um império romano hostil e a um sistema religioso resistente. Se quisermos ter os resultados que a Igreja primitiva teve, precisamos pregar a mensagem que eles pregaram.

Resumo

A mensagem central deste capítulo é do argumento de que o Jesus da história é o Cristo da fé. A ressurreição de Cristo o separa de todos os demais líderes religiosos, separando o cristianismo de todas as outras religiões. A Bíblia apresenta a ressurreição como o evento que comprova a identidade de Jesus e a verdade das suas palavras. Se, por outro lado, uma pessoa pudesse provar que Cristo não ressuscitou, então a fé cristã seria provada falsa.

A melhor explicação dos fatos sobre a crucificação de Jesus, o túmulo vazio, as aparições aos discípulos após sua morte e o nascimento repentino da fé cristã é o fato de que Jesus ressuscitou fisicamente dos mortos. Esse evento estava no centro da mensagem que os primeiros discípulos pregaram e se espalhou para as nações do mundo. Sua verdade e seu poder os compeliram a sair em meio a um império romano hostil para declarar que Jesus era Senhor. Essa era a mensagem pela qual eles estavam dispostos a dar suas vidas, e a mensagem que daria vida àqueles que a ouvissem e nela cressem.

CAPÍTULO 6

Dissipando os mitos

A singularidade da história de Jesus

> *O fato de alguns autores modernos continuarem a sugerir que o evangelho se fundamenta em um mito é, na melhor das hipóteses, irresponsável, e na pior das hipóteses, deliberadamente fraudulento.*[1]
> — J. Ed Komoszewski

Sou um pouco relutante em admitir que assistir ao programa do comediante Bill Maher tarde da noite é um eventual passatempo para mim. Em primeiro lugar, ele tem a minha idade e me faz lembrar alguns dos meus amigos de infância, que sempre tinham um comentário rápido e impróprio a fazer sobre quase tudo. Maher é pago para dizer coisas que nos levariam a ser expulsos da escola por repeti-las Os tempos definitivamente mudaram. Outro motivo para assistir a esse programa é porque ele nos dá uma rápida amostra das objeções e questionamentos da mente cética.

Sem qualquer impedimento da censura tradicional da TV (do pouco que resta), ele pode transmitir sua ideologia frequentemente grosseira e bombástica, enquanto a plateia que o adora grita em aprovação. Esse é dado muito importante porque, nos Estados Unidos, muitos decidem o que é certo e o que é errado com base em quem recebe maiores aplausos. Maher admite que sua aparente inteligência não é tão espontânea e intuitiva quanto parece. Em um de seus livros, ele reconhece a equipe incrível de escritores e assistentes que o ajudam a afiar sua sagacidade aguda e sua fala ácida, e a sintonizar seus ataques contra seu alvo favorito: a religião.

Por mais esperto que seja seu excelente time de escritores cômicos, eles não fazem o dever de casa em termos de história bíblica. O principal motivo é que os fatos históricos podem atrapalhar uma boa história, principalmente quando seu objetivo de vida declarado é ajudar a pôr um fim à religião.

Esse objetivo é demonstrado plenamente no filme de 2007 de Maher, *Religulous* [Religulosos], onde ele exibe sua tática de entrevistar pessoas religiosas, a maioria das quais certamente não representa a corrente predominante do pensamento cristão. Em sua maioria, faltam os filósofos e historiadores acadêmicos. Esse tipo de estudiosos não se encaixaria na narrativa pretendida por ele de que a religião é para as pessoas que não pensam.

Apesar de sua retórica incessante e fútil contra Deus, eu realmente gosto dele. De um modo estranho, seus falatórios contra a hipocrisia às vezes trazem alguma verdade neles, embora a maioria de seus desvarios beire o tipo de intolerância da qual ele acusa a religião. Uma das afirmações centrais de seu filme é a de que a história de Jesus foi emprestada da mitologia pagã antiga. Maher entrevista uma série de pessoas e pergunta se elas conhecem uma longa lista de deuses pagãos e personalidades pagãs que tinham histórias anteriores e similares à de Jesus.

Em seguida, vemos uma montagem de imagens extraídas de diversos filmes de Jesus. A legenda diz:

> Escrito em 1280 a.C., o livro egípcio dos mortos descreve um deus, Hórus.
> Hórus é o filho do deus Osíris.
> Nasceu de uma mãe virgem.
> Foi batizado em um rio por Anup, o Batizador,
> que mais tarde foi decapitado.

Como Jesus, Hórus foi tentado enquanto estava sozinho no deserto.
Ele curava os enfermos.
Deu vista aos cegos.
Expulsou demônios
e andou sobre as águas
Ele ressuscitou Asar dos mortos.
Asar traduz-se como Lázaro.
Ah, sim, ele também teve 12 discípulos.
Sim, Hórus foi crucificado primeiro.
Depois de três dias duas mulheres anunciaram
que Hórus, o salvador da humanidade, havia ressuscitado.

À primeira vista, a lista de semelhanças entre Hórus, um antigo deus egípcio, e Jesus, parece incrível. Maher apresenta toda essa informação como se fossem fatos, com um ar de quem subentende que eles são de conhecimento de todas as pessoas inteligentes. Fui ao Egito e trabalhei com líderes cristãos, e a reação deles a essas afirmações foi de total incredulidade. "Se você fizesse esse tipo de afirmação no Egito, as pessoas pensariam que você enlouqueceu", disse o pastor egípcio Shaddy Soliman.

Em primeiro lugar, não há qualquer validade nessas afirmações. Nenhuma delas tem qualquer base histórica. São o equivalente acadêmico a uma morte súbita — algo dito que mata rapidamente a fé de alguém. Tive conversas com alunos em campus universitários que engoliram essa ideia de que a história de Jesus foi inventada ou simplesmente plagiada de outras religiões anteriores. Infelizmente, raramente há tempo suficiente para sentar com eles e analisar as evidências em qualquer sentido objetivo. Eles presumem que deve ser verdade simplesmente porque alguém disse que era verdade.

Antes de prosseguirmos e falarmos das raízes de toda essa noção do "mito de Jesus" e dos supostos paralelos, vamos analisar mais atentamente as afirmações de Maher sobre as semelhanças entre Jesus e Hórus. Eis alguns destaques de algumas dessas afirmações absurdas.[2]

Descrição de Hórus
Em primeiro lugar, Hórus foi um deus mítico com cabeça de falcão e corpo de homem. Sua mãe foi Isis e seu pai Osíris.

O livro dos mortos
Era um guia para o submundo e uma coleção de encantamentos para ajudar a pessoa após a morte.

Foram encontrados muitos livros dos mortos diferentes. Esses alegados paralelos entre as histórias tiveram seus pedaços extraídos e juntados a partir de uma ampla variação de livros. Os primeiros cristãos não teriam tido acesso a qualquer desses escritos, de modo que, de antemão, teria sido impossível que eles de algum modo copiassem a história ou qualquer parte dela.

Nascido de uma virgem
Osíris foi morto e desmembrado, e as partes de seu corpo lançadas em um rio. Isis recuperou suas genitálias e então se inseminou para ficar grávida e ter seu filho, Hórus.

Esse não foi um nascimento virginal e nem de longe se compara ao relato bíblico da concepção de Jesus em Maria pelo poder do Espírito Santo.

Batizado por Anup, o Batizador
Esse dado foi totalmente inventado por Gerald Massey, um egiptólogo amador do século XIX. A história foi elaborada a partir de imagens dos Faraós do Egito recebendo uma purificação de água em suas coroações. Não existe qualquer narrativa que mencione Hórus sendo batizado.

Curou os enfermos, curou os cegos, expulsou demônios
Falando do livro dos mortos mais uma vez, nele havia encantamentos que supostamente podiam curar as pessoas. Não existe relato de Hórus ter viajado e curado pessoalmente os enfermos.

Teve doze discípulos
Essa afirmação também vem de Gerald Massey e tampouco tem base real na história. Diferentes escritos sobre Hórus mencionam diferentes números de pessoas seguindo-o, mas o número nunca chega a 12. Massey faz referência a um mural, mas Hórus não faz parte dessa pintura.

Foi crucificado
Algumas representações antigas mostram Hórus de braços abertos. Mas as representações de pessoas com braços abertos não eram incomuns. Isso certamente não indica uma crucificação romana, particularmente se considerarmos que os egípcios não usavam essa forma de punição.

Foi ressuscitado
De fato existe uma história que descreve Hórus morrendo e depois sendo trazido de volta à vida. Entretanto, ser ressuscitado é completamente diferente da visão judaica da ressurreição. Na ressurreição judaica, os indivíduos experimentam uma total transformação de seus corpos, de modo que eles jamais voltam a envelhecer.

Além de Maher, existem outros *websites*, filmes e escritores populares que tentam fazer essa narrativa se passar por verdadeira. Por exemplo, o filme *Zeitgeist* faz acusações semelhantes, afirmando que o cristianismo tomou emprestado de fontes pagãs detalhes como a antiga adoração ao sol, a Osíris e a Hórus e ao Zodíaco. Essas comparações vieram dos escritos de Dorothy Murdock, que prestou consultoria aos escritores dos manuscritos. Murdock é uma escritora popular sem qualquer treinamento acadêmico relevante, e suas afirmações foram completamente rejeitadas pela comunidade erudita. As conexões que ela conjecturou existirem entre Jesus e as fontes pagãs variavam desde o muito superficial até o completamente absurdo. Por exemplo, ela tentou relacionar o número 12 relativo aos apóstolos com os 12 signos do Zodíaco. Ela parece ter deixado passar o fato de que o número dos apóstolos representava a nova personificação das

12 tribos de Israel. Seus outros argumentos tipicamente se originam de interpretações errôneas da fonte original, do uso de documentos que foram escritos séculos depois do período em que Jesus viveu, ou de total especulação.[3]

O problema é que quando uma pessoa comum vê ou ouve alguma coisa afirmando com autoridade que o cristianismo "tomou emprestado" histórias de outras religiões antes dele, poucas instruções são dadas para se verificar a credibilidade das fontes. Uma rápida busca no *Google* revela uma enorme quantidade de *sites* promovendo essa ideia do mito de Jesus. O problema é que procurar alguma coisa no *Google* não é a mesma coisa que pesquisar um tema. Os estudiosos qualificados que analisaram essas afirmações em sua totalidade e as acharam espúrias, nem sempre têm seus escritos localizados por um mecanismo de busca.

Apesar do número avassalador de eruditos e acadêmicos, sejam conservadores ou liberais, ateus ou cristãos, que aceita a historicidade de Jesus, permanece uma pequena minoria que sustenta que Jesus provavelmente não existiu, e que a história cristã não é original. É difícil fazer cessar esse tipo de rumores e teorias, uma vez que elas são articuladas e publicadas *on-line* e depois adquirem vida própria. Se há pessoas engolindo essas tolices, então respondem a qualquer um que tente convencê-las de que elas estão enganadas do mesmo modo que os fundamentalistas religiosos, que se recusam a ouvir qualquer coisa que desafie suas crenças.

De todas as pessoas, é o agnóstico Bart Ehrman que faz a advertência mais forte quanto a essa tendência de acreditar em quase tudo o que alguém posta na internet.

> Ainda assim, como está claro com base na avalanche de postagens às vezes enfurecidas de todos os sites relevantes da internet, simplesmente não há meios de convencer os adeptos da teoria da conspiração de que a evidência da posição deles é frágil demais para ser convincente, e que a evidência da visão tradicional, por outro lado, é totalmente persuasiva.[4]

O objetivo deste capítulo, portanto, é de examinar a acusação de que a história de Jesus foi emprestada da mitologia pagã e mostrar que, na verdade, o extremo oposto é verdadeiro. No mínimo, você precisa saber que se alguém pegou a história emprestada, foram os escritores pagãos que tentaram recontar seus mitos a fim de fazer com que eles se parecessem com o evangelho. J. Ed Komoszewski confirma isso em *Reinventing Jesus* [Reinventando Jesus]:

> Foi somente após o surgimento do cristianismo que as religiões misteriosas começaram se parecer, de forma suspeita, com a fé cristã. Quando o cristianismo se tornou conhecido, muitos dos cultos de mistério adotaram conscientemente as ideias cristãs, no intuito de que suas divindades fossem consideradas compatíveis com Jesus. A forma das religiões de mistério anteriores ao surgimento do cristianismo é vaga, ambígua e localizada. Somente com um enorme esforço da imaginação, e jogando de forma irresponsável com os dados históricos, alguém poderia vê-las como tendo paralelos conceituais genuínos com a fé cristã no primeiro século.[5]

É por isso que procuramos dissipar o *mito do mito*. Minha intenção é trazer a luz da história para esse assunto e lhe dar a confiança para ajudar outros, que estão lutando contra a dúvida e questionando se alguma coisa que ouviram ou leram na internet sobre o suposto mito de Jesus é realmente verdade. Ao separar o que é fato do que é ficção, podemos ajudar as pessoas a encontrarem uma fé digna de crédito em meio a um mar de confusão e engano.

Origens das hipóteses do mito de Jesus

Primeiramente, vamos entender como nasceu essa noção bizarra de que os primeiros cristãos remendaram a história de Jesus a partir da mitologia antiga e da astrologia para construir uma nova religião. Como aprendemos no capítulo 1, as dúvidas sobre o Jesus histórico não haviam surgido até o século XVIII. O fato de Jesus ter existido ficou praticamente livre de qualquer contestação por quase 1.700 anos. Quando os aspectos sobrenaturais dos Evangelhos começaram a ser reavaliados em virtude das influências do Iluminismo, a única alternativa lógica ao fato de Jesus realizar milagres reais foi a de que essas histórias eram simplesmente mitos ou lendas. A partir dessa posição, foi fácil especular que essas supostas histórias de milagres haviam estado em circulação antes do tempo de Jesus, tendo meramente seus nomes e vestimentas alterados para se encaixarem na narrativa cristã.

Então, no princípio do século XIX, David Strauss, um teólogo alemão, propôs que os milagres de Jesus eram meramente uma expressão mítica dos primeiros cristãos, em uma tentativa de associar Jesus às profecias do Messias. Após Strauss, outro alemão, Bruno Bauer, foi ainda mais longe e propôs que a história cristã era similar a histórias antigas sobre os deuses que morreram e ressuscitaram no mundo pagão.

> Por volta dos idos de 1840, Bruno Bauer começou a publicar visões de que a história de Jesus tinha suas raízes no mito. A maior influência que Bauer exerceu foi sobre um de seus alunos, Karl Marx, que promoveu a visão de que Jesus nunca existiu. Essa visão finalmente se tornou parte do dogma comunista.[6]

Essa crença geral foi desenvolvida em maiores detalhes no século XIX, pelos autores Kersey Graves e Gerald Massey. Graves argumentou em seu livro *The World's Sixteen Crucified Saviors* [Os dezesseis salvadores crucificados do mundo] que existiram no mundo inúmeras histórias sobre deuses salvadores crucificados que ressuscitaram. Massey afirmou em seu livro *The Natural Genesis* [A gênese natural] que a história do deus egípcio Hórus era similar a muitos detalhes da história de Jesus relatada nos Evangelhos. No século XX, afirmações muito semelhantes foram propagadas pelo antropólogo Sir James George Frazer, em seu livro *The Golden Bough* [O ramo de ouro]. Esses escritos influenciariam outros autores posteriores, como Murdock, a propagarem a mesma linha de raciocínio. Entretanto, as afirmações desses proponentes do mito foram completamente refutadas pelos principais eruditos, particularmente quanto às comparações relativas à ressurreição. O historiador Jonathan Smith resume a questão:

> A categoria de deuses que morreram e ressuscitaram, um tópico principal da investigação erudita, precisa ser entendida como tendo sido, em grande parte, um uso equivocado de nomes, com base em reconstruções imaginárias e em textos ambíguos e extremamente recentes [...] Todas as divindades que foram identificadas como pertencentes à classe de divindades que morreram e ressuscitaram podem ser incluídas sob as duas maiores classes de divindades que desapareceram ou morreram. No primeiro caso, as divindades retornam, mas não morrem; no segundo caso, os deuses morrem, mas não retornam. Não existe um exemplo não ambíguo na história das religiões de uma divindade que tenha morrido e ressuscitado.[7]

Apesar dessas refutações, a campanha de má informação encontrou seguidores entre os céticos, dispostos a aceitar qualquer explicação para as afirmações e os milagres de Jesus que não seja aquela registrada nos Evangelhos. Quando leio esses proponentes do mito, lembro-me daqueles que dão grandes saltos de associação para forçar supostas peças de um quebra-cabeça a se encaixarem, quando elas realmente não se encaixam. Usando a lógica deles, uma pessoa poderia fazer praticamente qualquer afirmação de associação imaginária e ser capaz de "prová-la". Essas práticas não fazem parte da verdadeira história.

Motivos

Como mencionamos resumidamente, parte da motivação para relacionar o cristianismo aos mitos pagãos vem da negação do sobrenatural resultante do surgimento do ceticismo, que ocorreu durante o Iluminismo nos séculos 18 e 19. Os eruditos daquela época negavam a possibilidade de qualquer intervenção sobrenatural no mundo. Também aplicavam a teoria da evolução ao estudo da religião. Especificamente, eles argumentavam que o entendimento de Deus evoluiu com o tempo, à medida que a sociedade se desenvolveu.[8] (Aqui, faço uma observação à parte: esse processo geralmente é a explicação que os ateus dão quando se deparam com a evidência da influência positiva do cristianismo sobre a ciência e a educação.) A refutação deles é a de que embora a religião tenha sido um ponto de partida, a evolução nos levou além da nossa necessidade de qualquer visão religiosa ou espiritual do mundo. Os eruditos iluministas presumiam que o cristianismo também evoluíra das crenças antigas, e assim, eles naturalmente olhavam para as religiões pagãs como uma fonte desse desenvolvimento.

Sem tentar analisar a motivação psicológica dos que sustentavam essas noções, é seguro dizer que as conclusões deles não foram produto de uma pesquisa histórica objetiva. O surgimento desses escritos na Alemanha do século 20, afirmando que a história de Jesus não era original, deveria nos fazer parar para considerar a motivação dessa especulação. O fato de Jesus e de todos os discípulos serem judeus gerou um desejo de mudar a narrativa. As tentativas de descartar o judaísmo de Jesus foi claramente um fator-chave. O fato de Jesus ter sido um judeu do primeiro século ainda é problemático para as multidões que abrigam preconceitos e intolerância antissemita.

> Uma das características mais impressionantes da busca pelo Jesus histórico foi a aparente determinação das pessoas que buscavam, geração após geração, diminuir ou eliminar qualquer coisa que caracterizasse a tradição de Jesus como judaica. Podemos explicar a lógica subjacente, ainda que jamais possamos simpatizar com ela — é a lógica do antissemitismo cristão tradicional[9]

Assim comenta James Dunn em seu livro *Jesus em nova perspectiva*.

Entretanto, a principal razão pela qual muitos fazem uma afirmação tão fantástica sobre Jesus ser um mito é para descartar as afirmações que ele faz como Senhor do universo, e como a autoridade moral definitiva a quem devemos prestar contas. Pense em qualquer jogo esportivo a que você assista; em quase todos os eventos você encontra pessoas desdenhando dos árbitros. Não posso imaginar um trabalho mais ingrato. A certa altura da competição, fãs de ambos os lados querem gritar insultos da pior natureza para a pessoa encarregada de fazer valer as regras por ousar penalizar o time delas.

O mesmo pode ser dito com relação à polícia. A simples visão de um carro da polícia pode fazer você entrar em pânico. É claro que eles são uma visão muito bem-vinda quando você precisa deles, mas representam a realidade da lei da Terra. As pessoas não se importam em reconhecer um Criador, desde que esse Deus mantenha distância de nós, até que realmente precisemos dele. A ideia de um Deus pessoal que conhece os nossos pensamentos e atos e que nos chama para prestar contas é intimidante. Embora Jesus tenha vindo e sacrificado sua vida em nosso favor para demonstrar seu amor, o fato de haver um julgamento por vir não é uma ideia agradável. Negar essas realidades pode até ser oportuno para céticos. Porém, como Richard Dawkins gosta de dizer: "Só porque um pensamento é desagradável, não significa que não seja verdadeiro".

O CRISTIANISMO ENRAIZADO NO JUDAÍSMO

Se existe alguma coisa neste livro que deveria ficar muito clara para você é o fato de que Jesus era judeu. Antes de conhecermos as diversas divindades pagãs que foram apresentadas como supostos precursores de Jesus, é necessário entender que o cristianismo surgiu em Israel, no próprio solo do judaísmo, não por causa da mitologia pagã. James Dunn concorda com essa ideia:

> Não obstante, olhar para Jesus no contexto do judaísmo de seu tempo permanece sendo uma linha de pesquisa mais plausível do que começar com a intenção de tirá-lo desse contexto. Observando quais são as características da prática e da crença judaica, podemos inferir, a não ser que tenhamos indícios do contrário, que Jesus com-

partilhava dessas características. Uma lista básica incluiria o fato de que ele foi circuncidado, de que foi criado para saber declarar a Shema, para respeitar a Torá, para frequentar a sinagoga, para observar o Sabbath. Além disso, Sanders nos dá uma lista do que ele descreve como "fatos quase incontestáveis" sobre Jesus: que sua missão atuava principalmente ao redor das cidades e aldeias da Galileia.[10]

William Lane Craig afirma o mesmo em seu livro *Reasonable Faith* [Fé razoável], como vemos na seguinte afirmação:

> Aqui vemos uma das maiores mudanças nos estudos do Novo Testamento ao longo do último século, o que anteriormente chamei de a retomada judaica de Jesus. Os eruditos passaram a perceber que a mitologia pagã era simplesmente o contexto interpretativo errado para entender Jesus de Nazaré. Evans chamou essa mudança de "Eclipse da Mitologia" na pesquisa sobre a vida de Jesus. Jesus e seus discípulos eram judeus da Palestina do primeiro século, e é sob esse pano de fundo que eles precisam ser entendidos. A artificialidade dos supostos paralelos é apenas uma indicação de que a mitologia pagã é o contexto interpretativo errado para entender a crença dos discípulos na ressurreição de Jesus.[11]

Se a história quer dizer alguma coisa, está claro que não foram os cristãos que roubaram as histórias pagãs, mas o contrário. Como afirma o Dr. Craig Keener:

> Mesmo à parte dessa observação, a ressurreição do corpo era uma ideia palestina judaica. É difícil conceber uma igreja gentia que logo se torna helenizante, pregando sobre uma divindade misteriosa que morre e ressuscita, fazendo com que um povo palestino judaico-cristão adotasse uma ideia pagã e depois a modificasse em uma direção palestina judaica (inclusive a linguagem especificamente judaica da "ressurreição"). É muito mais provável que os gentios atraídos a um culto judaico em crescimento o tivessem adotado e transformado um entendimento judeu palestino da ressurreição.[12]

Fontes, eruditos e conteúdo

Em um período político, muitos candidatos se apresentam como possíveis concorrentes para disputar as eleições. À medida que o tempo passa, o campo começa a se estreitar, e você descobre quais deles surgem como os verdadeiros competidores a serem eleitos. Do mesmo modo, os céticos costumam tentar apresentar rapidamente uma longa lista de supostos paralelos de Jesus, mas poucos são geralmente citados como os principais competidores. A seção a seguir descreverá algumas das fontes de mitos mais popularmente citadas, e mostrará a fragilidade dos argumentos que sustentam essa visão. Existem três princípios-chave que se deve ter em mente à medida que esses paralelos são examinados: fontes, eruditos e conteúdo.

Fontes

O que repetidamente costuma faltar são quaisquer fontes originais para comprovar essas afirmações ilusórias. Os céticos costumam fazer afirmações a partir do nada, ou então citam escritores antigos que fizeram a mesma afirmação, mas também falharam em citar qualquer fonte original. Bart Ehrman concorda:

> Os autores não fornecem qualquer evidência para suas afirmações com relação à mitologia padrão dos homens-deuses. Não citam nenhuma fonte do mundo antigo que possa ser verificada. O problema não reside no fato de que eles apresentaram uma interpretação alternativa das evidências disponíveis, mas sim no fato de que nem sequer citaram as evidências disponíveis. E por uma boa razão. Essas evidências não existem.[13]

É incrível que praticamente nenhum escrutínio ou verificação sejam aplicados às teorias do mito pelos mesmos céticos que exigem que os Evangelhos sejam sujeitos a eles. O resultado é uma distinção maciça entre o material que é genuíno e os outros materiais, que são claramente fictícios.

Eruditos

Em segundo lugar, os argumentos vêm de escritores populares sem qualquer credencial acadêmica relevante. Ou representam opiniões que foram rejeitadas por praticamente todos os eruditos respeitados. Em particular, os proponentes do mito costumam argumentar que praticamente todos os escritos do Novo Testamento estão completamente em desacordo com a história. Acreditam que eles foram inventados para servir às agendas dos últimos escritores. Por exemplo, Richard Carrier, um dos poucos proponentes do mito com credenciais relevantes, afirmou "Está claro que os autores dos Evangelhos não tinham interesse em qualquer dado histórico".[14]

Essa é uma afirmação escandalosa à luz da história. Nenhum historiador competente acredita, como detalhado no capítulo 12, que o Novo Testamento está completamente destituído de qualquer conteúdo histórico. Ao contrário, os escritos (conforme descrito no capítulo 3) são alguns dos melhores daquela era, sustentados por evidências históricas e arqueológicas. Além disso, muitos detalhes do Novo Testamento que os céticos originalmente acreditavam estar em desacordo com a história eventualmente foram provados como sendo precisos, tais como a existência da cidade de Nazaré e o tanque de Siloé. Para que os proponentes do mito argumentem seus pontos de vista, eles precisam ignorar as mais recentes descobertas arqueológicas e rejeitar praticamente todos os padrões do estudo histórico legítimo.

Conteúdo

Finalmente, os proponentes do mito sofrem do que Dan Wallace descreveu como "paralelomania". Ou seja, eles tendem a argumentar que certas semelhanças entre as fontes pagãs e o cristianismo provam que os cristãos copiaram as histórias pagãs. Entretanto, os paralelos invariavelmente estão destituídos de qualquer conteúdo real. Ou eles são superficiais demais ou vêm de documentos que datam de um período muito posterior ao cristianismo.

Ainda que os paralelos fossem anteriores e muito mais semelhantes, ainda assim não provariam que se trata de uma cópia. Existem muitas semelhanças notáveis e coincidentes entre diferentes religiões e entre diferentes eventos históricos. Um dos exemplos mais evidentes é a semelhança ente o assassinato de Abraham Lincoln e o de John F. Kennedy. Inúmeros detalhes coincidem perfeitamente:

- Abraham Lincoln foi eleito para o Congresso em 1846. John F. Kennedy foi eleito para o Congresso em 1946.
- Abraham Lincoln foi eleito presidente em 1860. John F. Kennedy foi eleito Presidente em 1960.
- Lincoln e Kennedy têm sete letras.
- Lincoln tinha uma secretária chamada Kennedy; Kennedy tinha uma secretária chamada Lincoln.
- Ambos se casaram, na casa dos trinta anos, com garotas de vinte e quatro anos de proeminência social que falava francês fluentemente.
- Ambos os presidentes lidaram com movimentos pelos direitos civis em favor dos afro-americanos.
- Ambos os presidentes foram assassinados em uma sexta-feira, com um tiro na parte de trás da cabeça, antes de um feriado importante, enquanto estavam sentados ao lado de suas esposas.
- Ambos os assassinos eram conhecidos por três nomes que consistiam de quinze letras (John Wilkes Booth e Lee Harvey Oswald).
- Oswald atirou em Kennedy de um depósito e foi capturado em um teatro; Booth atirou em Lincoln em um teatro e foi capturado em um depósito.
- Ambos os assassinos levaram um tiro e foram mortos por um revolver Colt dias após terem assassinado o presidente e antes que pudessem ser levados a julgamento.
- Ambos os presidentes foram substituídos por vice-presidentes chamados Johnson, oriundos do sul dos Estados Unidos nascidos em 1808 e 1908, respectivamente.[15]

Apesar dessa lista surpreendente, ninguém acredita que um assassinato foi o relato mítico copiado do outro, pelo simples fato de que não existem evidências de que essa cópia ocorreu e porque os relatos de ambos os assassinatos repousam sobre fundamentos históricos sólidos. Do mesmo modo, não existe qualquer partícula de evidência de que os primeiros cristãos tenham sido influenciados por qualquer das histórias sobre as figuras míticas ou históricas pagãs. E o espaço de tempo entre os eventos e os escritos dos Evangelhos e das epístolas foi curto demais para que tivessem se desenvolvido mitos, uma vez que as testemunhas oculares ainda estavam vivas.

> Não houve tempo suficiente para que lendas se acumulassem de forma significativa. Desde que D. F. Strauss propôs sua teoria de que os relatos dos Evangelhos sobre a vida e ressurreição de Jesus são fruto de desenvolvimentos lendários e míticos, o problema incontestável desse ponto de vista continua o mesmo: a distância temporal e geográfica entre os eventos e os relatos é insuficiente para permitir um desenvolvimento tão extenso.[16]

Finalmente, a história central de Jesus e até muitos detalhes menores são sustentados pelas mais fortes evidências históricas. Portanto, não existe qualquer justificativa para que os céticos continuem a apresentar o argumento do mito, a não ser para justificar o próprio desejo de desacreditar o cristianismo.

Outros paralelos com Cristo?

Esses problemas relacionados à teoria do mito podem ser vistos claramente examinando-se as afirmações relacionadas aos candidatos mais populares a paralelos com Jesus.

Krishna

Um dos primeiros candidatos mencionados por Bill Maher em seu documentário foi a divindade Krishna, um dos deuses hindus mais populares. No hinduísmo, acredita-se que Krishna é a encarnação do deus Vishnu. Ele geralmente é retratado no Ocidente como um menino azul. Como mencionado, Maher relacionou diversos paralelos específicos entre a história de Krishna e a de Jesus, inclusive o nascimento virginal, o trabalho como carpinteiro (na verdade, afirma-se que o pai de Krishna trabalhava como carpinteiro) e o batismo em um rio.

Essas mesmas afirmações foram feitas pelos suspeitos usuais dos proponentes do mito. Eles também afirmam que Krishna foi crucificado, ressuscitou e compartilha com Jesus inúmeros outros pontos em comum. Esse pequeno círculo de escritores e de eruditos marginais promove livros sem referências a qualquer fonte principal, o que é compreensível uma vez que nenhuma de suas afirmações tem qualquer base real. Por exemplo, a narrativa do nascimento no texto hindu afirma que a mãe de Krishna já tinha sete filhos antes de dá-lo à luz, de modo que ela certamente não era uma virgem. As histórias do nascimento também não mencionam explicitamente que a mãe tenha engravidado por uma ação divina.[17] Do mesmo modo, a afirmação sobre Krishna ter nascido de um carpinteiro foi simplesmente inventada. Seu pai era um nobre.[18] Nem existe qualquer relato de Krishna ter sido batizado em um rio. Do mesmo modo, nenhum texto afirma que ele foi crucificado ou ressuscitou. Em vez disso, ele foi morto por engano por um caçador chamado Jara, e depois sua alma deixou seu corpo.[19] O único paralelo identificado em todos os conteúdos vem dos textos que foram escritos centenas de anos depois dos Evangelhos, quando os hindus começaram a copiar o cristianismo.[20]

Resumindo, as afirmações sobre os paralelos entre Jesus e Krishna se equiparam aos paralelos com Hórus, no sentido de que caem na categoria mencionada anteriormente:
- Semelhanças tão superficiais que representam características comuns a muitas religiões, como a presença de milagres. Portanto, elas não fornecem qualquer evidência de cópia.

- Os paralelos mais substanciais são aqueles que se basearam em representações errôneas e grosseiras dos textos originais ou que foram simplesmente inventados.
- Os paralelos substanciais cujas bases são fontes históricas legítimas foram escritos muito depois do primeiro século. A cópia, na verdade, teria sido feita pelos pagãos, fazendo empréstimos das narrativas cristãs.

Mitra

O segundo candidato comum a uma imitação é Mitra, que era adorado no Império Romano pelos seguidores da religião misteriosa conhecida como mitraísmo. Pouco se sabe sobre essa religião, pois nenhum de seus escritos importantes sobreviveu. A maior parte do nosso conhecimento vem dos túmulos sagrados ou relicários.[21] O que foi sugerido é que Mitra era visto como o deus da luz, que oferecia salvação aos seus seguidores. Um de seus atos mais memoráveis foi matar um touro, que se tornou a fonte do ritual religioso de derramar o sangue de um touro sobre os adoradores. Os céticos costumam relacionar esse rito à crença cristã do sangue de Jesus que purifica os cristãos de seus pecados. Os proponentes do mito, como Maher, também argumentam que vários outros detalhes sobre Jesus foram copiados de Mitra, inclusive o fato de seu nascimento ter sido em 25 de dezembro, ter realizado milagres, ter ressuscitado ao terceiro dia e ser conhecido por vários outros títulos de Jesus, como o caminho, a verdade e a vida.

Como no caso de Hórus e Krishna, as semelhanças verdadeiramente evidentes entre Jesus e Mitra, como a ressurreição, foram simplesmente inventadas.[22] E as reais semelhanças são no mínimo superficiais. Por exemplo, o uso de sangue na adoração é uma característica comum a muitas religiões do mundo antigo. Ainda mais problemática é a questão das datas. O mitraísmo não criou raízes no Império Romano até fins do primeiro século. E os documentos mais antigos que o descrevem foram escritos mais de um século depois da conclusão dos Evangelhos cristãos. Portanto, qualquer ideia que tenha sido tomada emprestada naquela época teria sido por parte dos seguidores de Mitra copiando dos cristãos. Entretanto, os estudiosos respeitados de Mitra não acreditam que nenhuma das religiões tenha influenciado a outra.

> Depois de quase cem anos de trabalho persistente, parece inevitável concluir que nem o mitraísmo nem o cristianismo provaram ser uma influência óbvia e direta sobre a outra no desenvolvimento, finalidade ou sobrevivência de qualquer das duas religiões. Suas crenças e práticas são bem esclarecidas por suas origens bastante óbvias, e não há necessidade de explicar uma em termos da outra.[23]

Osíris

Dizem que Osíris presidia a alma no juízo. Osíris é também o marido de Isis, uma das divindades egípcias mais populares. Os céticos costumam argumentar que o mito de Osíris é uma das principais fontes por trás da crença cristã na ressurreição. Eles também tentam ligar o papel de Osíris ao papel de Jesus no julgamento dos mortos. Alguns argumentam que Osíris foi a fonte de vários outros detalhes significativos afirmados sobre Jesus, como seu batismo, seu nascimento em 25 de dezembro, seu título de "Bom Pastor", o fato de Jesus ter instituído uma refeição sagrada como a eucaristia, e sua morte em expiação pelo pecado. Entretanto, essas afirmações foram rejeitadas por todas as autoridades respeitadas que estudam Osíris. O estudioso do Novo Testamento Ed Komoszewski resume:

> De acordo com a versão mais comum do mito, Osíris foi assassinado por seu irmão, que então afundou o caixão contendo o corpo de Osíris no rio Nilo. Isis descobriu o corpo e devolveu-o ao Egito. Seu cunhado, porém, mais uma vez teve acesso ao corpo, desta vez desmembrando-o em quatorze pedaços que ele espalhou por todos os lados [...] Às vezes os que contam a história ficam satisfeitos em dizer que Osíris voltou à vida, embora essa linguagem vá muito além do que o mito permite. Alguns escritores vão além e se referem à suposta "ressurreição" de Osíris.[24]

Claramente, as supostas semelhanças entre Jesus e Osíris apresentadas por defensores de mitos são exageros extremos ou fábulas completas da imaginação deles. A ressurreição de Jesus tem pouco em comum com a reconstituição de Osíris por Isis. E como comenta o erudito Ronald Nash, "O destino do caixão de Osíris no Nilo está tão relacionado ao batismo quanto o afundamento do Atlantis."[25]

Até os céticos como Bart Ehrman sentiram-se compelidos a desafiar tais afirmações irresponsáveis. Por exemplo, ele critica os autores Timothy Freke e Peter Gandy, que repetiram muitas dessas afirmações em seus livros.

> Qual, por exemplo, é a prova de que Osíris nasceu em 25 de dezembro na presença de três pastores? Ou de que ele foi crucificado? E de que a sua morte fez expiação pelos pecados? Ou de que ele retornou à vida na Terra sendo ressuscitado dos mortos? Na verdade, nenhuma fonte antiga diz nada disso sobre Osíris (ou sobre os outros deuses). Mas Freke e Gandy afirmam que essas questões são de conhecimento comum. E eles "provam" isso citando outros escritores dos séculos 19 e 20 que disseram o mesmo. Contudo, esses escritores também não citam nenhuma evidência histórica. Tudo isso se baseia em uma suposição, sustentada por Freke e Gandy simplesmente porque eles leram isso em algum lugar. Não se trata de erudição histórica séria.[26]

Menção desonrosa

Vários outros exemplos são citados com menos frequência como fontes que afirmam que o cristianismo é uma cópia. Um dos que se destacam é o exemplo de Apolônio, que, diferentemente dos exemplos anteriores, foi uma figura histórica real. Ele foi um filósofo grego da cidade de Tiana, na província romana da Capadócia. Viveu por volta da época de Jesus, e afirma-se que ele ensinou discípulos, fez milagres e apareceu a testemunhas após sua morte. Esses paralelos são verdadeiramente estarrecedores. Entretanto, eles vêm de uma biografia escrita por um filósofo chamado Filóstrato, do terceiro século, o que evidencia um amplo decurso de tempo entre sua morte e a escrita de sua biografia para que os relatos lendários tenham se desenvolvido. Além disso, a essa altura a igreja cristã havia sido bem estabelecida em todo o Império Romano, de modo que é provável que Filóstrato tenha copiado os Evangelhos.

Outra fonte citada ocasionalmente é o deus Dionísio. Diz-se que ele nasceu de uma virgem em 25 de dezembro,[27] transformou água em vinho, fez uma entrada triunfal sobre um jumento, fez seguidores adorá-lo comendo pão e bebendo vinho, foi crucificado, e ressuscitou dos mortos. Como é o caso dos outros candidatos, essas supostas semelhanças são distorções dos textos originais ou foram simplesmente inventadas. Por exemplo, ele era o deus do vinho, mas não existe qualquer relato sobre o vinho sendo usado em adoração que se pareça sequer de forma remota com a história cristã.[28] Mais uma vez, os paralelos são, principalmente, projeções das mentes daqueles que já negaram Jesus em seus corações.

Resumo

A história da vida, morte e ressurreição de Jesus não foi tomada emprestada da mitologia pagã. O próprio fato de algo tão absurdo ter de ser abordado demonstra o quanto a discussão se tornou superficial, afastando-se dos fatos reais que cercam o evangelho e de suas implicações para cada pessoa no planeta.

As raízes do cristianismo estão na fé judaica. Jesus era judeu e veio em cumprimento daquilo que os profetas hebreus falaram sobre o Messias. Seus milagres não eram truques mágicos nem foram escritos em linguagem mitológica, mas dirigiam as pessoas aos propósitos redentores de Deus e à oportunidade de fazerem parte deles.

Ironicamente, a imitação não foi feita pelos primeiros cristãos tomando de empréstimo detalhes das histórias dos antigos egípcios, gregos ou persas, mas o contrário. O enorme sucesso e o crescimento do cristianismo primitivo provocaram os proponentes das religiões de mistérios a recontarem suas histórias com imagens e temas cristãos.

CAPÍTULO 7

Jesus, o Messias

Filho do Homem, Filho de Deus

Não há qualquer outra interpretação que se encaixe nos fatos da história e na mensagem da Escritura – Jesus Cristo de Nazaré é o Messias prometido.[1]
— DR. STEPHEN C. MEYER

O Manifesto Humanista foi escrito primeiramente em 1933 e expôs uma visão secular de como poderíamos pôr fim ao racismo, à pobreza e à guerra, e trazer paz e prosperidade duradouras ao mundo. Ele se referia ao humanismo como uma "nova religião", que produziria um movimento religioso sem divindades. O Manifesto Humanista II, escrito em 1973, foi uma proclamação de emancipação contra Deus — mais especificamente, uma libertação da crença de que Deus seria a fonte da salvação da humanidade. Ele afirma: "Nenhuma divindade nos salvará, precisamos salvar a nós mesmos". A afirmação de que a humanidade pode ser sua própria salvação é uma crença, um sistema de fé. A triste realidade é que não existe evidência real de que podemos confiar em nós mesmos para realizar uma tarefa tão difícil e descomunal. A humanidade pode trazer soluções substanciais para muitos dos problemas da vida. Podemos combater o câncer, as doenças cardíacas, a fome e a poluição. Podemos gerar reviravoltas em empresas que estão falindo, reconstruir cidades arruinadas e devolver a esperança a regiões devastadas por desastres naturais. Mas será que podemos transformar os problemas mais profundos da alma humana?

No que se refere ao nosso comportamento moral, parece que concordamos que a batalha contra nossa genética é inútil. Se nossos impulsos e desejos sexuais devem ser aceitos e não resistidos ou reprimidos, então por que não legitimar todos os outros instintos e tendências? Como o ateu Richard Dawkins disse: "Somos simplesmente um produto do nosso DNA e dançamos conforme a sua música".[2] Na verdade, os céticos como Sam Harris vão longe, a ponto de dizer que não existe livre-arbítrio e que os nossos atos são determinados.[3] Se esse é o caso, então nossos problemas são mais graves do que jamais imaginamos.

No século XIX muitos tinham um senso de esperança de que a sociedade evoluiria naturalmente para um estado cada vez melhor, por meio da ciência, da educação e da razão somente. Os principais pensadores tomaram a Teoria da Evolução e a transformaram em uma visão de mundo abrangente, procurando usá-la como um mapa da estrada não apenas para a melhoria da humanidade fisicamente, mas mental e moralmente também. Durante as infames "experiências com macacos" realizadas por Scopes, há mais de 90 anos em Dayton County, no Tennessee, o *The New York Times* publicou um editorial afirmando que a evolução, destituída de qualquer influência de um criador, oferecia a única esperança de progresso para a alma humana. "Se o homem evoluiu, é inconcebível que o processo pararia e o deixaria em seu atual estado imperfeito. A criação específica não tem essa promessa para o homem".[4]

A maior necessidade de mudança está na alma humana. Mas de onde virá essa mudança? O conceito da sobrevivência do mais forte significa que a natureza seleciona as características que ajudam os indivíduos a sobreviverem e a se reproduzirem. A partir dessa perspectiva, de onde vêm as características de caráter, tais como o amor altruísta e a abnegação? A realidade é que, sem a obra do Espírito

Santo em nós, estamos simplesmente à mercê dos nossos genes, das nossas tendências carnais e das pressões da sociedade. Esse tipo de crença naturalmente conduz a um desespero existencial expresso pelos escritores bíblicos que duvidavam que a condição humana pudesse algum dia melhorar. "Tenho visto tudo o que é feito debaixo do sol; tudo é inútil, é correr atrás do vento! O que é torto não pode ser endireitado" (Eclesiastes 1:14-15).

A verdadeira história da humanidade é que, se formos deixados por conta própria, provamos que não somos muito bons no negócio da salvação. E no que diz respeito às muitas descobertas tecnológicas, a mesma tecnologia destinada para o bem pode se tornar um instrumento do mal. O século XX testemunhou algumas das maiores atrocidades da humanidade, cometidas por pretensos salvadores que rejeitaram abertamente o Deus da Bíblia. Milhões de pessoas foram mortas sob regimes anticristãos como os dirigidos por Stalin, Mao, Pol Pot, Hitler (um neopagão) e Idi Amin. Como mencionado, a raiz do problema é definitivamente espiritual, e reside dentro da profundidade do espírito humano.

Embora a ciência ou o processo político pretendam ser as fontes da nossa esperança, o fato é que necessitamos desesperadamente da ajuda e da intervenção de Deus. A mensagem da Bíblia é, essencialmente, uma revelação do caminho que nos leva das trevas para a luz, e do desespero à esperança. Assim como existem leis físicas que explicam como o universo funciona, existem leis espirituais que nos ajudam a entender o mundo interior e como ele funciona. Sigmund Freud tentou explicar a ciência por trás do pensamento e da emoção humana, mas fracassou em fazê-lo por uma simples razão: Freud nunca reconheceu que a alma tinha um Criador, por isso ele tentou explicar como somos impelidos subconscientemente a agir, não como deveríamos escolher agir.

Deus revelou ao longo da Escritura como deveríamos viver, de forma muito semelhante ao fabricante de um carro que dá um manual de instruções que explica como operar e cuidar do veículo adequadamente. Quando essas leis são violadas ou ignoradas, há consequências.

A principal delas é que deixamos de nos comportar visando o bem máximo de nós mesmos e dos outros. O enigma é que nós, os humanos, temos uma tendência que nos impele a agir de várias maneiras que desafiam completamente a maneira como pretendíamos viver.

A MENSAGEM É CLARA: PRECISAMOS DE UM SALVADOR

Por necessitarmos tão desesperadamente de um salvador, podemos ser facilmente enganados por aqueles que prometem consertar os nossos problemas, curar nossas feridas e trazer paz duradoura ao nosso mundo. Nós ficamos encantados por praticamente qualquer coisa que nos prometa o alívio para a nossa dor.

A ideia de que a humanidade precisa de salvação teve início no começo da história humana. Desde o tempo em que o mal reivindicou sua influência, o grito por ajuda surgiu das profundezas da nossa alma. Os primeiros humanos optaram por desobedecer à lei muito simples que Deus havia lhes dado, como resultado eles sofreram imediatamente a dor da consequente separação que o pecado gera. Por que Deus deu a eles a chance de falhar? Esta é a essência de ser humano: ter uma escolha real de fazer o bem ou o mal.

Desde aqueles primeiros tempos, o planeta tem cambaleado devido às feridas de um povo que faz escolhas erradas e fere a si mesmo. Entretanto, em momentos-chave da história, quando tudo parecia perdido, Deus providenciou um modo de escape para aqueles que confiaram nele. A história de Noé construindo uma arca para a salvação de sua família; o Senhor instruindo Moisés a colocar o sangue de um cordeiro sobre as vergas das portas de suas habitações, para que o anjo da morte *passasse* sobre elas poupando suas vidas; a travessia milagrosa dos escravos hebreus libertos pelo mar Vermelho; todas essas passagens contam a história de Deus livrando a humanidade do mal e da opressão. O grande rei Davi louvaria a Deus repetidamente por ser salvo dos seus inimigos e pelos muitos escapes de morte que lhe foram dados.

Eu te amo, ó Senhor, minha força.
O Senhor é a minha rocha, a minha fortaleza e o meu libertador;
o meu Deus é o meu rochedo, em quem me refugio.
Ele é o meu escudo e o poder que me salva, a minha torre alta.
Clamo ao Senhor, que é digno de louvor,
e estou salvo dos meus inimigos (Salmos 18:1-3).

Deus não apenas criou o universo, mas Ele está envolvido nos assuntos da humanidade. Embora haja dor e sofrimento, o livramento está disponível. A manifestação fundamental desta salvação seria o aparecimento da corporificação dessa salvação em forma humana.

O Messias

"O Messias" em hebraico é *Ha Mashiach*. A mesma palavra em grego é *Cristo* ou "O Ungido". Essa palavra simbolizava o sacerdote ungido que havia sido separado para os propósitos de Deus. No Antigo Testamento, o Messias era um líder ungido que seria um descendente do rei Davi e libertaria o povo judeu dos seus inimigos.

Os hebreus esperavam um líder humano que os libertaria de homens opressores e introduziria politicamente o reino de Deus na terra. Eles praticamente não faziam ideia de que o Messias seria a presença de Deus encarnada na Terra, e principalmente não esperavam que ele fosse executado pelos próprios inimigos os quais acreditavam que ele venceria. Entretanto, Jesus veio para nos libertar dos nossos verdadeiros inimigos: as forças espirituais que mantiveram a raça humana em cativeiro. A liberdade externa é inútil sem a liberdade interior.

Jesus anunciaria que esse alvo era a sua missão em sua mensagem inaugural. Depois de ter sido batizado no rio Jordão, ele voltou a Nazaré, onde havia sido criado, entrou na sinagoga e leu uma passagem do profeta Isaías. Eis o relato desse acontecimento:

> Ele foi a Nazaré, onde havia sido criado, e no dia de sábado entrou na sinagoga, como era seu costume. E levantou-se para ler. Foi-lhe entregue o livro do profeta Isaías. Abriu-o e encontrou o lugar onde está escrito:
> "O Espírito do Senhor está sobre mim, porque ele me ungiu para pregar boas novas aos pobres. Ele me enviou para proclamar liberdade aos presos e recuperação da vista aos cegos, para libertar os oprimidos e proclamar o ano da graça do Senhor".
> Então ele fechou o livro, devolveu-o ao assistente e assentou-se. Na sinagoga todos tinham os olhos fitos nele; e ele começou a dizer-lhes: "Hoje se cumpriu a Escritura que vocês acabaram de ouvir" (Lucas 4:16-21).

Depois de ler essa passagem profética sobre o Messias, Jesus fez a afirmação estarrecedora de que ele estava cumprindo aquela escritura "hoje". Isso demonstra claramente que Jesus não apenas se via como o cumprimento das palavras dos profetas, mas que sua missão seria pregar o evangelho, curar os enfermos e libertar os espiritualmente oprimidos. Na verdade, Jesus saiu dali naquele momento e começou a expulsar demônios e a realizar curas e outros milagres.

É esse mesmo ministério que ele desempenha hoje, em nossa geração, por intermédio dos seus seguidores. A mensagem de que Jesus é o Cristo (o Messias) não avança por meio da violência e da força. Na verdade, aqueles que constrangeram outros a algum tipo de obediência forçada foram condenados por Jesus e chamados de falsos profetas. Em vez disso, a mensagem de Cristo é declarada em amor e poder. Esse evangelho, ou Boas-novas, é tão poderoso que fez o mundo virar de ponta a cabeça há 2 mil anos — e ele pode fazer o mesmo hoje.

Preparando o caminho

O aparecimento do Messias seria inquestionavelmente o momento mais significativo da história humana, tanto que um profeta foi enviado antecipadamente para preparar as pessoas para o que estava por vir. Ele se chamava João Batista, e os historiadores reconhecem que ele não apenas existiu, mas que pregou e ministrou nas regiões desérticas de Israel. Todos os quatro Evangelhos falam de João e de seu papel de preparar o caminho para o Messias. O ministério de João foi previsto pelos profetas hebreus. Malaquias profetizou quase 400 anos antes:

> Vejam, eu enviarei a vocês o profeta Elias antes do grande e temível dia do Senhor. Ele fará com que os corações dos pais se voltem para seus filhos, e os corações dos filhos para seus pais; do contrário, eu virei e castigarei a terra com maldição (Malaquias 4:5-6).

Essa passagem da Bíblia não fala de reencarnação, mas sim que Deus enviaria alguém com o mesmo tipo de unção e mensagem de Elias. O profeta Isaías falaria de João também, por volta de 600 anos antes de seu aparecimento:

> Uma voz clama: "No deserto preparem o caminho para o Senhor; façam no deserto um caminho reto para o nosso Deus. Todos os vales serão levantados, todos os montes e colinas serão aplanados; os terrenos acidentados se tornarão planos; as escarpas serão niveladas" (Isaías 40:3-4).

O ministério de João preparou o coração e a mente do povo, chamando-o ao arrependimento e fazendo-o abandonar seus atos iníquos. Quando o anjo Gabriel falou aos pais de João sobre seu nascimento vindouro e seu futuro ministério, disse:

> Fará retornar muitos dentre o povo de Israel ao Senhor, o seu Deus. E irá adiante do Senhor, no espírito e no poder de Elias, para fazer voltar o coração dos pais a seus filhos e os desobedientes à sabedoria dos justos, para deixar um povo preparado para o Senhor (Lucas 1:16-17).

Essa proclamação aponta para a natureza excepcional do chamado de João Batista. Ele não era o precursor de um rei ou líder terreno, mas do próprio Senhor. Quando estava pregando, perguntaram-lhe se ele era o Messias. João negou-o e então declarou que o Messias viria depois dele:

> Este foi o testemunho de João, quando os líderes judaicos de Jerusalém enviaram sacerdotes e levitas para lhe perguntarem quem ele era. Ele confessou e não negou; declarou abertamente: "Não sou o Cristo".
> Respondeu João: Eu batizo com água, mas entre vocês está alguém que vocês não conhecem.
> Ele é aquele que vem depois de mim, e não sou digno de desamarrar as correias de suas sandálias. Tudo isso aconteceu em Betânia, do outro lado do Jordão, onde João estava batizando. No dia seguinte João viu Jesus aproximando-se e disse: "Vejam! É o Cordeiro de Deus, que tira o pecado do mundo!" (João 1:19-20, 26-29).

O ponto crucial a ser entendido aqui é que reconhecer o Messias requer a condição espiritual certa tanto quanto reconhecer os fatos que envolvem sua identidade. Apenas porque você sabe que Jesus é o Cristo, não significa que você acreditará nele a ponto de entregar sua vida e seu destino à liderança e autoridade dele. João chamaria as pessoas a se humilharem e a reconhecerem a necessidade que tinham de um salvador. Então, e somente então, elas parariam de confiar em si mesmas, em seus ídolos e nas soluções da época, e aguardariam a promessa da libertação de Deus nos termos dele, e não nos seus.

O QUE JESUS DISSE SOBRE SI MESMO?

Disse a mulher: "Eu sei que o Messias (chamado Cristo) está para vir. Quando ele vier, explicará tudo para nós". Então Jesus declarou: "Eu sou o Messias! Eu, que estou falando com você".
— JOÃO 4:25-26

Em certas ocasiões, Jesus era evasivo quanto à sua identidade como o Messias, uma vez que o povo judeu tinha conceitos errados sobre seu papel. Outras vezes ele era muito direto quanto a quem era. O relato do encontro de Jesus com uma mulher de Samaria nos oferece um diálogo notável, no qual a identidade dele é revelada abertamente. De todas as pessoas em quem ele podia confiar, você provavelmente não imaginaria que seria uma mulher que havia sido casada cinco vezes e naquela ocasião estava vivendo com alguém com quem não era casada. Mas Jesus falou com ela e lhe declarou diretamente que era o Messias.

Como mencionamos anteriormente, Jesus perguntou aos discípulos: "Quem vocês dizem que eu sou?" Simão Pedro respondeu: "Tu és o Cristo, o Filho do Deus vivo". Jesus não lhe respondeu com uma correção ou repreensão por fazer uma afirmação blasfema, mas chamou-o de "feliz" por entender o papel dele. Essa mesma bênção vem a nós quando captamos essa verdade crucial acerca de Jesus. A identidade de Jesus como Messias também foi reconhecida pelo apóstolo Paulo. Craig Keener comentou:

> Paulo, nosso primeiro escritor do Novo Testamento existente, às vezes usa "Cristo" praticamente como o sobrenome de Jesus; a ideia de Jesus como 'Messias' certamente deve anteceder a época de Paulo. A linguagem de Paulo pode sugerir que todos os judeus cristãos em Jesus que ele conhecia consideravam Jesus como "Cristo".[5]

É impossível ler os Evangelhos ou as cartas de Paulo e ficar com a impressão de que Jesus de Nazaré se via como um mero homem. Jesus disse tantas coisas sobre si mesmo que seria surpreendente se ele fosse apenas um homem.

Eu sou a luz do mundo.

— João 8:12

Os céus e a terra passarão, mas as minhas palavras jamais passarão.

— Marcos 13:31

Pois onde se reunirem dois ou três em meu nome, ali eu estou no meio deles.

— Mateus 18:20

Os profetas que falavam em nome de Deus prefaciavam suas afirmações com a expressão "assim diz o Senhor". Quando Jesus falava, porém, ele não dizia "assim diz o Senhor", mas em vez disso fazia comentários do tipo: "Em verdade eu lhes digo". Ele falava nesses termos porque era o Senhor quem falava.

Jesus demonstrou que ele é o Messias

Os milagres que ele realizou e os sinais e maravilhas extraordinários apontavam para a sua identidade como o Cristo. Em toda a história humana não houve ninguém que tenha se aproximado das obras inacreditáveis de Jesus. Os únicos relatos antigos vagamente similares foram escritos sobre figuras que estavam mortas há séculos, de modo que eram apenas lendas. Alimentar milhares de pessoas com alguns pães e peixes, andar sobre as águas e ressuscitar mortos foram obras além da imaginação humana. Na verdade, um de seus sinais mais incríveis foi acalmar a tempestade no mar da Galileia. Esse ato de acalmar os mares evocava a autoridade de Deus sobre as águas em Gênesis.

Os céticos que não aceitam a possibilidade dos fenômenos sobrenaturais tentam eliminar os milagres de Jesus, concentrando-se em sua ética e em seus ensinamentos. Mas os seguidores que ele reuniu não foram resultado de um seminário de ensino sobre as montanhas da Galileia, mas sim das notícias das suas obras poderosas. Foram seus milagres que atraíram a preocupação da elite religiosa governante, porque eles apontavam para o fato de que Jesus era o Messias.

Quando ensinava, ele o fazia com autoridade. Um exemplo clássico foi quando ele não apenas ensinou a Lei de Moisés, mas a aprimorou, elevando o padrão de seu verdadeiro significado.

> Vocês ouviram o que foi dito aos seus antepassados: "Não matarás", e "quem matar estará sujeito a julgamento". Mas eu lhes digo que qualquer que se irar contra seu irmão estará sujeito a julgamento. Também, qualquer que disser a seu irmão: "Racá", será levado ao tribunal. E qualquer que disser: "Louco!", corre o risco de ir para o fogo do inferno (Mateus 5:21-22).

O Dr. William Lane Craig concordou que esse registro demonstra o senso inequívoco de Jesus acerca da sua autoridade divina. "Não é que Jesus apenas colocasse sua autoridade pessoal em paridade com a Lei divina. Mais do que isso, ele ajustou a Lei com base em sua própria autoridade".[6]

Outro exemplo dessa autoridade é o fato de Jesus perdoar pecados. Dizer às pessoas que seus pecados estavam perdoados era agir precisamente como somente Deus deveria agir. Uma das minhas histórias favoritas da Bíblia está registrada no Evangelho de Marcos. Um grupo de homens tentava transportar seu amigo paralítico para dentro de uma casa lotada, onde Jesus estava ensinando, na esperança de que ele fosse curado. Quando não conseguiram entrar pela porta da frente, eles subiram no telhado, abriram um buraco através do teto e depois desceram o amigo deles diante de Jesus. Começo a sorrir quando penso em todas as pessoas na casa olhando para o teto, enquanto aquela maca era descida até a sala.

> Poucos dias depois, tendo Jesus entrado novamente em Cafarnaum, o povo ouviu falar que ele estava em casa. Então muita gente se reuniu ali, de forma que não havia lugar nem junto à porta; e ele lhes pregava a palavra. Vieram alguns homens, trazendo-lhe um paralítico, carregado por quatro deles. Não podendo levá-lo até Jesus, por causa da multidão, removeram parte da cobertura do lugar onde Jesus estava e, pela abertura no teto, baixaram a maca em que estava deitado o paralítico. Vendo a fé que eles tinham, Jesus disse ao paralítico: "Filho, os seus pecados estão perdoados".

Estavam sentados ali alguns mestres da lei, raciocinando em seu íntimo: "Por que esse homem fala assim? Está blasfemando! Quem pode perdoar pecados, a não ser somente Deus?"

Jesus percebeu logo em seu espírito que era isso que eles estavam pensando e lhes disse: Por que vocês estão remoendo essas coisas em seu coração? Que é mais fácil dizer ao paralítico: Os seus pecados estão perdoados, ou: Levante-se, pegue a sua maca e ande? Mas, para que vocês saibam que o Filho do homem tem na terra autoridade para perdoar pecados — disse ao paralítico —"eu lhe digo: Levante-se, pegue a sua maca e vá para casa". Ele se levantou, pegou a maca e saiu à vista de todos, que, atônitos, glorificaram a Deus, dizendo: "Nunca vimos nada igual!" (Marcos 2:1-12).

O fato de Jesus perdoar por si mesmo os pecados das pessoas demonstrava que ele acreditava que tinha autoridade para fazer isso. Nenhum profeta antes dele jamais ousara dizer diretamente às pessoas que os pecados delas estavam perdoados. Moisés até orava a Deus rogando-lhe para perdoar as pessoas, mas somente Deus podia conceder o perdão.

Profecias de um Messias

Todos os profetas dão testemunho dele, de que todo o que nele crê recebe o perdão dos pecados mediante o seu nome.

— Atos 10:43

O advento de Jesus foi o cumprimento das profecias que Deus falara por intermédio dos profetas havia séculos. "Deus deu um grande número de profecias sobre o Messias por pelo menos duas razões. Em primeiro lugar, isso faria com que fosse óbvio identificar o Messias. E em segundo lugar, tornaria impossível a tarefa de um impostor".[7] Existem muitas profecias que encontram seu cumprimento em Cristo. Aqui enfatizarei apenas algumas.[8] Se estas sete fossem as únicas, elas seriam suficientes.

1. O Servo sofredor

A profecia mais ilustrativa e cativante sobre o messias, que aponta para Jesus de Nazaré, é encontrada no capítulo 53 do livro de Isaías. A passagem é citada por diversas vezes no Novo Testamento. É mencionada não apenas nos Evangelhos, ao falarem de Cristo e de seu ministério, mas também no livro de Atos, quando o oficial Etíope questionou Filipe sobre seu significado (Atos 8:32-33). A passagem foi decisiva na jornada do etíope até a fé em Cristo, como também tem sido para milhões desde então:

> Certamente ele tomou sobre si as nossas enfermidades e sobre si levou as nossas doenças; contudo nós o consideramos castigado por Deus, por Deus atingido e afligido. Mas ele foi transpassado por causa das nossas transgressões, foi esmagado por causa de nossas iniquidades; o castigo que nos trouxe paz estava sobre ele, e pelas suas feridas fomos curados. Todos nós, tal qual ovelhas, nos desviamos, cada um de nós se voltou para o seu próprio caminho; e o Senhor fez cair sobre ele a iniquidade de todos nós.
>
> Ele foi oprimido e afligido; e, contudo, não abriu a sua boca; como um cordeiro foi levado para o matadouro, e como uma ovelha que diante de seus tosquiadores fica calada, ele não abriu a sua boca. Com julgamento opressivo ele foi levado. E quem pode falar dos seus descendentes? Pois ele foi eliminado da terra dos viventes; por causa da transgressão do meu povo ele foi golpeado. Foi-lhe dado um túmulo com os ímpios, e com os ricos em sua morte, embora não tivesse cometido nenhuma violência nem houvesse nenhuma mentira em sua boca.
>
> Contudo, foi da vontade do Senhor esmagá-lo e fazê-lo sofrer, e, embora o Senhor tenha feito da vida dele uma oferta pela culpa, ele verá sua prole e prolongará seus dias, e a vontade do Senhor prosperará em sua mão. Depois do sofrimento de sua alma, ele verá a luz e ficará satisfeito; pelo seu conhecimento meu servo justo justificará a muitos, e levará a iniquidade deles (Isaías 53:4-11).

Essa é uma das passagens mais importantes de toda a Bíblia, por causa da imagem profética estarrecedora da obra de Cristo nela contida. Ela está cheia de referências que apontam para Cristo como o Messias. O espaço não permite uma exposição total dessa passagem bíblica, escrita quase 600 anos antes de Cristo, mas uma leitura cuidadosa nos permite fazer inúmeras comparações com a vida e a morte de Jesus. Mais importantes são os versículos que afirmam: "Mas ele foi transpassado por causa das nossas transgressões, foi esmagado por causa de nossas iniquidades" e "Pois ele foi eliminado da terra dos viventes; por causa da transgressão do meu povo ele foi golpeado". Essas afirmações fazem alusão a Jesus sendo crucificado pelos nossos pecados. Outras referências são feitas a Jesus sendo condenado à morte junto com homens maus, mas sendo sepultado no túmulo de um homem rico, José de Arimateia.

Mesmo antes da vinda de Jesus, muitos rabinos reconheciam que essa passagem apontava para o Messias prometido. Até o dia de hoje, Isaías 53 provou ser determinante na decisão de muitos judeus de abraçarem Jesus como o Messias. Entretanto, depois que Jesus veio, alguns comentaristas judeus o rejeitaram como Messias, declarando, em vez disso, que a passagem se referia unicamente à nação de Israel. Seus argumentos, porém, repousam sobre uma compreensão errônea acerca do contexto e da interpretação da passagem. A leitura mais exata aponta claramente para um futuro Messias que se encaixa com precisão nos fatos da vida, morte e ressurreição de Jesus.[9]

2. O local do nascimento do Messias

O nascimento de Jesus em Belém é amplamente aceito, porém não sem um desafio cético. E não é difícil entender o porquê. O fato de que o lugar de seu nascimento teria sido profetizado acrescenta ainda mais credibilidade a sua identidade como messias. Jesus não surgiu fazendo afirmações arrojadas sobre si mesmo. Os detalhes de sua vida foram descritos com antecedência. Deus preocupou-se não apenas com os grandes acontecimentos, mas também com os detalhes.

> Mas tu, Belém-Efrata, embora pequena entre os clãs de Judá, de ti virá para mim aquele que será o governante sobre Israel. Suas origens estão no passado distante, em tempos antigos.
> Por isso os israelitas serão abandonados até que aquela que está em trabalho de parto dê à luz. Então o restante dos irmãos do governante voltará para unir-se aos israelitas. Ele se estabelecerá e os pastoreará na força do Senhor, na majestade do nome do Senhor, o seu Deus. E eles viverão em segurança, pois a grandeza dele alcançará os confins da terra (Miqueias 5:2).

Essa profecia é muito específica quanto ao "governante" que surgiria dos "tempos antigos" e o lugar de seu nascimento. O rei Davi — da linhagem prometida do messias — também era desta mesma cidade. O nome *Belém* significa "casa do pão". Da casa do pão sairia o Pão da Vida.

3. Aquele a quem traspassaram

Zacarias profetizou quase 500 anos antes de Cristo, e falou sobre o povo olhar para "aquele a quem traspassaram" e se arrepender. Quando as pessoas entenderem que o Messias veio e foi condenado à morte, isso gera uma tremenda tristeza, mas Deus prometeu transformá-la em alegria e salvação.

> "Derramarei sobre a família de Davi e sobre os habitantes de Jerusalém um espírito de ação de graças e de súplicas. Olharão para mim, aquele a quem traspassaram, e chorarão por ele como quem chora a perda de um filho único, e se lamentarão amargamente por ele como quem lamenta a perda do filho mais velho." (Zacarias 12:10)

Isso também enfatiza um ponto importante sobre o povo judeu: as promessas e o amor de Deus por Jerusalém e Israel não mudaram. Embora ele ame todas as nações, há promessas que Deus fez sobre essa terra que se cumpriram nos tempos modernos e continuarão a se cumprir. Como o apóstolo Paulo escreveu aos Romanos:

Irmãos, não quero que ignorem este mistério, para que não se tornem presunçosos: Israel experimentou um endurecimento em parte, até que chegue a plenitude dos gentios. E assim todo o Israel será salvo, como está escrito:

"Virá de Sião o redentor que desviará de Jacó a impiedade. E esta é a minha aliança com eles quando eu remover os seus pecados" (Romanos 11:25-27).

O amor de Deus por Israel e pelo povo judeu é imutável.

4. O governo estará sobre os seus ombros

O profeta Isaías profetizou o fato de que Deus iria vir ao mundo na forma de uma criança. É, realmente, um grande mistério o criador infinito ter entrado em sua própria criação deste modo. Essa não era uma criança qualquer. Charles Spurgeon escreveu, "Jesus Cristo, até mesmo aquele que estava deitado na manjedoura em Belém... [estava] 'sustentando todas as coisas por sua palavra poderosa.'"[10]

> *Porque um menino nos nasceu,*
>   *um filho nos foi dado,*
>   *e o governo está sobre os seus ombros.*
> *E ele será chamado Maravilhoso Conselheiro, Deus Poderoso,*
>   *Pai Eterno, Príncipe da Paz.*
>   *Ele estenderá o seu domínio, e haverá paz sem fim*
> *sobre o trono de Davi e sobre o seu reino,*
>   *estabelecido e mantido com justiça e retidão,*
>   *desde agora e para sempre.*
> *O zelo do Senhor dos Exércitos fará isso.* (Isaías 9:6-7)

O livro de Isaías está cheio de referências ao Messias e à promessa de paz e libertação em resultado de sua obra. Essa passagem declara que o governo estará sobre os seus ombros; isso significa que independentemente de quem sejam os governantes e reis da Terra, existe um Rei maior que governa. Na verdade, ele é chamado de Reis dos reis e Senhor dos senhores! A passagem também afirma que essa criança será chamada de Deus Poderoso. Não existe nenhum ser humano que ousaria assumir esse título. Mas Jesus também seria chamado de *Emanuel*, que significa "Deus conosco". Embora seu governo tenha começado pequeno (com apenas 12 seguidores), ele continuou a crescer e a trazer paz à vida das pessoas e das nações que seguiram suas palavras.

5. O cronograma de Deus

Outra profecia surpreendente era o próprio tempo em que o messias apareceria. Daniel estava lendo Jeremias e se deu conta de que o cativeiro previsto para 70 anos estava chegando ao fim. Depois de buscar ao Senhor em oração e jejum, o anjo Gabriel veio a ele com essa mensagem, descrevendo os eventos futuros, particularmente a vinda do Messias (o Ungido).

> "Saiba e entenda que, a partir da promulgação do decreto que manda restaurar e reconstruir Jerusalém até que o Ungido, o príncipe, venha, haverá sete semanas, e sessenta e duas semanas. Ela será reconstruída com ruas e muros, mas em tempos difíceis. Depois das sessenta e duas semanas, o Ungido será morto, e já não haverá lugar para ele. A cidade e o Lugar Santo serão destruídos pelo povo do governante que virá. O fim virá como uma inundação: guerras continuarão até o fim, e desolações foram decretadas. Com muitos ele fará uma aliança que durará uma semana. No meio da semana ele dará fim ao sacrifício e à oferta. E numa ala do templo será colocado o sacrilégio terrível, até que chegue sobre ele o fim que lhe está decretado." (Daniel 9:25-27).

Daniel estava lendo Jeremias e se deu conta de que o cativeiro previsto para 70 anos estava chegando ao fim. Depois de buscar ao Senhor em oração e jejum, o anjo Gabriel veio a ele com essa mensagem, descrevendo os eventos futuros, particularmente a vinda do Messias (o Ungido). O anjo disse a Daniel que o número de anos entre o decreto para reconstruir Jerusalém e o tempo em que o Ungido seria "cortado" seria de 69 "setes" ou 69 conjuntos de sete anos (483 anos), que se cumpre na época da crucificação de Jesus, em 30 d.C.[11] O livro de Daniel também dá um retrato estarrecedor da obra que Jesus realizaria. "Setenta semanas estão decretadas para o seu povo e sua santa cidade a fim de acabar com a transgressão, dar fim ao pecado, expiar as culpas, trazer justiça eterna, cumprir a visão e a profecia, e ungir o Santíssimo" (Daniel 9:24).

O Messias colocaria fim ao pecado, expiaria a maldade e traria a justiça eterna. Essa profecia gloriosa da obra de Cristo não apenas foi prevista no passado, como também está disponível agora a todos os que creem em Jesus, mais de 2 mil anos depois.

6. O Filho do Homem

Jesus costumava se referir a si mesmo como o "Filho do Homem".

> Jesus respondeu: "As raposas têm suas tocas e as aves do céu têm seus ninhos, mas o Filho do homem não tem onde repousar a cabeça".
> — MATEUS 8:20

> Quando forem perseguidos num lugar, fujam para outro. Eu lhes garanto que vocês não terão percorrido todas as cidades de Israel antes que venha o Filho do homem.
> — MATEUS 10:23

> Se alguém se envergonhar de mim e das minhas palavras, o Filho do homem se envergonhará dele, quando vier em sua glória e na glória do Pai e dos santos anjos.
> — LUCAS 9:26

Essas referências não eram feitas apenas para chamar a atenção das pessoas para a humanidade de Jesus, mas representavam uma conexão direta com a visão profética que Daniel teve quase 500 anos antes de sua vinda:

> Em minha visão à noite, vi alguém semelhante a um filho de homem, vindo com as nuvens dos céus. Ele se aproximou do ancião e foi conduzido à sua presença. Ele recebeu autoridade, glória e o reino; todos os povos, nações e homens de todas as línguas o adoraram. Seu domínio é um domínio eterno que não acabará, e seu reino jamais será destruído (Daniel 7:13-14).

Não havia como um simples homem ser o destinatário desse tipo de título descritivo e também ser considerado aquele que todas as nações adorariam. Jesus cumpriu essa visão durante seu ministério terreno quando permitiu que as pessoas o adorassem. Esse ato é uma indicação clara de sua identidade divina. O Dr. William Lane Craig concorda com essa afirmação quando diz:

> Jesus não se referiu a si mesmo como "um filho do homem", mas como "o Filho do Homem". O uso que ele fez da frase com o artigo definido "o" é consistente em todos os Evangelhos. Ao usar o artigo definido, Jesus estava direcionando a atenção para sua figura divina e ao mesmo tempo humana, profetizada em Daniel 7:13-14.[12]

7. O Filho de Deus

Não existe um versículo na Bíblia mais familiar às multidões em todo o mundo do que João 3:16. Ele é visto em cartazes, aparece pintado no rosto dos atletas e é citado para aqueles que querem conhecer o caminho da salvação. Ele diz: "Porque Deus tanto amou o mundo que deu o seu Filho Unigênito, para que todo o que nele crer não pereça, mas tenha a vida eterna". Próximo ao termo *Cristo*, que significa

"Messias", o título de Filho de Deus conforme usado em João também aponta para a divindade de Jesus, e o associa com sua identidade como o Messias. O Salmo 2 dá a imagem profética dessa identidade:

> *Por que se amotinam as nações e os povos tramam em vão?*
> *Os reis da terra tomam posição e os governantes conspiram unidos contra o Senhor e contra o seu ungido, e dizem: "Façamos em pedaços as suas correntes, lancemos de nós as suas algemas!"*
> *Do seu trono nos céus o Senhor põe-se a rir e caçoa deles. Em sua ira os repreende e em seu furor os aterroriza, dizendo: "Eu mesmo estabeleci o meu rei em Sião, no meu santo monte".*
> *Proclamarei o decreto do Senhor:*
> *Ele me disse: "Tu és meu filho; eu hoje te gerei. Pede-me, e te darei as nações como herança e os confins da terra como tua propriedade. Tu as quebrarás com vara de ferro e as despedaçarás como a um vaso de barro".*
> *Por isso, ó reis, sejam prudentes; aceitem a advertência, autoridades da terra. Adorem o Senhor com temor; exultem com tremor. Beijem o filho, para que ele não se ire e vocês não sejam destruídos de repente, pois num instante acende-se a sua ira. Como são felizes todos os que nele se refugiam! (Salmos 2:1-12)*

É difícil para nós captar o conceito de que Deus tem um Filho. A expressão não significa que Deus teve um filho, da mesma maneira que as pessoas procriam. Examinando a Bíblia e confiando na iluminação do Espírito Santo, o verdadeiro significado se torna claro: Deus se tornou homem em Jesus Cristo. Ao entrar na Terra como uma criança, ele estava deliberadamente assumindo a nossa humanidade para nos salvar. Ele também foi o modelo do relacionamento que Deus deseja que haja entre nós, como seus filhos e filhas adotivos. O apóstolo Paulo explicou o ato de humildade de Jesus à Igreja de Filipos:

> Seja a atitude de vocês a mesma de Cristo Jesus, que, embora sendo Deus, não considerou que o ser igual a Deus era algo a que

devia apegar-se; mas esvaziou-se a si mesmo, vindo a ser servo, tornando-se semelhante aos homens. E, sendo encontrado em forma humana, humilhou-se a si mesmo e foi obediente até a morte, e morte de cruz! Por isso Deus o exaltou à mais alta posição e lhe deu o nome que está acima de todo nome, para que ao nome de Jesus se dobre todo joelho, nos céus, na terra e debaixo da terra, e toda língua confesse que Jesus Cristo é o Senhor, para a glória de Deus Pai (Filipenses 2:5-11).

A DIVINDADE DE CRISTO

Jesus não foi apenas o Messias prometido, ele foi também o Criador do universo, em forma humana. Essa afirmação é a maior pedra de tropeço que impede o povo judeu de aceitar *Yeshua* como o Salvador prometido. A imagem de Jesus como Messias foi claramente exposta neste livro. Agora vamos olhar mais profundamente para a verdade de que Jesus era realmente Deus encarnado.

Como tratamos aqui, as palavras e as obras de Jesus estão além das de um simples profeta ou mestre exaltado. Ele fez afirmações que foram além de apenas falar em nome de Deus; ele falou como o próprio Deus. Também existem afirmações diretas feitas por Jesus que revelam sua identidade como Deus.

> No princípio era aquele que é a Palavra. Ele estava com Deus, e era Deus.
>
> Ele estava com Deus no princípio. Todas as coisas foram feitas por intermédio dele; sem ele, nada do que existe teria sido feito.
>
> [...] Aquele que é a Palavra tornou-se carne e viveu entre nós. Vimos a sua glória, glória como do Unigênito vindo do Pai, cheio de graça e de verdade. João dá testemunho dele. Ele exclama: "Este é aquele de quem eu falei: aquele que vem depois de mim é superior a mim, porque já existia antes de mim".

Todos recebemos da sua plenitude, graça sobre graça. Pois a Lei foi dada por intermédio de Moisés; a graça e a verdade vieram por intermédio de Jesus Cristo. Ninguém jamais viu a Deus, mas o Deus Unigênito, que está junto do Pai, o tornou conhecido. (João 1:1-3, 14-18).

Esses versículos nos dizem que a Palavra era Deus, e que a Palavra se tornou carne e viveu entre nós. A Palavra é personificada com o pronome "ele", e afirma-se que "sem ele [a Palavra] nada do que existe teria sido feito". Essa revelação de que Cristo era realmente o Criador foi expressa pelo apóstolo Paulo:

> Ele [Jesus] é a imagem do Deus invisível, o primogênito sobre toda a criação, pois nele foram criadas todas as coisas nos céus e na terra, as visíveis e as invisíveis, sejam tronos ou soberanias, poderes ou autoridades; todas as coisas foram criadas por ele e para ele. Ele é antes de todas as coisas, e nele tudo subsiste (Colossenses 1:15-17).

Foi essa mesma verdade que, no fim, fez com que as autoridades religiosas pressionassem para que Jesus fosse crucificado. As declarações feitas por ele que apontavam para sua divindade eram consideradas blasfemas e, portanto, dignas de morte. Nada era mais incriminador que o fato de Jesus usar o mesmo título que Deus havia usado quando se revelou a Moisés: EU SOU.

> Abraão, pai de vocês, regozijou-se porque veria o meu dia; ele o viu e alegrou-se. Disseram-lhe os judeus: "Você ainda não tem cinquenta anos, e viu Abraão?" Respondeu Jesus: "Eu lhes afirmo que antes de Abraão nascer, Eu Sou!" Então eles apanharam pedras para apedrejá-lo, mas Jesus escondeu-se e saiu do templo (João 8:56-59).

Essas passagens apontam explicitamente para o fato de que Jesus Cristo é Deus. Os outros Evangelhos identificam Jesus como

Deus de um modo mais implícito, fazendo referências a passagens do Antigo Testamento que relacionam Deus a Jesus. Por exemplo, João Batista preparou o caminho de Jesus enquanto o Antigo Testamento o descreve como preparando o caminho para Deus (ver Malaquias 4:5-6). Do mesmo modo, Jesus descreveu a si mesmo como o Bom Pastor que recolheria as suas ovelhas (ver João 10:14-16) enquanto o Antigo Testamento usa a mesma descrição para Deus (ver Jeremias 23:3).[13] Esse mistério recebeu o nome teológico de Trindade. Na essência, existe um Deus, em três pessoas: Pai, Filho e Espírito Santo. Todos os três recebem a honra e a reverência como Deus. Os antigos credos de Niceia e de Calcedônia apresentam a aplicação da linguagem teológica que é usada para expressar as muitas dimensões dessa verdade.

No fim, a Trindade é um mistério que a Escritura revela. Ao lidar com um Deus não criado e onisciente, devemos aceitar desde o começo que Deus não é como nós (embora tenhamos a sua semelhança de várias maneiras). O fato de que a evidência aponta para um ser não criado deveria nos constranger desde o princípio a aceitar o que Deus diz como verdade, ainda que não entendamos totalmente.

Jesus é Senhor

Clamar pelo nome do Senhor é o maior privilégio e a maior oportunidade que a humanidade já recebeu. O título "Senhor" precisa ser entendido e usado para significar o próprio Deus, e não o mero título dado a homens, como "Senhor Churchill". Essa distinção é essencial porque, para sermos salvos, precisamos crer que Jesus é Senhor.

> Se você confessar com a sua boca que Jesus é Senhor e crer em seu coração que Deus o ressuscitou dentre os mortos, será salvo. Pois com o coração se crê para justiça, e com a boca se confessa para salvação. Como diz a Escritura: "Todo o que nele confia jamais será envergonhado". Não há diferença entre judeus e gentios, pois

o mesmo Senhor é Senhor de todos e abençoa ricamente todos os que o invocam, porque "todo aquele que invocar o nome do Senhor será salvo" (Romanos 10:9-13).

O título SENHOR em grego é a mesma palavra usada em hebraico para Deus, como visto em diversas passagens do Novo Testamento. Paulo atribui a Jesus o título SENHOR (*kyrios*) em suas epístolas (por exemplo, Romanos 10:9, 13), e ele associa diretamente esse título a Deus em suas citações das passagens do Antigo Testamento (por exemplo, Romanos 9:27-28). A oração matutina da comunidade cristã também era a expressão aramaica *maranata*, que é traduzida por "o (nosso) Senhor vem". Uma vez que a expressão está em aramaico, ela deve ter se originado dos primeiros cristãos palestinos durante o ministério de Jesus. A palavra *mar* tem o mesmo significado de *kyrios*, e é usada em passagens do Antigo Testamento para se referir a Deus. A expressão também é usada no Didaquê, que é uma coleção dos ensinamentos dos apóstolos, datada de fins do primeiro século. Paulo a usa em uma de suas epístolas aos coríntios (1Coríntios 16:22), onde ela aparece pouco depois da primeira fórmula do credo em 1Coríntios 15. Esse credo descreve a morte de Jesus como pagamento pelos pecados do povo, o que reflete ainda sua natureza divina. Essas descrições se originaram logo após a ressurreição, o que refuta completamente a afirmação de que a crença na natureza divina de Jesus se desenvolveu com o tempo.

Resumo

Além das histórias específicas de Jesus e dos anúncios proféticos que proclamaram sua vinda, há um grande retrato ilustrativo de Cristo como Redentor pintado na própria estrutura de todos os livros da Bíblia, e não apenas nos Evangelhos. Lembro-me de ouvir um pregador lendário citar cada livro da Bíblia de cor e mostrar como todas as suas passagens falavam sobre Jesus Cristo. Ele disse:

Cristo é visto em Êxodo como o Cordeiro Pascal, em Números como a coluna de nuvem de dia e a coluna de fogo à noite. Em Josué, ele foi o capitão da nossa salvação, em Juízes, ele é o nosso legislador.[14] Ele continuou até concluir, em Apocalipse, como o Senhor dos senhores e o Rei dos reis" (Apocalipse 17:14).

O autor David Limbaugh comenta as palavras que Jesus falou depois da ressurreição para dois de seus discípulos enquanto caminhavam juntos pela jornada de onze quilômetros, aproximadamente, de Jerusalém à vila de Emaús. Em resposta aos relatos de sua própria sepultura estar vazia, Jesus respondeu, "Como vocês custam a entender e como demoram a crer em tudo o que os profetas falaram! Não devia o Cristo sofrer estas coisas, para entrar na sua glória?" E, começando por Moisés e todos os profetas, explicou-lhes o que constava a respeito dele em todas as Escrituras" (Lucas 24:25-27).

> Jesus ilumina as Escrituras para os dois homens no caminho de Emaús e faz o mesmo com seus discípulos. É impressionante como no Novo Testamento fica claro que ele afirma que o Antigo Testamento é todo a seu respeito. Portanto, se acreditamos nele e que toda a Escritura é inspirada por Deus, como ela declara ser, também devemos aceitar que seu foco singular é no nosso Salvador. Uma vez que você reconheça isso, seu entendimento e sua reverência em relação à Bíblia aumentará em grande escala.[15]

Diante da revelação de Cristo em todos os livros da Bíblia, não restam dúvidas de que Jesus é realmente o Deus vivo em forma humana. Quando ele recebe a honra e a proeminência que merece, nós entramos em uma verdadeira liberdade, e não em um cativeiro. Entendendo e abraçando totalmente a divindade de Jesus Cristo, podemos ser transformados de criaturas egocêntricas em filhos e filhas do Deus do universo.

CAPÍTULO 8

Milagres

Evidência do sobrenatural

A teologia ocidental invariavelmente pergunta: os milagres são possíveis? Isto, é claro, se refere ao problema Iluminista de um universo fechado. Em grande parte da Ásia, essa é uma pergunta inexistente, porque a dimensão dos milagres é adotada e experimentada com bastante regularidade.[1]
— Hwa Yung (Bispo Emérito da Malásia)

A realidade de que Jesus é o Senhor, o Messias prometido, teve um efeito poderoso e prático sobre o mundo. Desde o princípio, os apóstolos pregaram o evangelho e exibiram o selo da aprovação de Deus demonstrando a autoridade do nome de Jesus. Os apóstolos explicaram que as curas e milagres que se seguiram à sua pregação não ocorreram devido a qualquer poder especial inerente a eles, mas por meio da fé no nome de Jesus. "Pela fé no nome de Jesus, o Nome curou este homem que vocês veem e conhecem. A fé que vem por meio dele lhe deu esta saúde perfeita, como todos podem ver" (Atos 3:16).

Essa mesma fé em seu nome ainda pode produzir hoje o tipo de resultados que produziu há 2 mil anos. Essa é a verdade que me impeliu após minha formatura na faculdade a dedicar minha vida a alcançar o mundo para Cristo. A realidade de que *tudo é possível àquele que crê* fez com que eu despertasse todos os dias com uma sensação de expectativa de que coisas boas podiam acontecer, não importa o quanto as circunstâncias fossem desanimadoras e desesperadoras. Isso incluía o direcionamento do Espírito Santo no processo de compartilhar a minha fé com os outros.

Na verdade, minha jornada como pastor começou com um encontro sobrenatural. O engraçado é que ele não aconteceu na igreja. Enquanto eu jogava um jogo de basquete na Universidade do Estado do Mississipi, o Espírito Santo imprimiu em minha mente uma mensagem sobre um jovem que estava jogando em outra quadra do ginásio. Embora eu não tenha ouvido nenhuma voz, havia uma sensação clara de que Deus estava falando comigo sobre o rapaz: "ele tem orado para que alguém fale com ele sobre mim". Tive a clara impressão de que essa era a mensagem que eu devia compartilhar com ele. Essa experiência me faz lembrar uma cena do filme *A felicidade não se compra*, quando Clarence, o Anjo, diz a George Bailey (Jimmy Stewart) que havia sido enviado como resposta à sua oração. Ele responde: "Você se parece com o tipo de anjo que eu receberia". Aquele jovem na quadra era um sujeito grande e intimidador, por isso fiquei um pouco apreensivo com a possibilidade de que nem a mensagem nem eu como mensageiro fossemos encarados como resposta à oração dele. Eu estava prestes a ter um choque! Quando finalmente tomei coragem para me apresentar a ele, minha abordagem foi um tanto abrupta e esquisita. Disse a ele que sentia que Deus havia me falado sobre ele, e o queixo dele literalmente caiu. Ele havia feito aquela oração na noite anterior.

Nos dias que se seguiram, ele entregou sua vida completamente a Cristo e vários de seus amigos também seguiram sua decisão. Aquele momento provou ser o começo de um chamado para toda a vida de alcançar estudantes universitários. Ao longo dos anos, Deus me ajudou de muitas maneiras sobrenaturais com percepções sobre a vida das pessoas, curas físicas e outras respostas de oração que foram feitas em nome de Jesus. Às vezes essas respostas vinham instantaneamente, em outras, elas se manifestavam com o tempo.

Os relatos de curas e milagres acontecendo por todo o mundo geraram um crescimento drástico da fé cristã. Ao viajar a outras nações, comecei a ver e ouvir sobre o poder de Deus operando de formas fenomenais. Na Coreia, uma nação que um dia foi predominantemente budista, um despertamento espiritual estava acontecendo por causa desse tipo de demonstrações do poder de Deus. Participei de uma reunião ao ar livre ali em 1984, com mais de um milhão de pessoas. O mesmo padrão pode ser visto na China.

> Na China, o crescimento do cristianismo ocorria porque o sobrenatural acompanhava a pregação do Evangelho. O Conselho Cristão da China estimou que 'metade das novas conversões dos últimos 20 anos foi causada por experiências de cura pela fé'. Outros pesquisadores sugeriram que os números atuais podiam chegar a 90%.[2]

A evidência dos milagres é avassaladora demais para ser descartada como coincidência. Vimos as mesmas manifestações sobrenaturais dramáticas em todo o mundo em campus de universidades. Esse ambiente é importante porque, sem dúvida alguma, os alunos são um grupo que pode tender ao ceticismo. Se alguma coisa inexplicável acontece sem causas naturais aparentes, eles são reticentes em atribuí-la a um milagre ou ao resultado direto da ação divina.

Lembre-se de que ser cristão significa que você acredita que Cristo ressuscitou milagrosamente dos mortos, três dias depois da sua morte. Se esse fosse o único milagre que já aconteceu, já seria o suficiente para colocarmos a nossa confiança nele. Entretanto, esse milagre fundamental aponta para o fato de que todos os outros milagres registrados nos Evangelhos também foram reais; não apenas os milagres físicos dramáticos, mas também o milagre do direcionamento e da orientação sobrenatural do Espírito Santo. Como Jesus disse aos apóstolos, "mas receberão poder quando o Espírito Santo descer sobre vocês, e serão minhas testemunhas em Jerusalém, em toda a Judéia e Samaria, e até os confins da terra" (Atos 1:8).

Embora nossa fé precise estar fundamentada totalmente na obra de Jesus Cristo em sua vida, morte e ressurreição, precisamos estar abertos para sua operação na vida das pessoas hoje também. Realmente há momentos em que a mão sobrenatural de Deus invade nossas vidas e comunidades de tal maneira que isso se torna um testemunho inegável da sua presença e obra contínua no mundo. Diante de tanta dor e sofrimento no mundo que nos cercam, não fomos deixados sem a esperança da ajuda provedora de Deus. Essas experiências são a razão pela qual, mesmo depois de 30 anos como cristão, ainda acredito que com Deus "nada será impossível" (Lucas 1:37).

Atualmente, a maior parte da humanidade acredita que os milagres também são possíveis. Acreditar em Deus é acreditar que ele é capaz de alterar circunstâncias, eventos, doenças e situações impossíveis. Muitas vezes até o ateu fará uma pausa para dar a Deus a chance de provar sua existência curando um ente querido ou um amigo. Muitas vezes a presença persistente da dor e do sofrimento convence o cético de que a incredulidade dele é justificada. Mas quando esses momentos milagrosos acontecem, eles produzem nas pessoas uma fé que se torna inabalável. O objetivo deste capítulo é estabelecer a *possibilidade* filosófica dos milagres, assim como o testemunho bíblico e histórico da realidade desses eventos e dos princípios pelos quais eles se manifestam.

A EXISTÊNCIA DE DEUS É EVIDÊNCIA DO SOBRENATURAL

Em primeiro lugar, se Deus existe, então a dimensão sobrenatural é real. A filosofia do naturalismo assevera que a natureza é tudo o que existe. Essa noção foi abordada amplamente em meu livro *Deus não está morto* e foi mencionada novamente na introdução deste livro.

A evidência dos milagres é avassaladora. Para descartar os testemunhos dos eventos sobrenaturais seria necessário excluir antecipadamente (a priori) a possibilidade de milagres. Em outras palavras, para acreditar que milagres nunca aconteceram, uma pessoa precisa começar assumindo que milagres não podem acontecer. Essa lógica é um raciocínio circular, portanto, é autodestrutiva desde o começo. Em contraposição, o argumento para a possibilidade dos milagres é logicamente plausível, e poderia ser afirmado deste modo:

— Há provas de que um Criador, não causado e não material, existe e é responsável por ter trazido a natureza à existência.

— Esse Criador (Deus) teria de ser sobrenatural em natureza e essência.

— Esse Criador sobrenatural poderia interagir com nosso mundo e fazer com que certos acontecimentos se passassem além do que apenas as leis naturais são capazes de produzir.

Este argumento é sustentado pelos diversos tipos de evidências que apontam para a existência de Deus. A partir da ciência, os físicos reconheceram por décadas que o universo parecia ter um princípio. E as leis da física parecem ter sido projetadas tendo a vida em mente. Se a gravidade fosse ligeiramente maior ou menor, os planetas não existiriam, o que tornaria a vida impossível. Do mesmo modo, para que a vida existisse na Terra, inúmeros detalhes tiveram de ser perfeitamente ajustados para o funcionamento do nosso planeta, do sol, da lua e do sistema solar. Por exemplo, a Terra precisa estar na distância certa do sol, ter a velocidade de rotação correta e a atmosfera adequada. A partir da biologia, a primeira célula na terra precisou de um DNA, o qual contém as instruções para suas operações e reprodução. Essas instruções contêm quantidades significativas de informação, e a informação é apenas o produto de um projetista inteligente. Todos esses fatos apontam para um Criador fora do tempo e do espaço que criou o nosso universo, o nosso planeta e a nossa vida.[3]

Uma das confusões mais comuns a respeito dos milagres é a ideia de que acreditar neles significa descartar a ciência. Entretanto, o fato de que as leis físicas existem não significa que o Criador dessas leis não é capaz de intervir em sua própria Criação. Alguns descartam erroneamente os milagres porque se equivocam na compreensão do que ocorre nesses momentos. Eles supõem que um milagre é, de alguma forma, uma violação das leis da natureza, a qual eles supõem contradizer a experiência humana. Na verdade, é porque conhecemos as leis da natureza que somos capazes de detectar quando aconteceu algo inusitado ou fora dessas leis. O professor de matemática na Universidade de Oxford, John Lennox, explica essa importante distinção:

A segunda objeção é que agora que conhecemos as leis da natureza, os milagres são impossíveis, mas isso envolve uma falácia ainda maior. Suponhamos que eu coloque mil dólares esta noite no meu quarto de hotel em Cambridge, e que eu coloque mais mil dólares lá amanhã à noite. Um mais um é igual a dois; isso soma dois mil dólares. No terceiro dia, abro a gaveta e encontro somente quinhentos. Ora, o que eu vou dizer? Digo que as leis da aritmética foram violadas? Ou que as leis dos Estados Unidos foram violadas?[4]

Como demonstrado, os argumentos contra a possibilidade dos milagres são inerentemente imperfeitos. A evidência se encaixa nas categorias das evidências das Escrituras, da História e da Ciência.

O testemunho da Escritura

Jesus Cristo é o mesmo, ontem, hoje e para sempre.
— HEBREUS 13:8

Como aprendemos anteriormente, os registros dos Evangelhos são relatos confiáveis da vida e das palavras de Jesus. Entretanto, os estudiosos céticos do Novo Testamento persistem em descartar qualquer história de Jesus curando os enfermos ou expulsando demônios como anti-histórica, principalmente por causa de sua incredulidade anterior na possibilidade dessas coisas. Entretanto, o peso da evidência nas últimas décadas obrigou até alguns dos mais céticos a reconhecerem que os Evangelhos são precisos no retrato que fazem de Jesus, tanto como um operador de milagres quanto como um exorcista.[5]

Essa mudança é fruto do reconhecimento de que as histórias de milagres atendiam a inúmeros critérios dos fatos mínimos. Primeiramente, eles permeiam todas as camadas dos Evangelhos e do livro de Atos. Vários eventos, como o milagre da multiplicação dos pães e dos peixes, são mencionados por todos os quatro Evangelhos. Alguns exemplos também atendem ao critério do constrangimento, como a incapacidade dos discípulos de expulsar um demônio antes da chegada de Jesus (Mateus 17:14-16, Marcos 9:17-18). Que cristão inventaria histórias que fizessem com que a imagem de seus líderes respeitados ficasse tão mal? Muitos relatos também atendem ao critério da dessemelhança. Diferentemente de todos os outros que realizavam curas e exorcismos, Jesus não invocava nenhum poder para realizar curas e expulsar demônios, mas agia com base em sua própria autoridade. Os milagres de Cristo também são únicos em sua magnitude e frequência.[6] Além disso, até o historiador Josefo, que não era cristão, descreveu Jesus como um "realizador de feitos incríveis".[7] Tal evidência convenceu até o principal cético, Marcus Borg, a afirmar que os fatos são "praticamente incontestáveis de que Jesus curava e fazia exorcismos".[8]

Os críticos podem aceitar os relatos, pelo menos até certo ponto, como genuínos, mas tentam racionalizá-los como interpretações errôneas dos eventos reais. No fim, eles acreditam que todas as descrições de Jesus curando enfermos ou expulsando os poderes malignos têm explicações naturais. Por exemplo, eles costumam afirmar que as pessoas que pareciam ser curadas por Jesus poderiam simplesmente ter convencido a si mesmas de que estavam melhores devido ao poder da sugestão. Mas essas explicações são difíceis de imaginar devido tanto à natureza dramática quanto instantânea das supostas curas. Como poderia alguém que era paralítico desde o nascimento, começar a andar pelo poder da sugestão?

Além do mais, como estabelecemos no capítulo anterior, a evidência da ressurreição em si é convincente. E se a ressurreição aconteceu, então os milagres não apenas se tornam possíveis, mas prováveis. Portanto, os relatos de milagres do Novo Testamento também precisam ser considerados possíveis, o que leva à conclusão clara de que eles realmente aconteceram.

Os milagres ao longo da história

Mesmo depois da morte dos primeiros apóstolos, os cristãos continuaram a curar os enfermos por meio da oração e a expulsar os poderes malignos como Jesus havia feito. Esses sinais foram registrados por inúmeros líderes da Igreja primitiva. Por exemplo, Irineu, no segundo século, escreveu sobre pessoas sendo ressuscitadas dos mortos em nome de Jesus:

> [Os hereges estão] tão longe... de serem capazes de ressuscitar os mortos, quanto o Senhor os ressuscitou e os apóstolos o fizeram por meio da oração, e como tem sido feito frequentemente na irmandade devido a alguma necessidade. Suplicando toda a igreja daquela localidade em particular com muito jejum e oração, o espírito do homem morto retornou, e ele lhes foi devolvido em resposta às orações dos santos.[9]

Atanásio escreveu no quarto século sobre os operadores de milagres cristãos entre os bispos e monges:

> Então tomem estes como exemplo, amado Dracontius, e não diga, nem acredite naqueles que dizem que o ofício do bispo é ocasião para pecar... Porque conhecemos tanto bispos que jejuam quanto monges que comem. Conhecemos bispos que não bebem vinho assim como monges que o fazem. Conhecemos bispos que operam milagres assim como monges que não o fazem.[10]

Vários outros pais da Igreja também descreveram milagres em seu meio, inclusive (citando apenas alguns) Atanásio, Orígenes, Tertuliano e Crisóstomo. Alguns, como Agostinho, foram testemunhas oculares desses eventos e diversos outros os usaram apologeticamente para defender a fé cristã e para desafiar os hereges. Outros escritos antigos descreveram os milagres como a principal motivação para a conversão dos judeus e pagãos. Até os inimigos dos cristãos reconheceram o poder milagroso que eles demonstraram. De um modo geral, os milagres variaram ao longo da história da Igreja, mas o testemunho consistente e cheio de autoridade de sua existência é inegável.

Em seu livro *The Credibility of the New Testament Accounts* [Milagres: a credibilidade dos relatos do Novo Testamento], Craig S. Keener documentou relatos históricos de milagres ao longo da história em todas as partes do mundo. Algumas das histórias mais comoventes ocorreram no último século. Por exemplo, diversos ministérios de cura no começo do século XX relataram milhares de casos de curas milagrosas, inclusive a recuperação instantânea do câncer, de ossos quebrados, de cegueira e de inúmeras outras doenças. Diversos casos foram inclusive documentados medicamente.

Keener também coletou histórias de milagres que ocorreram em muitas partes do mundo de hoje. A estatística da frequência dessas manifestações em muitas regiões é emocionante. Na China, mais da metade dos milhares de pessoas que se convertem ao cristianismo todos os dias testificam que um fator-chave para a conversão foi experimentar um milagre. Em 2006, o Pew Forum realizou uma pesquisa sobre a experiência com milagres em dez países. Os resultados indicaram que o número de cristãos carismáticos que tiveram uma experiência de milagre era de aproximadamente 200 milhões. E o número de cristãos não carismáticos que tiveram uma experiência de cura divina era de cerca de um terço. E nem mencionei os milhares de muçulmanos no Oriente Médio que se converteram ao cristianismo depois de ter uma experiência com Jesus Cristo em sonho. Muitas das descrições dos sonhos eram as mesmas, embora nenhuma das pessoas se conhecesse.

"Contra os milagres" — respondendo a Hume

Como mencionado anteriormente, muitos cientistas e filósofos descartam imediatamente os relatos de milagres por negarem a existência de qualquer coisa além da natureza. Costumam justificar sua posição apelando para os argumentos elaborados pelo filósofo do século XVIII, David Hume, contra a existência dos milagres. Para apresentar uma versão condensada do argumento de Hume, ele começou afirmando que as experiências diárias relatadas por todas as pessoas indicam que todos os eventos são governados por leis naturais. Essa experiência seria tão uniforme que qualquer afirmação de que alguma coisa tenha ocorrido que pareça violar essas leis (ou seja, milagrosa) deveria ser encarada com o máximo de ceticismo. Ele também argumentou que as testemunhas dos milagres são analfabetas, não instruídas e supersticiosas, de modo que o testemunho delas não era digno de confiança. Portanto, qualquer explicação natural para o evento, por mais improvável que seja, deve ser preferida a acreditar-se em um milagre, o que é efetivamente impossível.

O problema com o argumento de Hume é, como muitos filósofos observaram, o uso do raciocínio circular. Hume presume desde o início que a experiência diária de todas as pessoas é a de que somente as leis da natureza ditam tudo o que acontece. E o único testemunho dos eventos que parece violar essas leis vem de pessoas que são supersticiosas e não instruídas porque, se elas fossem confiáveis, jamais teriam afirmado ter testemunhado algo milagroso, pois milagres são claramente impossíveis. Então ele conclui que os milagres não acontecem devido à falta de evidência "confiável". Resumindo, Hume joga fora toda evidência do miraculoso presumindo que qualquer evidência desse tipo só poderia vir de pessoas não confiáveis, uma vez que somente pessoas não confiáveis afirmariam algo que é impossível. Para sintetizar ainda mais o pensamento de Hume, ele simplesmente argumenta que os milagres não acontecem porque ele sabe que milagres não acontecem.

Uma crítica similar a Hume é feita por William Lane Craig, que resume o pensamento do filósofo Gottfried Less:

> O argumento principal de Hume é o de que o testemunho de milagres tem a experiência do mundo e dos séculos contra ele. Em resposta, Less argumenta: (1) Pelo fato de que a natureza é a ordem da livre vontade de Deus, um milagre é tão possível quanto qualquer evento. Portanto, ele é exatamente tão crível quanto qualquer evento. (2) O testemunho de um evento não pode ser refutado por experiências e observações. Do contrário, nunca seríamos justificados por acreditar em nada fora da nossa experiência presente; nenhuma nova descoberta seria possível. (3) Não existe contradição entre a experiência e os milagres cristãos. Os milagres são eventos diferentes (*contraria*) da experiência em geral, mas não eventos contraditórios (*contradictoria*) a ela.[11]

Assim como acontece com a ressurreição, se uma pessoa não nega a existência de Deus desde o começo, a existência de milagres não é apenas possível, como também deve ser esperada. Um segundo problema com o argumento de Hume está relacionado ao seu uso da evidência. Hume estabeleceu padrões extraordinariamente elevados para avaliar as afirmações de milagres e, mesmo assim, as pessoas do seu tempo lhe apresentaram casos que atenderam aos seus critérios. Em resposta, ele simplesmente acrescentou novos critérios ou propôs alternativas fantasticamente improváveis. Ele respondeu às evidências de forma semelhante à maneira como os céticos respondem hoje: com a negação e a fé cega na filosofia naturalista. Como Keener comenta:

> Hume pressupõe um padrão de prova tão elevado que qualquer evidência é efetivamente excluída antecipadamente. Isto é, Hume estruturou tanto a sua posição que ele a tornou infalsificável — e, portanto, indefensável para os discursos públicos pelos padrões da lógica tradicional. Infelizmente, esse argumento do tipo "cara eu ganho, coroa você perde" continua sendo popular até hoje, inclusive no que diz respeito aos milagres. Por exemplo, há aproximadamente duas décadas perguntei a um professor que estava descartando a evidência de milagres, se ele acreditaria na atividade sobrenatural caso alguém ressuscitasse dos mortos diante dele. Ele respondeu, de forma compatível à sua abordagem, que não acreditaria. O que é interessante é que alguns duvidam que até Hume, sendo um empirista, teria insistido que a pessoa não ressuscitou dos mortos se ele próprio tivesse testemunhado o acontecimento.[12]

A suposição de Hume de que as pessoas não experimentam o miraculoso regularmente aplicava-se apenas ao contexto cultural. Além disso, muitos casos de milagres atendem aos critérios mais exigentes de Hume na qualidade de sua documentação científica.

Existe evidência científica de milagres?

Muitos dos milagres que ocorrem em todo o mundo hoje se dá em áreas com pouco acesso ao equipamento e ao pessoal médico necessário para a documentação científica adequada. Deus demonstra seu poder com mais frequência entre as pessoas que têm menor exposição ao ensinamento cristão, o que, pelo menos neste momento, corresponde às regiões menos influenciadas pela globalização. Entretanto, alguns profissionais da medicina dedicaram tempo para coletar relatos adequados. Keener inclui diversas referências a casos em que os médicos possuem documentação extensa, inclusive raios-X ou varredura de órgãos, aos quais os pacientes foram submetidos antes e depois da cura.

Os céticos costumam argumentar que esses dados não são totalmente convincentes, uma vez que algumas doenças graves ocasionalmente entram em remissão de modo espontâneo. Entretanto, alguns dos casos relatados incluem a recuperação completa imediatamente após a oração. E há também os casos em que um grande número de curas resultou da ministração de uma única pessoa, como Kathryn Kuhlman. As chances são incrivelmente pequenas de que uma única pessoa orasse por inúmeros enfermos e visse uma proporção tão alta ser curada espontaneamente. A única explicação razoável nesses exemplos é uma intervenção sobrenatural genuína.

Um grupo de estudiosos cristãos chegou a publicar um artigo sobre as curas resultantes do ministério de Heidi Baker. O estudo documentou o impacto de uma cruzada de cura, na qual a Dra. Baker e seus colegas oraram intensamente pela recuperação da audição e da visão. Os pesquisadores testaram a audição e a visão dos presentes antes e após a oração. A audição e a visão melhoraram tanto em tantos participantes que as diferenças não podiam ser explicadas por nada além da ação de Deus em resposta à oração.[13]

Por que nem todos são curados?

Como mencionado, o número de pessoas que afirmam que tiveram orações específicas respondidas é de centenas de milhões. Em um domingo típico em nossa igreja, com centenas de membros, peço que as pessoas que sabem sem sombra de dúvida que tiveram uma oração específica respondida levantem as mãos. Quase todas as pessoas presentes erguem as mãos. Os céticos imediatamente presumem que as experiências delas foram meramente coincidências atribuídas a Deus. Mas para aqueles que as experimentaram, elas são reais. E existe um volume expressivo de documentação histórica e científica que sugere que muitas estão corretas.

Porém, uma pergunta desafiadora ainda permanece. Por que tantas orações, particularmente por cura, parecem ficar sem resposta? Lembre-se de que o foco deste livro está na evidência do Jesus histórico dos Evangelhos. Nossa fé está em Jesus Cristo e em sua morte, sepultamento e ressurreição, e esses eventos são verdadeiros, independentemente se a minha última petição a Deus foi respondida ou não. Entretanto, a pergunta ainda tem um grande peso sobre o coração de muitos cristãos.

Um dos sites ateus faz essa pergunta de maneira um pouco diferente: "Por que Deus não cura os amputados?" Essa pergunta é formulada como se fosse o argumento final de que Deus não existe e, portanto, não pode responder as orações. A resposta para esse aparente enigma é direta: como você sabe que ele não fez isso? Só porque você nunca viu, não significa que não aconteceu.

Conversei com pessoas que testemunharam em primeira mão histórias de milagres em lugares como Índia e em toda a África. Elas afirmam ter visto membros restaurados, cavidades oculares vazias receberem vista, e até mortos ressuscitarem de volta à vida. Imediatamente, os céticos gritam que se recusam a crer em tais histórias. Mas a falta de credulidade deles não significa que esses milagres não aconteceram. Esse tipo de atitude foi tratada no livro de Atos, depois de muitos milagres notáveis ocorrerem e das cidades terem sido agitadas por esses relatos.

"Olhem, escarnecedores, admirem-se e pereçam; pois nos dias de vocês farei algo que vocês jamais creriam se alguém lhes contasse!" (Atos 13:40-41)

A verdadeira pergunta que os céticos estão fazendo é: "Por que Deus simplesmente não cura a todos, em toda parte, conforme eles pedem?" E mais ainda, eles estão perguntando: "Por que existe dor e sofrimento?"

Particularmente, as respostas à oração, tais como as curas divinas, são sinais da redenção definitiva de Deus em favor da sua Criação, o que aponta para a veracidade de Jesus (ver João 20:30-31), mas a restauração plena virá somente no fim da história, quando Jesus voltar. Agora vivemos em um mundo caído, no qual até o mais devoto dos cristãos experimentará dor, sofrimento e doença. Entretanto, sabemos que Deus consertará todas as coisas no fim. Por enquanto, Deus não cura todas as pessoas doentes. O dia certamente chegará, no momento em que Cristo voltar, estaremos então plenos diante de sua presença. Por ora, ele apresenta sinais suficientes para convencer as pessoas que verdadeiramente desejam conhecer a verdade, porém não tantos a ponto de obrigar às pessoas que não têm o desejo de fazê-lo a crerem nele. Como disse o matemático e filósofo do século XVII, Blaise Pascal: "Ele deu sinais de si mesmo, visíveis àqueles que o buscam, e não àqueles que não o buscam. Há luz suficiente apenas para aqueles que desejam ver, e obscuridade suficiente para aqueles que têm uma disposição contrária".[14]

Hoje, os cristãos podem se alegrar por aqueles que experimentam curas e respostas extraordinárias à oração, mas também podemos suportar provações e sofrimentos, sabendo que um dia Deus removerá todo o mal e o sofrimento do mundo, e nos ressuscitará para passarmos a eternidade na sua presença.

Milagres dos dias atuais

Em todo o mundo, as histórias de curas e outros milagres são tão abundantes quanto impactantes. Muitos livros relatam testemunhos dessas ocorrências e proporcionam a possibilidade de verificação em primeira mão. Entretanto, não importa a quantidade de evidências e de testemunhos pessoais fornecidos, sempre existe espaço para a mente cética descartar os relatos dessa natureza. Entretanto, as experiências descritas não apenas convenceram aqueles que as experimentaram de que eram genuínas, como muitas atendiam às exigências mais rigorosas da investigação científica. Eis alguns exemplos:

Curas e milagres

Inúmeros casos de milagres extraordinários foram documentados por historiadores, pesquisadores e profissionais da medicina. Os relatos a seguir são apenas uma pequena amostra que Craig Keener e outros coletaram. O primeiro caso é de um menino chamado Onel, de Placetas, Villa Clara, Cuba, que tinha ossos mal formados em seus pés. Um raio-X mostrou que os ossos inferiores estavam se tornando como areia. Esperava-se que ele perdesse a capacidade de andar em cerca de um ano. Onel recebeu oração de um evangelista visitante, Otto De La Torre. Depois disso, foi feito um novo raio-X de seus pés no fim da semana, que mostrava que eles agora estavam completamente normais. O médico a princípio estava convencido de que os raios-X haviam sido misturados, mas depois ele confirmou que o diagnóstico estava correto. A família de Onel ainda possui os raios-X que confirmam o antes e o depois.[15]

Elaine Panelo, das Filipinas, contraiu câncer no fígado e foi a um hospital local para ser medicada. Seus médicos determinaram que o câncer estava avançado demais para submetê-la a um tratamento. Seu estado continuou a se deteriorar, e ela finalmente morreu. Ela foi levada ao necrotério. Uma pastora batista decidiu orar por ela, embora não tivesse certeza se ela acreditava na cura divina. A cabeça de Elaine começou a se mover, e ela voltou completamente à vida. Os sintomas do câncer pareciam ter desaparecido. Ela voltou aos seus médicos originais depois, que se recusaram a acreditar que ela era a mesma pessoa. Depois de verificar os registros originais, a natureza dramática de sua cura convenceu-a, assim como seu marido, a se tornarem cristãos.[16]

Um último exemplo diz respeito a muitos relatos de milagres pesquisados pelo Dr. Richard Casdorph, que ele documenta com fotos de raio-X em seu livro *The Miracles* [Os milagres].[17] Marion havia sido diagnosticada com esclerose múltipla, e seu estado se deteriorou gravemente até que ela não era mais capaz de se alimentar. Ela também desenvolveu uma deformidade no antebraço. Ela foi a uma reunião de cura onde sentiu que havia sido curada. Marion descobriu que podia ficar de pé e andar pela primeira vez em anos. Mais tarde um médico confirmou que ela havia sido completamente curada, inclusive o braço deformado. Ela e seu marido se tornaram cristãos.[18]

Experiências de quase morte

Outra classe de evidência que sustenta a existência do sobrenatural são as experiências de quase morte (EQM). Milhares de pessoas afirmaram terem permanecido conscientes depois de entrarem em um estado no limiar da morte. Muitos relatam ter visitado um ambiente pós-vida, onde encontraram parentes mortos e seres sobrenaturais. Em alguns casos, a atividade cerebral dos pacientes cessou, mas eles foram capazes de se lembrar de detalhes vívidos dos eventos ao seu redor. Para alguns, os detalhes são tão numerosos e específicos que a única explicação possível é que a consciência do paciente deixou seu corpo.

Um dos casos mais dramáticos é o de uma mulher de 35 anos. Durante a cirurgia, foi determinado que um procedimento médico secundário extraordinário apelidado de "paralisação" seria necessário. O sangue foi drenado de sua cabeça, seu corpo foi resfriado até 60 graus, seu coração foi paralisado deliberadamente, e suas ondas cerebrais foram totalmente niveladas. O cardiologista Michael Sabom atesta que seu cérebro estava morto, conforme indicado por três testes médicos diferentes: um EEG silencioso, nenhuma resposta do tronco cerebral e ausência de sangue no cérebro. Ela permaneceu nesse último estado por mais de uma hora. Após a cirurgia, a mulher relatou uma série incrível de detalhes com relação a meia dúzia de ocorrências, inclusive ambas as ocorrências e o tempo delas, que mais tarde foram corroboradas com base nos relatórios médicos mantidos durante a cirurgia. Então ela afirmou ter visitado um local celestial, onde teve conversas com vários parentes mortos. Em uma escala de

EQM desenvolvida pelo psiquiatra Bruce Greyson, da Universidade de Virginia, ela se situou em um ponto que Sabom intitulou de uma experiência de EQM "incrivelmente profunda".[19]

Minha experiência pessoal

Houve inúmeras vezes em que testemunhei um ato de cura sobrenatural ou de oração respondida que era inegavelmente o resultado da intervenção de Deus. Vi pessoas cegas passarem a enxergar após a oração e pessoas surdas ouvirem. Também vi pessoas coxas ou incapacitadas começarem a andar. A experiência mais comum é ver as pessoas se recuperarem de uma doença ou de um acidente após os médicos terem desistido de ter esperança. Inclusive alguns membros da minha própria família se recuperaram milagrosamente de doenças aparentemente irreversíveis.

Ao mesmo tempo, há um número de casos equivalente, se não superior, nos quais não houve cura ou milagre. Inúmeras vezes quando orei ou outros oraram, a pessoa não foi curada e faleceu. Esses momentos fazem com que recuemos e nos sintamos tentados a parar de orar pelos outros, em uma tentativa de evitar a decepção de não ver uma oração atendida. Nesses momentos, lembro a mim mesmo que o meu trabalho não é curar ninguém ou tentar entender por que as situações nem sempre acontecem como eu desejei. Para início de conversa, o verdadeiro fracasso é não orar. Geralmente nada acontece se não fizermos nada.

Estou convencido de que nunca é tarde demais para conhecer a Cristo como aquele que cura e liberta. Tudo que é preciso é um pouco de fé, do tamanho de uma semente de mostarda, e as montanhas se moverão. Cada pessoa recebeu essa medida de fé. Quanto mais nos levantamos em fé, mais a veremos crescer.

Sem dúvida, o maior milagre acontece quando uma pessoa coloca a sua confiança em Cristo e nasce de novo, sendo transferida do reino das trevas para o Reino de Deus. Minha experiência é que todos os outros fenômenos e sinais sobrenaturais que Deus realiza têm a intenção fundamental de gerar esse tipo de mudança no coração de alguém.

Vivendo pela fé

Antes de finalizar esse tema, preciso dar algumas sugestões práticas sobre como lidar com a ideia poderosa da existência de um Deus que opera milagres hoje, de modo equilibrado com o nosso viver diário. Por mais reais que os milagres possam ser, não fomos chamados para viver pelos milagres, mas sim pela fé.

Isso significa que vivemos em uma tensão entre acreditar em milagres, mas não basear nossas vidas no fato de que eles devem acontecer quando queremos que aconteçam. Na verdade, viver pela fé significa que confiamos em Deus e em sua verdade, independentemente de nossas circunstâncias ao redor. Fé é crer em Deus por causa da evidência objetiva e avassaladora que ele já nos deu, não por causa das experiências subjetivas do que aconteceu conosco recentemente. "Porque no evangelho é revelada a justiça de Deus, uma justiça que do princípio ao fim é pela fé, como está escrito: 'O justo viverá pela fé'" (Romanos 1:17).

Muitos sustentam a noção errônea de que ter fé significa viver nesse constante fluxo de ver um milagre após o outro. O problema com essa expectativa reside no fato de que, quando os problemas ou a tragédia se apresentarem em nossa vida, poderemos concluir que Deus nos abandonou ou que fizemos algo errado. Chamo a atenção ao fato de que há muito consolo em os grandes homens e mulheres da fé na Bíblia terem tido de enfrentar tempos em que Deus parecia não estar por perto. O grande apóstolo Paulo sabia disso muito bem. Embora tivesse visto Jesus e realizado muitos milagres, ele sofreu gravemente por causa da sua fé. Quando escreveu o versículo inspirador "Tudo posso naquele que me fortalece" (Filipenses 4:13), na verdade, Paulo estava na prisão, com uma corrente ao redor da perna.

À medida que você avança na vida de fé, é vital permanecer focado em Cristo e em sua Palavra. Quando você olhar em volta, para todas as circunstâncias voláteis e incertas, lembre-se do apóstolo Pedro quando saiu do barco para tentar andar sobre as águas. Ele começou a afundar quando olhou para os ventos e as ondas, mas se recuperou quando buscou a mão de Jesus. O segredo para não sermos fustigados pelas ondas do mar é decidir a viver a nossa vida pelos princípios da Palavra de Deus, mantendo os nossos olhos em Jesus.

> Portanto, também nós, uma vez que estamos rodeados por tão grande nuvem de testemunhas, livremo-nos de tudo o que nos atrapalha e do pecado que nos envolve, e corramos com perseverança a corrida que nos é proposta, tendo os olhos fitos em Jesus, autor e consumador da nossa fé (Hebreus 12:1-2).

Resumo

A tese central deste capítulo é que, pelo fato de que Deus é real, os milagres são reais.

A existência de um Criador transcendente significa que a dimensão sobrenatural existe e, assim, a possibilidade de milagres também. Essa realidade se tornou mais clara quando Deus se tornou homem em Jesus Cristo e mostrou autoridade sobre a doença, os demônios e o ambiente. Então ele ressuscitou dos mortos, o que confirmou sua identidade como o Filho de Deus e deu prova definitiva de que um evento sobrenatural havia ocorrido.

Como cristãos, fomos chamados para pregar as Boas-novas da ressurreição dos mortos e a esperança que vem do conhecimento da existência de um Deus. Também lembramos aos cristãos que Deus se importa conosco e com o mundo em que vivemos, e que ele prometeu agir em nosso favor quando oramos e buscamos alcançar outros em seu maravilhoso nome. Nos dois últimos capítulos, vamos aprender de maneira prática a seguir Jesus, a crescer na nossa fé e a sermos capazes de buscar alcançar outros de forma eficiente e confiante. Não há um só minuto a perder.

CAPÍTULO 9

Seguindo a Jesus

Respondendo ao chamado de fazer discípulos

*Discipulado é relacionamento, primeiro com
Deus, e depois uns com os outros.*[1]
— Joey Bonifácio

Vivemos em um mundo caído. Não importa onde você viva, sua idade ou seu histórico étnico, a vida é cheia de dor. Atualmente, há mais de 100 conflitos armados no mundo.[2] Vírus como o ebola ameaçam varrer o mundo. (Lembre-se que em 1918 mais pessoas morreram por causa da epidemia de gripe do que na Primeira Guerra Mundial.) Desde o que alguns chamam de um armagedom econômico, que vai se agigantando até um armagedom verdadeiro de proporções bíblicas, esse pequeno ponto azul que chamamos de lar nunca esteve mais propenso à autodestruição.

Mas sem dúvida alguma, a ameaça mais perigosa e perturbadora que enfrentamos atualmente é o terrorismo. Se você é um judeu ou um seguidor de Cristo, geralmente é um dos alvos mais prováveis desse tipo de violência intencional. As imagens que vemos regularmente são assustadoras. Homens vestidos de uniformes laranjas de prisioneiros ajoelhados em uma praia, enquanto membros mascarados do ISIS se preparam para separar suas cabeças de seus corpos. Mensagens forçadas de pedidos de resgate filmadas em telefones celulares. Muitas vezes a razão é expressa claramente: eles são cristãos, infiéis, de acordo com os muçulmanos radicais e sua interpretação do Alcorão.

A coragem desses cristãos que são martirizados por causa de sua fé é profundamente desafiadora e inspiradora. Foi o mesmo tipo de fé que, há séculos, os primeiros cristãos tiveram de demonstrar diante da perseguição romana.

No início do segundo século, Policarpo, um líder cristão que foi discipulado pelo apóstolo João, recebeu uma oferta de libertação da prisão e da morte em troca de renunciar à sua fé em Cristo. Em resposta, ele disse: "Cristo tem sido fiel a mim, como eu poderia não ser fiel a ele?"[3] Muitas vezes me pergunto o que eu diria em uma situação como essa. Oro para que eu seja tão forte quanto ele. Esses exemplos comoventes nos lembram de que a fé em Cristo nos impele a nos agarrarmos ao nosso testemunho, mesmo diante da perseguição ou da morte. Na verdade, milhares de pessoas perdem suas vidas simplesmente porque acreditam em Jesus Cristo.

Do mesmo modo, os papéis nunca deveriam ser invertidos. Sob circunstância alguma, ninguém jamais deveria ser forçado ou coagido a crer em Jesus Cristo. Olhando para trás, ao longo da história, durante os tempos das Cruzadas e da Inquisição, quando a violência era cometida em nome de Jesus, percebemos que isso foi resultado da desobediência das pessoas ao principal mandamento de Jesus: "amem os seus inimigos" (Mateus 5:44).

Crer em Jesus é um chamado a seguirmos os seus ensinamentos de obediência à lei do amor que ele mesmo ordenou, e não apenas um consentimento mental a um conjunto de fatos ou proposições sobre ele. Poucos são aqueles que enfrentarão o tipo de oposição às suas crenças que descrevi aqui. Para a maioria de nós, a resistência tem a ver com a pressão social ou os desejos pessoais de nos conformarmos a um estilo de vida que é contraditório ao caminho que Cristo nos chama a percorrer.

É essencial saber que ser um cristão significa que fomos chamados para sermos diferentes. Crer significa alguma coisa, portanto, sempre haverá uma tensão. Ao longo dos séculos, sempre que a Igreja perdeu sua eficácia ou credibilidade, ela fez concessões e se desviou da verdade. "Vocês são o sal da terra. Mas se o sal perder o seu sabor, como restaurá-lo? Não servirá para nada, exceto para ser jogado fora e pisado pelos homens" (Mateus 5:13). Esse versículo fala do papel do cristão em agir como um elemento de preservação no mundo que nos cerca. Quando perdemos o nosso sal, nós nos tornamos incapazes de ajudar alguém.

Hoje a mensagem predominante que você ouve está centralizada na palavra *graça*. Nos Estados Unidos, essa palavra muitas vezes tem sido reduzida à gentil afirmação de que Deus o ama, independentemente do que você faça ou de como você viva. Embora a graça de Deus esteja no centro da nossa fé, ela é muito maior do que muitos de nós imaginamos. É o tipo de graça que lhe dá o desejo ardente de viver uma vida santa e o poder para fazer isso. Ela perdoa o crime mais cruel e transforma o coração mais tenebroso. Como Paulo escreveu aos Romanos: "Pois o pecado não os dominará, porque vocês não estão debaixo da Lei, mas debaixo da graça" (Romanos 6:14).

Como exemplo, reflita sobre a fé corajosa de William Wilberforce. O comércio de escravos foi abolido na Inglaterra em 1833, em grande parte por causa de seu esforço cheio de perseverança. Membro do parlamento e um cristão sincero, Wilberforce trabalhou por mais de 30 anos para ver esse mal pernicioso ser exterminado em todo o Império Britânico. Ele usou a força da Palavra de Deus para alcançar as mentes e corações dos líderes do governo até que esse mal fosse corrigido. Em seu livro *Real Christianity* [Cristianismo verdadeiro] Bob Beltz expressa a superficialidade e o vazio desse tipo de graça incompleta.

> Esse é um problema que não aflige os cristãos culturais, os quais não possuem o que chamo de fé autêntica. Ele é particularmente problemático para aqueles que receberam legitimamente a Cristo,

e acreditam em tudo o que a Bíblia ensina. O sistema de crenças dos cristãos culturais é impecável, mas suas vidas não demonstram a evidência de que eles realmente tiveram um encontro real com Cristo. Eles encaram a fé como algo que foi resolvido, e então continuam a viver como se Cristo não fosse realmente seu Senhor. A verdadeira graça cristã tornou-se uma graça barata.[4]

A verdadeira graça é, na verdade, um favor imerecido da parte de Deus. Ele nos perdoa e nos purifica do pecado, independentemente do quanto nossas vidas possam estar espiritualmente vazias e desoladas. Mas ele não nos deixa nesse estado. A graça de Deus nos transforma e se torna uma motivação interior para obedecermos aos mandamentos de Deus. "Porque a graça de Deus se manifestou salvadora a todos os homens. Ela nos ensina a renunciar à impiedade e às paixões mundanas e a viver de maneira sensata, justa e piedosa nesta era presente" (Tito 2:11-12). Esse tipo de graça completa e verdadeira é identificado por duas características distintas:

• *Amor radical por Deus*
   Amar o Senhor com todo o seu coração, alma e força. É isso que me lembro sobre as pessoas que encontrei quando passei a crer em Cristo. Elas amavam o Senhor com todo o seu coração, e expressavam esse amor de forma prática, amando a Palavra de Deus na Bíblia e a adoração. Amar realmente a Deus significa amar o que ele ama e odiar o que ele odeia. Deus odeia o pecado, simples assim. Ele o odeia porque o pecado destrói as pessoas.

• *Amor radical pelos outros*
   Você não pode amar a Deus e não amar os outros. Foi isso que vi nas pessoas apaixonadas por Cristo que conheci na faculdade e que estavam verdadeiramente seguindo a Jesus. Elas não apenas tinham uma paixão por Deus, mas também uma profunda compaixão pelos outros. O que me impactou foi o quanto essas pessoas eram cuidadosas e não julgadoras. Elas não menosprezavam os outros por

não terem a mesma fé e amor a Deus; simplesmente demonstravam o quanto a fé delas era real, fazendo os outros desejarem experimentar esse tipo de amor também. O amor delas era inabalável.

O preço do discipulado

Isso nos leva ao questionamento sobre por que tantas pessoas que afirmam ser cristãs parecem estar destituídas desse tipo de vida. Afinal, as pesquisas mostram que uma das principais razões pelas quais as pessoas descartam as palavras de Cristo é a hipocrisia daqueles que professam a fé. Isso foi sem dúvida um fator importante para mim. Depois de examinar profundamente as Escrituras e observar a vida daqueles que parecem ir e vir da igreja, encontro uma razão clara para isso, que se destaca acima de todas as outras: a ausência do compromisso de entregar tudo à autoridade e senhorio de Cristo. Não significa que temos de ser perfeitos e tentar conquistar o nosso caminho até o céu com nossas boas obras, ao contrário, é uma atitude do coração, de submissão à vontade de Deus e à verdade da sua Palavra. Jesus contou uma parábola sobre a reação que alguém que tenta verdadeiramente entender o valor desse tipo de relacionamento com Deus.

> O Reino dos céus é como um tesouro escondido num campo. Certo homem, tendo-o encontrado, escondeu-o de novo e, então, cheio de alegria, foi, vendeu tudo o que tinha e comprou aquele campo. O Reino dos céus também é como um negociante que procura pérolas preciosas. Encontrando uma pérola de grande valor, foi, vendeu tudo o que tinha e a comprou (Mateus 13:44-46).

Para ver o tipo de impacto que, conforme lemos, o cristianismo exerce sobre a cultura em seu início, precisamos recuperar a mensagem e o engajamento com o qual eles pregavam. Jesus nos disse que precisamos *calcular o preço* de sermos seus discípulos. Calcular o preço significa considerarmos as palavras de Cristo e rendermos nossas vidas a ele em obediência total. Isso é o extremo oposto da apresentação comum do cristianismo, que nos chama a fazer uma oração rápida ou a irmos até o altar e fazer uma confissão pública de que cremos em Cristo. Voltando-nos para as palavras de Jesus, encontramos um aspecto crítico da apresentação do evangelho que podemos ter deixado de mencionar.

> Qual de vocês, se quiser construir uma torre, primeiro não se assenta e calcula o preço, para ver se tem dinheiro suficiente para completá-la? Pois, se lançar o alicerce e não for capaz de terminá-la, todos os que a virem rirão dele, dizendo: "Este homem começou a construir e não foi capaz de terminar (Lucas 14:28-30).

Calcular o preço significa entender séria e pensativamente todas as implicações desse compromisso. Significa abrirmos mão não apenas dos nossos erros, mas também dos nossos acertos. Todos hoje parecem muito preocupados com seus direitos na sociedade; entretanto, fomos chamados para nos rendermos ao modo de Deus. Nós agora estamos seguindo a Deus; não é ele quem está nos seguindo.

Geralmente as pessoas ouvem pregações sobre todas as bênçãos de ser um cristão e, sem dúvida, elas são muitas. É comum ouvir testemunhos sobre como seguir a Cristo tem dado às pessoas verdadeira paz e alegria. Definitivamente, o sentido subjetivo do valor da fé tem sido proclamado como a principal razão para crer.

Entretanto, quando você lê os relatos das pessoas que se renderam à fé em Cristo no Novo Testamento, percebe que a mensagem que elas ouviam era ligeiramente diferente. Era dito a elas sobre as dificuldades e os sofrimentos que acompanhariam essa decisão. Veja, por exemplo, o apóstolo Paulo. A mensagem que foi dita a ele inicialmente não se ouve em nosso contexto ocidental. "Mas o Senhor disse a Ananias: Vá! Este homem é meu instrumento escolhido para levar o meu nome perante os gentios e seus reis, e perante o povo de Israel. Mostrarei a ele o quanto deve sofrer pelo meu nome" (Atos 9:15-16). À luz dessa verdade, precisamos entender não apenas a verdade histórica da fé cristã, mas a reação adequada que precisamos ter se realmente cremos. Eis algumas dimensões cruciais dessa reação que poderiam parecer estranhas a muitos ouvidos, mas que irão gerar o tipo de vida que você realmente está procurando.

1. Negue-se a si mesmo

> Ele chamou a multidão e os discípulos e disse: Se alguém quiser acompanhar-me, negue-se a si mesmo, tome a sua cruz e siga-me. Pois quem quiser salvar a sua vida, a perderá; mas quem perder a sua vida por minha causa e pelo evangelho, a salvará.
> Pois, que adianta ao homem ganhar o mundo inteiro e perder a sua alma? Ou, o que o homem poderia dar em troca de sua alma?
> — Marcos 8:34-37

Parece contrário à lógica, mas se quisermos encontrar a verdadeira vida precisamos abrir mão da nossa vida em primeiro lugar. Precisamos primeiro perder para ganhar. Essa mensagem está tão ausente do vocabulário da exposição cristã moderna que ela poderia soar dura e não realista para alguns. Entretanto, essa foi a mensagem que Jesus pregou, claramente e sem apologia. Ela pressupõe que você sabe que Jesus é Senhor, que ele morreu e ressuscitou. Então, porque isso é verdade, obedecer a ele totalmente é a única resposta.

A essência de negar a si mesmo é reconhecer que os caminhos de Deus são mais altos do que os nossos. Negar a nós mesmos significa que não estamos mais conduzidos pelos nossos sentimentos, apetites e tendências carnais. Por exemplo, se alguém ofende você profundamente, a reação normal é guardar rancor e buscar vingança. O problema com essa reação é que Jesus nos ordena a perdoar os outros e a amá-los. Se você nega a si mesmo nesse caso, está negando o seu "direito" de permanecer irado e amargo, em parte porque isso nunca foi seu direito, para início de conversa. Em vez disso, você agora opta pelo modo de Deus, e perdoa a pessoa de coração. Isso nem sempre faz sentido para os nossos sentimentos, mas gera paz e reconciliação.

Pois os meus pensamentos não são os pensamentos de vocês, nem os seus caminhos são os meus caminhos", declara o Senhor. "Assim como os céus são mais altos do que a terra, também os meus caminhos são mais altos do que os seus caminhos, e os meus pensamentos, mais altos do que os seus pensamentos (Isaías 55:8-9).

Esse princípio se aplica a qualquer tipo de tentação em que o que sentimos vontade de fazer está em conflito com a vontade expressa de Deus. Veja, por exemplo, a área da pureza sexual. A Bíblia é clara no sentido de que a vontade de Deus é que sejamos puros e santos, que nos abstenhamos da atividade sexual até o casamento. Embora essa mensagem possa ser ignorada por muitos nos dias de hoje, isso não muda a verdade nem altera a nossa necessidade de negarmos a nós mesmos e de obedecermos a Cristo.

> A vontade de Deus é que vocês sejam santificados: abstenham-se da imoralidade sexual. Cada um saiba controlar o seu próprio corpo de maneira santa e honrosa, não dominado pela paixão de desejos desenfreados, como os pagãos que desconhecem a Deus. Neste assunto, ninguém prejudique seu irmão nem dele se aproveite. O Senhor castigará todas essas práticas, como já lhes dissemos e asseguramos. Porque Deus não nos chamou para a impureza, mas para a santidade. Portanto, aquele que rejeita estas coisas não está rejeitando o homem, mas a Deus, que lhes dá o seu Espírito Santo (1 Tessalonicenses 4:3-8).

2. Tome a sua cruz

> Então ele chamou a multidão e os discípulos e disse: "Se alguém quiser acompanhar-me, negue-se a si mesmo, tome a sua cruz e siga-me. Pois quem quiser salvar a sua vida, a perderá; mas quem perder a sua vida por minha causa e pelo evangelho, a salvará.
> — Marcos 8:34-35

Para a maioria das pessoas no Ocidente, o preço de seguir a Cristo é simplesmente abrir mão das coisas que elas sabem ser erradas ou pecaminosas. É um processo progressivo, que tem início ao se abrir mão das coisas que são evidentemente erradas, e avança gradualmente com abrir mão das áreas secretas mais profundas dos nossos pensamentos, atitudes e motivações íntimas. Quando Cristo nos chama para segui-lo, ele nos diz para tomarmos a nossa própria cruz. Isso pode parecer um pouco estranho aos nossos ouvidos, principalmente quando a crucificação já não faz mais parte da nossa experiência cultural. Carregar a nossa cruz significa permanecermos em uma atitude de submissão e obediência à vontade de Deus, e não à nossa própria vontade. Nunca devemos abandonar essa posição de humildade e rendição a Deus. O apóstolo Paulo é o principal exemplo de alguém que foi dramaticamente transformado pela maravilhosa graça de Jesus Cristo. Ele testifica explicitamente como sua vida chegou ao fim em um sentido espiritual para que a nova vida começasse: "Fui crucificado com Cristo. Assim, já não sou eu quem vive, mas Cristo vive em mim. A vida que agora vivo no corpo, vivo-a pela fé no filho de Deus, que me amou e se entregou por mim" (Gálatas 2:20).

Na cruz de Cristo nossos pecados foram totalmente pagos. Nossa resposta ao seu sacrifício é viver nossa vida à sombra desse exemplo de rendição e submissão do qual Cristo foi o modelo. Ele suou gotas de sangue ao enfrentar a tentação suprema de abandonar o plano de Deus por causa da dor e do sofrimento que estavam diante dele. Mas, em vez de abandoná-lo, Jesus orou: "Contudo, não seja o que eu quero, mas sim o que tu queres" (Marcos 14:36).

3. Segui-lo

Na Segunda Guerra Mundial, a Alemanha era dirigida por um líder maníaco que expandiu suas fronteiras por meio da invasão e do terror. Grande parte da Igreja alemã sucumbiu sob o peso enorme da intimidação e da força que controlava milhões de pessoas e assassinou outros milhões. Apesar de muitos terem se acovardado sob as muitas táticas nazistas, houve um remanescente de cristãos na Alemanha que se recusou a fazer concessões, independentemente do preço individual a ser pago. Dietrich Bonhoeffer foi um desses líderes que resistiram ao regime maligno e finalmente pagaram por essa posição com a própria vida. Em seu livro clássico *O preço do discipulado*, Bonhoeffer disse que o chamado de Cristo exige que entreguemos tudo para recebermos a vida de Cristo. Ele se absteve da loucura e do vazio da graça barata e proclamou com ousadia o que muitos hoje chamariam de um paradoxo: a graça que tem um alto preço.

> Ela tem um alto preço porque custa ao homem a sua vida, e é graça porque dá ao homem a única vida verdadeira. Ela tem alto preço porque condena o pecado e é graça porque justifica o pecador. Acima de tudo, ela tem alto preço porque custou a Deus a vida do seu Filho: "Vocês foram comprados por alto preço" (1Coríntios 6:20), e o que custou muito para Deus não pode ser barato para nós. Acima de tudo, é graça porque Deus não considerou que seu Filho era um preço alto demais para pagar pelas nossas vidas, mas o entregou por nós.[5]

Jesus disse simplesmente: "Siga-me". Essas palavras ainda ecoam hoje. Segui-lo é seguir a sua Palavra e os seus caminhos. Nós o seguimos para a maior aventura imaginável: alcançar o mundo com o evangelho.

O CONFLITO QUE O CRISTÃO ENFRENTA

Não existe apenas um preço para seguir a Cristo, mas também um *conflito* ao qual somos chamados. Existe uma batalha espiritual sendo travada sobre os corações e as mentes das nações: "Pois a nossa luta não é contra seres humanos, mas contra os poderes e autoridades, contra os dominadores deste mundo de trevas, contra as forças espirituais do mal nas regiões celestiais" (Efésios 6:12). Deixar de mencionar esse fato é não ser fiel ou verdadeiro em nossa mensagem do evangelho. Qual é a fonte desse conflito? Eis quatro das razões mais óbvias:

1. As trevas odeiam a luz

Somos ensinados que não existe comunhão entre a luz e as trevas, e que as pessoas odeiam a luz porque seus atos são maus e a luz os expõe. O apóstolo João escreveu não apenas um Evangelho, mas diversas epístolas menores. Ele disse:

> Esta é a mensagem que dele ouvimos e transmitimos a vocês: Deus é luz; nele não há treva alguma. Se afirmarmos que temos comunhão com ele, mas andamos nas trevas, mentimos e não praticamos a verdade. Se, porém, andarmos na luz, como ele está na luz, temos comunhão uns com os outros, e o sangue de Jesus, seu Filho, nos purifica de todo pecado (1 João 1:5-7).

Se você está no escuro e alguém acende uma luz intensa, isso pode ser extremamente doloroso. Cristo é a luz que ilumina todas as pessoas (ver João 1:9). À medida que ele enche os nossos corações, as trevas têm de sair.

2. As palavras exclusivas de Cristo

Respondeu Jesus: "Eu sou o caminho, a verdade e a vida. Ninguém vem ao Pai, a não ser por mim".

— João 14:6

Cristo é o representante exclusivo de Deus. Sua ressurreição dos mortos o separou de todos os outros que afirmavam ser boca de Deus. Para muitos, parece uma atitude intolerante e soa como algo saído de uma mente estreita. Definitivamente não existe uma mistura de todas as religiões em uma sopa gigante de espiritualidade.

Contudo, isso não significa que não há coisas boas nas outras religiões. Toda verdade vem de Deus e pode ser expressa por qualquer um, inclusive pelos ateus. A diferença é que Cristo é a autoridade suprema no universo. Seu nome é exaltado acima de todo outro nome.

"Não há salvação em nenhum outro, pois, debaixo do céu não há nenhum outro nome dado aos homens pelo qual devamos ser salvos" (Atos 4:12).

3. A batalha é contra a imoralidade e não apenas contra a incredulidade

Amados, insisto em que, como estrangeiros e peregrinos no mundo, vocês se abstenham dos desejos carnais que guerreiam contra a alma.

— 1PEDRO 2:11

Muitos céticos tentam se esconder atrás da fachada de que suas objeções são puramente intelectuais, quando, na verdade, trata-se de travar uma batalha moral mais profunda. O ponto principal é que eles se recusam a reconhecer qualquer autoridade acima de si mesmos no que se refere a sua moral e, mais especificamente, a suas práticas e preferências sexuais. A Bíblia está cheia de advertências contra o comportamento imoral e suas consequências. Existe uma batalha interna travada dentro de todos nós. A Bíblia nos diz que essa batalha é entre a natureza humana pecaminosa (nossos desejos carnais) e o Espírito e seus desejos. Mas estamos destinados a vencer essa batalha por causa do poder do Espírito que habita em nós cristãos.

> Quem vive segundo a carne tem a mente voltada para o que a carne deseja; mas quem vive de acordo com o Espírito, tem a mente voltada para o que o Espírito deseja. A mentalidade da carne é morte, mas a mentalidade do Espírito é vida e paz; a mentalidade da carne é inimiga de Deus porque não se submete à Lei de Deus, nem pode fazê-lo. Quem é dominado pela carne não pode agradar a Deus. Entretanto, vocês não estão sob o domínio da carne, mas do Espírito, se de fato o Espírito de Deus habita em vocês. E, se alguém não tem o Espírito de Cristo, não pertence a Cristo (Romanos 8:5-9).

4. A existência de um inimigo espiritual de Deus e dos seus propósitos

O deus desta era cegou o entendimento dos descrentes, para que não vejam a luz do evangelho da glória de Cristo, que é a imagem de Deus.
— 2Coríntios 4:4

Desde o princípio da humanidade, há um inimigo antigo que tem tentado, enganado e destruído aqueles que caem sob o seu poder. Estamos falando de Satanás. Longe da imagem do personagem travesso de roupa vermelha e tridente na mão, ele é chamado em outras passagens bíblicas de anjo de luz. Em outras palavras, ele vem para nos seduzir e nos atrair para o cativeiro, e muitas vezes se disfarça para fazer isso.

O ministério de Jesus começou expulsando demônios e curando aqueles que eram cativos desse poder maligno. É crucial sabermos que Satanás não é onipresente, mas é igualmente um ser criado e finito. Jesus nos deu autoridade sobre as obras do diabo e triunfou sobre ele com sua vida e morte na cruz. "Deus ungiu a Jesus de Nazaré com o Espírito Santo e poder, e como ele andou por toda parte fazendo o bem e curando todos os oprimidos pelo diabo, porque Deus estava com ele" (Atos 10:38).

Uma previsão assustadora

Quando as pessoas citam a hipocrisia entre os cristãos como o motivo para rejeitarem a verdade do cristianismo, não percebem que, na verdade, Jesus previu que haveria impostores e hipócritas que reivindicariam o seu nome.

> Cuidado com os falsos profetas. Eles vêm a vocês vestidos de peles de ovelhas, mas por dentro são lobos devoradores. Vocês os reconhecerão por seus frutos. Pode alguém colher uvas de um espinheiro ou figos de ervas daninhas? Semelhantemente, toda árvore boa dá frutos bons, mas a árvore ruim dá frutos ruins. A árvore boa não

pode dar frutos ruins, nem a árvore ruim pode dar frutos bons. Toda árvore que não produz bons frutos é cortada e lançada ao fogo. Assim, pelos seus frutos vocês os reconhecerão! (Mateus 7:15-20).

Embora não haja meios de garantir que as pessoas sempre seguirão a Deus fielmente, podem ser tomadas medidas para minimizar o risco de caírem e apostatarem. Isso nos leva ao ponto em que todo esse conhecimento sobre a verdade da existência de Deus e de seu Filho Jesus Cristo nos chama ao que foi chamado de A Grande Comissão. Esse foi o último mandamento que Cristo deu aos seus discípulos, de espalharem o seu evangelho por todo o planeta.

A ordem de fazer discípulos

Vão e façam discípulos de todas as nações, batizando-os em nome do Pai e do Filho e do Espírito Santo.
— Mateus 28:19

Steve Murrell foi um de meus colegas de quarto na faculdade. Ele mudou-se para Manila em 1984, para fundar uma igreja que enfatizava alcançar os alunos universitários. Hoje essa congregação cresceu para mais de 80 mil membros, que se reúnem em 15 locais por toda a cidade. Foi Steve e sua equipe que criaram e foram os modelos dos quatro *"E"* — encontrar, estabelecer, equipar e empoderar. Steve explica:

> Identificamos quatro princípios que servem como fundamento do que acreditamos e praticamos a respeito do discipulado. Esses princípios não são exclusivos do nosso contexto, mas, assim como todos os princípios, são verdadeiros para todos os tempos e em todos os lugares. Algumas pessoas usam palavras e expressões diferentes, mas os princípios são os mesmos. Todos os quatro são essenciais. Chamamos esses quatro princípios de "Os quatro '*E*'" — envolver, estabelecer, equipar e empoderar.[6]

Envolver os incrédulos

Significa aprender a abordar as pessoas com eficácia e fidelidade com o evangelho e com as poderosas verdades da fé cristã. Essa é uma área tão importante do ministério que dedicaremos o último capítulo (10) ao assunto. O que discutiremos brevemente aqui é a prioridade que Jesus deu a alcançarmos as pessoas que ainda viriam a crer. A Bíblia se refere a elas como os incrédulos, os que duvidam e os perdidos. A sensibilidade moderna fez com que muitos adotassem uma linguagem mais suave, que é menos ofensiva, para descrever aqueles que ainda virão a crer: pré-cristãos, inalcançados, os que buscam e assim por diante. Independentemente das palavras que você use, permanece o fato de que existem pessoas que não conhecem o Senhor e que sofrerão o juízo da separação eterna de Deus em resultado disso. A ordem de "ir por todo o mundo e fazer discípulos de todas as nações" ainda está em vigor.

A obra mais importante na qual podemos nos envolver é o trabalho de servir aos outros, e ajudá-los a chegar à verdade do conhecimento de Deus, de Cristo e à salvação. Como Jesus disse: "Pois o Filho do Homem veio buscar e salvar o que estava perdido" (Lucas 19:10).

Não importa o quanto as pessoas possam parecer prósperas ou bem-sucedidas, há uma pobreza espiritual que atinge bilhões de pessoas no mundo. Apesar de vivermos no tempo mais inovador e tecnologicamente espetacular da história, parece que somos incapazes de reconhecer nossa profunda necessidade de Deus e dos seus caminhos.

A igreja que envolve

Mencionamos no início deste livro que existe uma crise no cristianismo, principalmente no Ocidente. A igreja está perdendo as pessoas que se dizem cristãs, e existe uma tendência de crescimento do número de pessoas que dizem não possuir qualquer afiliação religiosa. Há uma consciência crescente de que não existe um processo claro para ensinar às pessoas como transmitir sua fé a outras. Como vimos nos primeiros capítulos, a igreja experimentou um crescimento expressivo nos primeiros 300 anos. A mensagem clara e simples das Boas-novas de que Jesus era o Messias e havia ressuscitado dos mortos para confirmar essa identidade compeliu os cristãos a falar a outros, independentemente da perseguição ou da resistência que encontrariam.

O chamado para pregar o evangelho é a ordem para proclamar a verdade de Deus a todas as pessoas em todas as nações. Essa é uma tarefa intimidadora quando pensamos sobre o que ela significa. Mas essa diretriz foi dada por Jesus, portanto ela deveria ser a primeira tarefa de todo cristão, não apenas dos pastores, evangelistas ou profissionais religiosos. Na verdade, os estudos demonstraram que a maioria das pessoas que se torna cristão faz por causa da influência de um parente ou amigo. Por fim, elas foram capazes de ajudar outros porque foram ajudadas em sua ligação com uma igreja local. A igreja é o lugar onde o treinamento e a preparação acontecem.

Jesus prometeu edificar a sua igreja e que as portas do inferno não prevaleceriam. Por mais que os relatos digam que as pessoas estão deixando a Igreja, Deus não está. Ela ainda é o seu plano e propósito primordial na Terra. Jesus disse: "Edificarei a minha igreja, e as portas do Hades não poderão vencê-la" (Mateus 16:18).

Existem muitos projetos e programas maravilhosos em uma congregação típica. E apesar de todas as grandes obras de serviço realizadas pelas igrejas, a peça central da missão original e da ordenança de Jesus de fazer discípulos de todas as nações muitas vezes é deixada de fora. É por isso que tentamos ajudar a trazer o tipo de consciência e foco para ajudar a igreja a recuperar essa linha de frente. Todos querem sentir que fazem parte de uma grande igreja. Para ajudar a entender e lembrar como seria uma grande igreja, ressalto que ela precisa ter um grande processo de evangelismo, que seja deliberado, repetível e transferível.

No próximo capítulo falaremos em detalhes sobre como desenvolver um processo de treinamento em evangelismo intencional e apologético.

Estabelecer fundamentos

> Por que vocês me chamam "Senhor, Senhor" e não fazem o que eu digo? Eu lhes mostrarei com quem se compara aquele que vem a mim, ouve as minhas palavras e as pratica. É como um homem que, ao construir uma casa, cavou fundo e colocou os alicerces na rocha. Quando veio a inundação, a torrente deu contra aquela casa, mas não a conseguiu abalar, porque estava bem construída.
>
> — Lucas 6:46-48

Qualquer pessoa que tenha visto uma edificação sendo construída sabe a importância de cavar fundo para firmar um fundamento forte. Quando os fundamentos são fracos ou mal construídos, as tempestades da vida poderão facilmente derrubar a construção. Vemos isso na maneira como as pessoas presumem que, fazendo uma oração e pedindo a Jesus que entre no coração delas, já fizeram tudo o que é necessário. Quando os apóstolos pregavam o evangelho, as pessoas perguntavam o que deveriam fazer em resposta. Os discípulos diziam que eles deveriam se arrepender (voltar) e crer. Steve Murrell concorda com esse conceito:

> Fundamentos fortes que resistam às tempestades são construídos não apenas com a doutrina bíblica, mas também com as disciplinas de seguir Cristo e a sua Palavra. Por exemplo, não basta meramente ensinar sobre a proeminência de Cristo; precisamos também desafiar os novos cristãos a praticarem o arrependimento e a viverem uma vida de submissão diária ao senhorio de Cristo em todas as áreas da vida.[7]

Um fundamento sólido consiste de arrependimento e de fé. Charles Spurgeon certa vez disse que a conversão é como uma moeda de dois lados; de um lado está o arrependimento e do outro a fé.[8] Se realmente se voltar para Cristo com fé, você necessariamente se afastará de tudo o mais em que confia. Na verdade, o apóstolo Paulo testificou que Cristo lhe apareceu no caminho para Damasco e o instruiu a declarar essa mesma mensagem: "Eu o livrarei do seu próprio povo e dos gentios, aos quais eu o envio para abrir-lhes os olhos e convertê-los das trevas para a luz, e do poder de Satanás para Deus, a fim de que recebam o perdão dos pecados e herança entre os que são santificados pela fé em mim" (Atos 26:17-18).

Juntos, Steve Murrell e eu escrevemos *The Purple Book* [O livro roxo], um guia de estudos que ajuda a garantir que esses fundamentos sejam sólidos. Com mais de 1 milhão de exemplares impressos em 26 idiomas, esse livro é uma ferramenta para ajudá-lo a cavar fundo e a estabelecer os fundamentos da sua fé na rocha sólida que é Cristo. No prefácio, apresentamos a seguinte incumbência: "Precisamos cavar fundo e derrubar tudo que seja hostil a Cristo. Precisamos ouvir suas palavras — especialmente aquelas que se referem aos fundamentos da fé — e obedecer".[9]

Equipar os cristãos

> Ele designou alguns para apóstolos, outros para profetas, outros para evangelistas, e outros para pastores e mestres, com o fim de preparar os santos para a obra do ministério, para que o corpo de Cristo seja edificado.
> — Efésios 4:11-12

Isso nos diz que o propósito primordial daqueles que são ministros em tempo integral ou profissionais é equipar as pessoas para a obra do ministério, e não fazer toda a obra sozinhos. É por isso que fazer discípulos envolve treinar e equipar as pessoas para ministrarem. Essa ideia muda drasticamente o foco daqueles que servem como líderes.

Ouvimos esta frase o tempo todo: "cada membro um ministro". Mas por causa da nossa cultura voltada para o desempenho, costumamos ter pouca tolerância para com as dificuldades do processo de equipar outras pessoas. Fazemos a obra da igreja como se somente os ministros efetivos pudessem fazê-la. A descrição bíblica de cargo para os ministros — apóstolos, profetas, evangelistas, pastores e mestres — é equipar os "não efetivos" para o ministério, e depois deixar que eles sigam em frente. Quando nos esquecemos disso, esquecemo-nos de uma das principais razões pela qual Deus nos chamou para servir desde o início.[10]

Equipamos as pessoas ajudando-as a entender os seus próprios dons, o seu chamado e o seu propósito individual. Ajudar alguém a descobrir o propósito de Deus para sua vida é vital para o crescimento e bem-estar emocional dessa pessoa. Se você tem um senso aguçado do seu propósito na vida, geralmente superará as lutas e os tempos difíceis que esperam por todos nós. Não é surpresa que o livro *Uma vida com propósito* tenha se tornado um dos *best-sellers* de todos os tempos.

Também é importante ajudá-los a entender a Palavra de Deus. É ela que os ajuda a vencer o pecado e a tentação, assim como é um guia para eles no caminho da sabedoria. A essência do processo de equipar os santos é ajudar as pessoas a se tornaram hábeis em usar a Palavra de Deus como uma espada afiada em um conflito. "Toda a Escritura é inspirada por Deus e útil para o ensino, para a repreensão, para a correção e para a instrução na justiça, para que o homem de Deus seja apto e plenamente preparado para toda boa obra" (2Timóteo 3:16-17).

Em minha opinião, um dos muitos pastores fiéis dos Estados Unidos é Dale Evrist, de Nashville, Tennessee. Ele leva sua congregação a ler a Bíblia todos os anos, de capa a capa. Também tem um *podcast* de 15 minutos diários chamado "Walking Through the Word" [Passeando pela Palavra] que ajuda os cristãos a serem fundamentados nas verdades essenciais da Escritura. Dale me disse em uma entrevista:

> Não há dúvida de que grande parte da confusão nos corações e nas mentes das pessoas que se dizem cristãs poderia ser esclarecida simplesmente ao lerem a Bíblia de forma consistente. É incrível a quantidade de engano que invade a mente das pessoas quando elas

são deixadas à mercê dos seus próprios sentimentos e instintos, em vez de confiarem na verdade que trouxe o universo à existência.[11]

Também as equipamos ensinando-as a ministrar a outros. É fisicamente impossível que os milhões de pessoas que precisam de ajuda espiritual e encorajamento recebam o que precisam simplesmente ouvindo as pregações, os *podcasts* e lendo livros. Em algum momento elas precisarão de uma pessoa real, que se sente com elas e as ajude. Na maior parte do tempo, é simplesmente a nossa amizade e a nossa disponibilidade de ouvir que podem fazer uma enorme diferença. Obviamente, as pessoas enfrentam alguns problemas sérios que requerem a atenção dos ministros eclesiásticos, mas em sua maioria, existem áreas gerais de encorajamento e instrução que todos os cristãos deveriam ser capazes de compartilhar com outros.

Empoderar os discípulos

> Digo-lhes a verdade: Aquele que crê em mim fará também as obras que tenho realizado. Fará coisas ainda maiores do que estas, porque eu estou indo para o Pai.
> — João 14:12

O último passo desse processo simples de discipulado é outorgar poder às pessoas para que elas façam o que foram chamadas para fazer. Jesus teve 12 discípulos que inicialmente o seguiam e o observavam fazer obras poderosas, literalmente mudando o mundo por onde quer que ele fosse. Então, veio um tempo em que Jesus os revestiu de poder e os comissionou para irem e fazerem obras maiores do que eles o haviam visto fazer. Como afirma Steve Murrell:

> Jesus não estava satisfeito em ter os discípulos simplesmente o seguindo como espectadores, ao contrário, ele se dedicava a lhes outorgar poder para também fazerem o que ele fazia. Jesus chegou a ponto de dizer que eles fariam obras maiores, depois que ele

tivesse voltado para o Pai. Uma coisa era seguir Jesus, mas substituí-lo como ministro era algo totalmente diferente. Que pensamentos devem ter passado pela mente dos Doze quando Jesus disse: "Tudo bem, agora estou enviando vocês para fazer o que eu tenho feito".[12]

Imagine conseguir um emprego trabalhando para o homem mais rico e mais sábio que já viveu. Ele o entrevista e lhe diz que vê um grande potencial em você, e diz que quer ajudar a desenvolver esse potencial e torná-lo alguém bem-sucedido. Você conta a ele o que acha que deve fazer em sua vida, mas ele lhe oferece uma visão convincente do que se encaixa melhor nos seus talentos e habilidades. Na verdade, ele o ajuda a ver áreas da sua vida nas quais você não fazia ideia de que podia se destacar. Além disso, ele lhe promete que vai mentoreá-lo pessoalmente e cuidar para que todas as coisas que lhe disse se tornem realidade. A maioria das pessoas consideraria isso um privilégio e uma honra incríveis. Não considerar esse tipo de oportunidade pareceria tolice para a maioria das pessoas.

Agora imagine isto: o Criador do universo, o Deus onisciente que é a própria sabedoria quer construir um relacionamento com você. Ele, obviamente, tem a melhor percepção dos seus pontos fortes e fracos e se oferece para ajudar você a maximizar os seus dons e talentos para ajudar a transformar o mundo. Você veria isso como algo opressivo e controlador, ou como algo muito mais incrível do que ser ajudado pela pessoa mais inteligente e mais rica que existe?

Essa é a mentalidade que precisamos passar aos outros. Deus usa as pessoas para cooperarem em seu processo de derramamento de sabedoria e amor sobre a sua Criação. Sou muito grato pelas inúmeras pessoas que fizeram a diferença em minha vida, dando de si mesmas a mim e depois me liberando para ir e fazer a diferença no mundo.

Como um dos melhores líderes em empoderamento que conheço, Joey Bonifácio de Manila escreveu:

Todos — homem, mulher, jovem, velho, rico, pobre — deveriam ser um discípulo que faz discípulos. Esta é a esperança das nações e a maneira de transformar o mundo uma pessoa de cada vez. Para esta missão Jesus prometeu que seríamos revestidos de poder, dizendo: "Eis que estou com vocês todos os dias, até o fim dos tempos."[13]

Resumo

Compreender o que significa ser um seguidor de Cristo é simples e ao mesmo tempo extremamente desafiador — principalmente em uma breve visão geral. Embora as imagens daqueles que estão enfrentando ameaças contra suas vidas sejam uma imagem clara dos desafios que você pode enfrentar, também há uma imagem de alegria e paz incríveis. Foi por isso que eu fui atraído por um povo cheio de amor por Deus e uns pelos outros. Também há a promessa de poder para ajudar outras pessoas. Jesus disse: "Mas receberão poder quando o Espírito Santo descer sobre vocês, e serão minhas testemunhas em Jerusalém, em toda a Judeia e Samaria, e até os confins da terra" (Atos 1:8).

Examinamos um processo simples de quatro passos que pode ser um guia para cumprir o mandamento do Senhor de fazer discípulos de todas as nações. Ele é representado por quatro palavras que começam com a letra E: *envolver, estabelecer, equipar e empoderar.*

Também fomos chamados para envolver os incrédulos no evangelho, estabelecer fundamentos bíblicos em suas vidas e ajudá-los a aprender a Palavra de Deus, equipá-los para fazer a obra do ministério e dar-lhes poder para cumprirem o propósito que Deus lhes deu.

Steve Murrell, cujos três filhos jogavam tênis na faculdade, acumulou muitas horas nas arquibancadas assistindo-os treinar e jogar jogos intermináveis. Ele conta sobre a sabedoria de um dos treinadores de seus filhos, que os encorajava constantemente seus jogadores a nunca se cansarem de repetir as mesmas jogadas:

O treinador Tom dizia: "Vocês querem vencer? Então precisam dominar as mesmas velhas jogadas monótonas. Para cima, para baixo, para cima. É assim que vocês criam o efeito, e o efeito da bola é amigo de vocês. Nada sofisticado. As mesmas velhas jogadas monótonas!" Creio que dirijo a igreja da mesma maneira que Tom treina seus jogadores. Você quer fazer discípulos? Não é preciso nada sofisticado. Apenas as mesmas velhas jogadas monótonas: envolver, estabelecer, equipar, empoderar. Envolver, estabelecer, equipar, empoderar. Envolver, estabelecer, equipar, empoderar. E isso é praticamente tudo o que temos feito em nossa igreja desde 1984. As mesmas velhas jogadas monótonas.[14]

CAPÍTULO 10

Defensores da fé

Preparado para compartilhar o evangelho

> *Se os filhos se veem como cristãos, provavelmente não é porque eles estudaram os fatos e chegaram a um ponto de convicção intelectual, mas porque a família deles é cristã, de modo que eles acreditam que também precisam ser cristãos.*[1]
> — BOB BELTZ

A visão distópica do mundo que está por vir, encontrada em romances como *Jogos vorazes*, *Divergente* e *Maze runner*, prevê um dia vindouro em que os governos totalitários terão eliminado praticamente todas as liberdades individuais para garantir uma paz muito rígida e artificial. Dominados pela ideia orwelliana de um poder controlador que tudo vê, usurpando as liberdades dos indivíduos, qualquer atitude e impulso em contrário são brutalmente e rapidamente eliminados. Mas em todos os casos, um herói surge para lutar contra as probabilidades avassaladoras e libertar as pessoas do cativeiro e do controle de um inimigo totalmente malévolo e sufocante. Geralmente são os jovens que chegam ao conhecimento do que é realmente verdadeiro, aprendem a combater as forças das trevas e vencem, contra todas as probabilidades. J.R.R. Tolkien e C.S. Lewis criaram histórias como *O senhor dos anéis* e *As crônicas de Nárnia*, que também contaram sobre sérios desafios e probabilidades excepcionais. Jovens relutantes e improváveis foram chamados a se levantarem e agirem heroica e corajosamente para combater a invasão das trevas.

Essas histórias são inspiradoras e desafiadoras, mas elas são apenas isso, histórias. Como seguidores de Cristo, nossa luta não é um conto de fadas. A sabedoria da vida real desse cenário é vista no chamado cristão para proclamar a verdade do evangelho, e, ao fazer isso, libertar os cativos do cativeiro espiritual e do controle de forças mais insidiosas e enganosas que qualquer uma retratada nos filmes. Nessa luta cósmica do bem contra o mal, não existe campo neutro. Todos precisam decidir de que lado estão, no que acreditam e como podem fazer a diferença em sua geração.

Esse chamado para mudar o mundo cativou minha imaginação durante o meu último ano na faculdade. Não havia nenhum outro emprego ou oportunidade que ardesse em meu coração com mais urgência do que a necessidade de levar as pessoas a conhecerem Cristo. Foi a transformação do meu cético irmão mais velho, durante seu terceiro ano na faculdade de Direito, que me mostrou de modo dramático a diferença que a verdade de Cristo pode fazer na vida daqueles que parecem mais distantes de Deus. Lembro-me de dizer: "Se Deus pode transformá-lo, ele pode transformar qualquer um".

Durante mais de 30 anos foquei em alcançar alunos universitários. Hoje, nosso ministério alcança centenas de campus universitários em mais de 60 países. Fomos inspirados por muitos homens e mulheres que vieram antes de nós, que mostraram o quanto os jovens estão abertos a uma apresentação crível do evangelho e à verdade da fé cristã. Ao observar as estatísticas que indicam quantos jovens se afastam de sua fé quando saem de casa para a faculdade, sinto a urgência de treinar tantos quantos for possível, tão depressa quanto possível.

Todo cristão precisa estar engajado no processo de aprendizado

Tive o privilégio de ser mentoreado e ensinado por algumas das melhores mentes cristãs do planeta. Fico constrangido pelo fato de estar na presença de homens e mulheres que dedicaram seus corações e suas mentes a transmitir a verdade da fé, usando para isso sua plataforma acadêmica ou sua profissão. Por alguma razão, grande parte da grande sabedoria desses mestres e de seus escritos não costuma alcançar as pessoas comuns e exercer o impacto que poderia exercer sobre os cristãos. A esperança é que este material torne esse conhecimento importante acessível aos cristãos de todas as esferas.

Como mencionamos no capítulo anterior, o primeiro aspecto do discipulado é apresentar as pessoas à verdade do evangelho. Neste capítulo, esperamos dar um enfoque prático a tudo o que discutimos neste livro (assim como em *Deus não está morto*), para que a informação e a revelação dessas verdades possam ser claramente comunicadas a outros.

O EVANGELISMO E A APOLOGÉTICA ESTÃO LIGADOS

Quando ouvi pela primeira vez a palavra *apologética*, ela soou como se os cristãos devessem pedir desculpas por seu mau comportamento e hipocrisia. Isso era tudo o que eu sabia quando ainda era um jovem frequentando a igreja. Quando penso em algumas das coisas terríveis que aprendi enquanto estava envolvido nas funções e eventos de minha igreja, isso ainda me deixa furioso. De fato, havia uma coleção de revistas pornográficas debaixo da escada do refeitório dos jovens na igreja que eu frequentava na época em que cursava o Ensino Fundamental. Praticamente não havia diferença entre a vida das pessoas que frequentavam a igreja e a daquelas que não o faziam. Esse tipo de experiência transformou meu irmão mais velho em um ateu, e simplesmente confirmou para mim que o estilo de vida imoral que eu adotaria alguns anos depois era aceitável e estava tudo bem em ser assim.

Mas apologética não tem a ver com pedir desculpas pelos erros das pessoas que afirmam ser cristãs. Tem a ver com dar as razões da sua fé. Em outras palavras, é fazer uma defesa. A palavra grega *apo-*

logia ocorre em 1 Pedro 3:15-16, onde ele afirma: "Estejam sempre preparados para responder a qualquer pessoa que lhes pedir a razão da esperança que há em vocês. Contudo, façam isso com mansidão e respeito". Como logo discutiremos, a primeira parte do versículo seguinte é tão importante quanto a anterior.

Lembro-me do impacto que a leitura de *Evidência que exige um veredito*, de Josh McDowell, exerceu sobre mim anos atrás. O fato de haver evidências reais da confiabilidade da Bíblia e da ressurreição de Jesus me deu confiança suficiente para encontrar estudantes universitários e tentar ajudá-los a solucionar as complicações da incredulidade na qual estão presos. Eu não sabia muito, mas o pouco que sabia pelo menos me impediu de ser varrido pelos dilúvios do ceticismo, tão comum em um campus universitário.

Então, descobri versículos como 2Coríntios 10:3-5:

> Embora vivamos como homens, não lutamos segundo os padrões humanos. As armas com as quais lutamos não são humanas; ao contrário, são poderosas em Deus para destruir fortalezas. Destruímos argumentos e toda pretensão que se levanta contra o conhecimento de Deus, e levamos cativo todo pensamento, para torná-lo obediente a Cristo.

As fortalezas mencionadas aqui estão se referindo às fortalezas intelectuais presentes na mente das pessoas. Fomos chamados para demolir essas fortalezas com o conhecimento de Cristo. A Palavra diz que devemos "levar todo pensamento cativo" à obediência desse conhecimento. A razão pela qual devemos levar todo pensamento cativo é porque é preciso apenas um pensamento errado para levá-lo ao cativeiro.

Repetidamente em conversas tanto com cristãos quanto com incrédulos, ouço o testemunho de que eles vieram a Cristo ou caíram na incredulidade por causa de algum pensamento que pareceu mudar sua visão de mundo quase da noite para o dia. A ignorância da verdade de Deus resulta em ser suscetível a quase toda e qualquer espécie de engano. Do mesmo modo, o conhecimento de Deus pode servir como uma fortaleza positiva, trazendo paz e coragem. Observar os ventos de mudança varrerem a cultura ocidental e causarem uma confusão maciça nas áreas da ética sexual e até da identidade de gênero é um testemunho da trágica falta da verdade, necessária para ancorar adequadamente nossas vidas pessoais e nossas sociedades.

Toda a armadura de Deus

Finalmente, fortaleçam-se no Senhor e no seu forte poder. Vistam toda a armadura de Deus, para poderem ficar firmes contra as ciladas do Diabo.

— Efésios 6:10-13

Antes de sair para ajudar a outros, você precisa estar preparado para o conflito. Essa advertência sobre usar a armadura de Deus não é apenas uma boa lição da escola dominical. Muitos tentaram ministrar a outros e não foram preparados para lidar com as objeções à fé que surgem nessas conversas. Acima de tudo está o fato de que essa luta não é apenas intelectual, mas, tal como o texto de abertura menciona, trata-se de um conflito espiritual. É preciso preparação para poder resistir ao ataque que fez com que outros desertassem e abandonassem a fé. É como entrar em uma área contaminada por um vírus mortal. Você vê os trabalhadores do Centro de Controle de Doenças usando roupas de proteção para impedir que eles sejam afetados pelos vírus e contaminantes que devastaram outros. De certa forma, a armadura de Deus é como a roupa protetora. Os componentes de defesa relacionados nos versos que seguem a passagem citada falam sobre o capacete da salvação, a espada do Espírito e o escudo da fé, para extinguir todos os dardos inflamados do maligno (vv. 14-18).

Durante o período em que este livro estava sendo escrito, assim como em *Deus não está morto*, passei centenas de horas ouvindo apresentações céticas e lendo livros dos mais comprometidos pensadores ateus dos nossos dias. Enquanto eu me debruçava sobre os escritos deles, certifiquei-me de que nenhuma dúvida ou acusação contra a verdade de Deus fosse desafiada em meu próprio coração e mente. Foi uma tarefa difícil ouvir inúmeros comentários feitos com o propósito expresso de desacreditar a fé cristã de forma deliberada e cruel, e depois pesquisar e responder completamente aos argumentos subjacentes. Algumas vezes tive de usar o escudo da fé para extinguir o resíduo de dúvida que acompanhava esses escritos. Lembrei a mim mesmo de que ninguém é verdadeiramente objetivo. Eu não sou, e os céticos com certeza não são. Fiz o melhor que pude para ser direto, e digo que a minha motivação para escrever este livro é ajudar as pessoas a acreditarem que Jesus Cristo é o Filho de Deus. Como o apóstolo João disse: "Mas estes foram escritos para que vocês creiam que Jesus é o Cristo, o Filho de Deus e, crendo, tenham vida em seu nome" (João 20:31).

No capítulo 9, vimos como é ser um discípulo de Jesus, antes de tudo. Todos os aspectos de estar conectado a um grupo de cristãos, sendo equipado, treinado e aprendendo a viver os ensinamentos de Cristo em um ambiente aberto e transparente, deve fazer parte da sua vida antes que você possa sair e alcançar outros de forma consistente. Jesus enviou seus discípulos de dois em dois. Não há vergonha em nos darmos conta de que precisamos de outros em nossas vidas para nos ajudarem. Com esse tipo de fundamento sólido, podemos ter a confiança necessária para ajudar outros.

Quando me tornei cristão na época da faculdade, fui privilegiado em ter um pequeno grupo de amigos cristãos e uma igreja no campus da qual eu podia fazer parte. Aquele pequeno grupo de pessoas foi uma corda de salvamento para mim naqueles primeiros dias. Poder contar com outras pessoas com quem eu podia compartilhar minhas lutas e também aprender me manteve crescendo espiritualmente em vez de decair. Houve muitos dias em que a força e a confiabilidade dos meus colegas de quarto impediram que eu me tornasse mais uma baixa da igreja, devido à constante oposição que eu enfrentava em meu curso. Não apenas consegui sobreviver, como pude começar a ajudar outras pessoas. Foi por causa desse tipo de apoio que pude ajudar muitos membros da minha família a alcançarem a fé em Cristo, assim como outros amigos de toda a minha vida.

Após a formatura, dei início a um ministério de estabelecer congregações cristãs nas comunidades de campus universitários em todo o mundo. A essência dessas comunidades seguiu o mesmo padrão que me beneficiou e que experimentei durante os meus dias de faculdade. Geralmente não encontramos esse tipo de coisa quando lemos livros sobre apologética. Na maioria dos textos, os autores querem começar apresentando a evidência de Deus e as imperfeições dos desafios dos céticos. Mas primeiro, precisamos ser seguidores sólidos de Cristo para sermos as melhores testemunhas de Cristo aos outros. Se o objetivo dos nossos esforços é levar os incrédulos à fé em Cristo, eles precisarão entrar para uma comunidade de cristãos, a fim de que possam crescer e ser protegidos e cuidados enquanto sua fé se desenvolve. Se nunca estivemos comprometidos com uma comunidade de cristãos assim, é improvável que influenciemos aqueles a quem estamos tentando ajudar.

Além do que, essas congregações precisam aprender a ser lugares nos quais o evangelismo e a apologética façam parte da própria estrutura. É impossível crescer espiritualmente sem aprender a ajudar outros a alcançar a fé. Esse é um fenômeno estranho, mas quanto mais você ajuda outros, mais forte se torna a sua fé. Saber disso me levou a dedicar uma parte significativa do meu tempo a ajudar pessoas, assim como igrejas, a aprenderem a compartilhar e a defender a verdade da fé cristã.

O DOM QUE FALTA: EVANGELISTAS

Logo cedo em minha vida cristã percebi que eu havia sido chamado como um evangelista. Esse dom é mencionado na Escritura como um dos principais que Deus deu à igreja para ajudar as pessoas a crescerem espiritualmente.

E ele designou alguns para apóstolos, outros para profetas, outros para evangelistas, e outros para pastores e mestres, com o fim de preparar os santos para a obra do ministério, para que o corpo de Cristo seja edificado, até que todos alcancemos a unidade da fé e do conhecimento do Filho de Deus, e cheguemos à maturidade, atingindo a medida da plenitude de Cristo (Efésios 4:11-13).

Evangelistas são as mulheres e homens que receberam dons de Deus para lhes ajudarem a ser modelos de evangelismo eficaz, e a equipar os cristãos para se tornarem comunicadores frutíferos do evangelho. Para ter uma igreja missionária, você precisa ter esse dom, que foi dado por Deus especificamente para tornar esse desejo uma realidade. Os evangelistas atuarão como treinadores para ajudá-lo a manter o ímpeto recebido ao se colocar esses princípios em prática.

Minha dissertação de doutorado no Seminário Teológico Fuller foi sobre "O Dom do Evangelista". Quando foi publicada, em 2010, disseram-me que ela era a primeira dissertação de doutorado do mundo sobre esse dom. Fiquei perplexo ao saber disso. Havia centenas de dissertações e estudos sobre o evangelismo em si, é claro, mas nenhuma (que conhecêssemos) sobre o dom específico que Deus dera para tornar o evangelismo uma realidade. Como mencionarei em breve, o dom do evangelismo foi dado à Igreja a fim de equipar o povo de Deus para evangelizar. Se esse dom não estiver em operação, o resultado será uma falta de frutificação nessa área. E é exatamente isso que as estatísticas estão dizendo.

Aproveito este momento para mencionar os evangelistas, porque aqueles que são apologistas geralmente têm esse dom e chamado. Eles são apaixonados por treinar tantos quanto possível para entenderem os valores essenciais da fé e as razões pelas quais eles são verdadeiros. Os apologistas também tendem a ser mestres, mas um número avassalador deles anseia por ver as pessoas chegarem ao conhecimento da verdade e serem salvas.

Uma das maiores igrejas do mundo está em Manila, nas Filipinas. Seus cultos são frequentados por mais de 80 mil pessoas, com mais de dez mil pequenos grupos que se reúnem durante a semana.

O pastor presidente da congregação é Ferdie Cabiling. Ele conheceu a Cristo no verão de 1984, quando a congregação foi estabelecida durante um programa de evangelismo de verão. O programa de verão nada mais era do que um grupo de 59 alunos norte-americanos e um canadense que estava fazendo uma viagem missionária de um mês na região. A congregação cresceu exponencialmente desde aquela época, por muitas razões. Na opinião de Ferdie, o crescimento foi extraordinário porque todas as congregações e líderes da cidade permaneceram focados no evangelismo e em alcançar vidas. Ele afirma: "Nossa congregação nasceu porque evangelistas vieram e pregaram o evangelho para nós. Essa mesma paixão ainda está presente em nosso meio. Como evangelista e líder, é meu objetivo número um garantir que permaneçamos fiéis ao comissionamento final de Cristo, de pregar o evangelho e fazer discípulos de todas as nações".[2]

Nos Estados Unidos, também há um crescimento notável quando o dom do evangelista é identificado e mobilizado para operar ao lado dos pastores e mestres na igreja local. Desde igrejas menores a outras maiores, há uma diferença notável quando os evangelistas são reconhecidos e liberados para se tornarem parte da equipe ministerial. Chamamos isso de "uma igreja que envolve", porque as pessoas nela foram preparadas e equipadas para ajudar outras.

O PROCESSO DE ENVOLVIMENTO

Isso nos leva ao lugar de expressar tão claramente quanto possível os ingredientes necessários para um evangelismo bem-sucedido e para que uma cultura apologética possa emergir — tanto nas igrejas quanto nas vidas dos cristãos comuns. A maioria das coisas importantes que aprendemos é sistematizada, a fim de que possam ser repetidas vez após vez, até que finalmente se tornem a nossa segunda natureza. Vemos isso acontecer durante a nossa primeira educação, na qual os fundamentos do alfabeto e da matemática nos são apresentados em lições memorizáveis e repetíveis. Eu, por exemplo, aprendi o alfabeto hebraico ouvindo uma canção em um vídeo infantil do Barney (o dinossauro roxo). Se algo pode ser colocado na forma de um processo claro, também se torna mais fácil ensinar a outros. O entendimento desse princípio é crucial no que se refere ao evangelismo e à apologética. Existe uma enorme quantidade de informação disponível sobre esses tópicos essenciais, porém, mesmo com todo o conhecimento disponível, a maioria dos cristãos praticamente não tem conhecimento algum no que se refere a explicar por que a fé cristã é a verdade. A maioria segue o posicionamento padrão de defender seu "direito de crer", em vez de ser capaz de mostrar que aquilo em que acreditam é certo.

Passei anos tentando tornar o evangelismo e a apologética por algo simples e claro. Na maior parte do tempo, as mensagens sobre evangelismo são focadas na ordenança bíblica de pregar o evangelho a todas as nações. Isso realmente precisa ser ensinado, mas a maioria das mensagens nunca apresenta um caminho claro para cumprir esse mandato. É a falta de clareza sobre algum tipo de processo de treinamento que deixa a maioria dos cristãos em uma situação de ineficácia e frustração no que se refere ao evangelismo, e ainda mais ansiosos no que se refere a serem capazes de apresentar alguma evidência da verdade de sua fé.

Os cristãos, em sua maioria, estão confusos sobre como corrigir seu posicionamento para torná-lo digno de crédito, e assim reverter as tendências negativas no que se refere a promover a causa de Cristo. Isso aponta para a total inexistência, na maioria dos lugares, de qualquer espécie de processo intencional de evangelismo e apologética.

Se você já jogou golfe, sabe que algumas mudanças menores podem fazer uma enorme diferença na sua contagem de pontos, o que reduz os seus níveis de frustração e impede que você desista do jogo. A maioria das pessoas desistiu do evangelismo porque elas sentem a mesma frustração e futilidade, e simplesmente presumem que esse tipo de coisa deveria ser feita por ministros efetivosda religião. Se essa mentalidade não for mudada, então estamos lutando uma causa perdida. Será impossível alcançar o mundo para Cristo apenas com ministros em tempo integral envolvidos nesse processo.

Os princípios que estamos prestes a abordar podem parecer simples, mas produziram resultados quando foram colocados fielmente em prática. Tentei esclarecer esse processo e reduzi-lo a cinco passos essenciais. Eles são os ingredientes-chave da receita que podem fazer de qualquer indivíduo uma testemunha fiel, e de qualquer congregação um lugar de alcance dinâmico de não cristãos.

Para ajudá-lo a se lembrar desses ingredientes essenciais do processo de evangelismo intencional, tenha em mente sempre estas duas palavras-chave: *grande* e *sal*. A palavra *grande* se aplica ao processo geral que estamos recomendando e a palavra *sal* a uma dimensão essencial, que transformou o evangelismo de um fardo estranho em uma experiência agradável e até extraordinária.

Fui inspirado a usar a palavra *grande* como um recurso de memória para esse processo de evangelismo a partir de um versículo que descreveu o ministério de João Batista. Quando o anjo Gabriel predisse o nascimento de João e seu papel como o precursor do Messias, ele disse: "Pois será grande aos olhos do Senhor... Fará retornar muitos dentre o povo de Israel ao Senhor, o seu Deus" (Lucas 1:15-16). A grandeza de João estaria no seu caráter e na sua habilidade de fazer as pessoas retornarem para Deus. Isso é uma reminiscência das palavras daquele que muitos estudiosos pensam ter sido o mesmo anjo que visitou o profeta Daniel, mais de 500 anos antes e disse:

> Multidões que dormem no pó da terra acordarão: uns para a vida eterna, outros para a vergonha, para o desprezo eterno. Aqueles que são sábios reluzirão como o fulgor do céu, e aqueles que conduzem muitos à justiça serão como as estrelas, para todo o sempre (Daniel 12:2-3).

Não se engane, Deus se importa que as pessoas o conheçam e promete abençoar aqueles que estão dispostos a ser instrumentos que ele possa usar nesse processo. Certamente existem muitas outras maneiras de agradar a Deus, mas creio que nenhuma delas é mais importante do que transmitir o evangelho a outros. Como Jesus disse: "Pois o Filho do homem veio buscar e salvar o que estava perdido" (Lucas 19:10).

Evangelho

Tudo começa com um entendimento claro do evangelho. Muitos livros foram escritos sobre todos os aspectos do que ele significa e sobre a abrangência do seu impacto. Aqui, estamos falando sobre *memorizar e dominar* uma definição clara do que é o evangelho. Se você for capaz de articular claramente o evangelho em uma conversa, será capaz de oferecer a uma pessoa uma chance razoável de entender e aceitar sua mensagem.

Muitas vezes, quando você pede a um cristão para lhe dizer o que é o evangelho, ouve uma grande variedade de respostas. Se essas respostas fossem instruções para se chegar a um destino, você provavelmente se perderia. Descobrimos que quando você ensina as pessoas a articularem claramente o evangelho, isso lhe dá uma grande confiança e aumenta a probabilidade de que ela também o compartilhe com outra pessoa. Vamos olhar mais uma vez a definição que demos para o evangelho no capítulo 4:

> O Evangelho são as boas-novas de que Deus se tornou homem em Jesus Cristo. Ele viveu a vida que nós deveríamos ter vivido e morreu a morte que nós deveríamos ter morrido, em nosso lugar. Três dias depois, ele ressuscitou dos mortos, provando que é o Filho de Deus e oferecendo o dom da salvação àqueles que se arrependerem e crerem nele.

Se você entende o significado dessa definição, que é um resumo de diferentes versículos relacionados à essência da obra salvadora de Cristo realizada em nosso favor, então será capaz de ajudar outras pessoas enquanto realmente ajuda a si mesmo. Em outras palavras, quero dizer que o evangelho é o poder para mantê-lo seguro independente da oposição espiritual que se apresentar, assim como para sustentar você em meio aos argumentos intelectuais contrários à fé cristã.

Deus se tornou homem em Jesus Cristo. Deus entrou no mundo assumindo a carne humana. Os religiosos do mundo chamam homens para subirem e abrirem o caminho até Deus. O cristianismo explica que Deus desceu até nós.

Ele viveu a vida que deveríamos ter vivido. Deus espera que cumpramos com a lei moral. Cristo viveu uma vida perfeita. Sua vida foi o modelo de uma vida completamente rendida a Deus. Esta era a vida que Deus pretendia que todos os homens e mulheres vivessem.

Ele morreu a morte que deveríamos ter morrido em nosso lugar. Esta é uma verdade difícil para os céticos abraçarem, a de que o mal precisa ser punido. Se não houver consequências quando descumprimos uma lei, então a lei deixa de ser lei. Cristo levou a nossa punição tomando o nosso lugar por meio da sua morte em uma cruz romana.

Três dias depois, ele ressuscitou dos mortos. A ressurreição de Cristo dos mortos confirmou sua identidade e provou que sua autoridade era real. Isso também nos dá esperança de que existe vida após a morte, e demonstra ainda sua afirmação exclusiva de ser ele o verdadeiro caminho para Deus.

Ele oferece salvação e perdão de pecados àqueles que se arrependem e creem nele. No dom da salvação de Deus não apenas recebemos o perdão dos pecados, mas também somos libertos do poder do mal e de suas consequências — tanto nesta vida quanto na próxima. Arrepender-se significa desviar-se do mal e de confiar nos nossos próprios esforços para conquistar a nossa salvação. Ao nos desviarmos do mal, nós nos voltamos para Cristo e cremos. A promessa é direta: "Porque Deus tanto amou o mundo que deu o Seu Filho Unigênito, para que todo o que Nele crer não pereça, mas tenha a vida eterna" (João 3:16).

Razões

Mais especificamente, as *razões para crer*. É disso que se trata a apologética. Já mencionamos o versículo-chave em 1Pedro 3:15, que nos chama a darmos as razões para a esperança que temos. Se você sente que não precisa da apologética, então é provável que não esteja envolvendo os incrédulos. Parece que somos bons em falar com cristãos sobre serem cristãos melhores, mas não somos nada bons em explicar as razões da validade da fé aos incrédulos.

Este livro foi sobre dar as razões para acreditar que Jesus é realmente o Filho de Deus e foi ressuscitado na história para confirmar essa afirmação. Também demos razões para crer que os relatos dos Evangelhos são confiáveis. No primeiro livro, *Deus não está morto*, as evidências fundamentais para a existência de Deus foram detalhadas. Uma das declarações mais importantes que poderíamos fazer foi "a verdadeira fé não é cega". Não nos achegamos a Deus contra a razão, mas por meio dela. Não há uma falta de evidências que impede as pessoas de acreditarem em Deus, mas uma abundância de provas que nos deixa sem desculpas. Isso inclui o princípio do universo, a origem da vida e da moralidade, e o testemunho de Deus na história por meio de Jesus Cristo.

Há tantos recursos incríveis na área da apologética que é difícil saber por onde começar. A obra clássica de C.S. Lewis, *Cristianismo puro e simples*, permanece relevante depois de sessenta anos como um *best-seller*. O livro de Tim Keller, *A fé na era do ceticismo — como a razão explica Deus*, é outra obra clássica escrita por um dos pastores e mestres mais respeitados dos Estados Unidos. Muitos estudiosos incríveis, como o dr. Gary Habermas (que escreveu o prefacio deste livro); o dr. Hugh Ross, astrofísico; e o dr. John Lennox, matemático e filósofo de Oxford, escreveram livros notáveis que falam aos maiores desafiadores intelectuais. Seus escritos falam também ao jovem que se debate com dúvidas e medos.

Outras pessoas notáveis que estão ajudando a equipar a Igreja são o Dr. Stephen C. Meyer, PhD de Cambridge, que é um dos principais proponentes do Design Inteligente; o Dr. William Lane Craig, filósofo e teólogo cujos debates são vistos por milhões no *YouTube*; o Dr. Brian Miller, PhD em Física, que foi parte vital deste projeto; o Dr. Frank Turek, debatedor excelente em sua própria linha (e um dos meus favoritos); e J. Warner Wallace, detetive de casos em aberto que veio do ateísmo à fé depois de concluir que os Evangelhos eram realmente testemunhos oculares confiáveis. Também está incluída nessa lista Mary Jo Sharp, que está inspirando mulheres a se tornarem vozes ativas nessa área tão crucial do ministério. Todos esses, e muitos mais, têm se dedicado a ajudar a outorgar poder a pessoas de todas as idades e históricos acadêmicos para se tornarem defensores da fé.

Também há a necessidade de ajudar as pessoas a entenderem as razões pelas quais a fé cristã é verdadeira, se comparada às outras religiões e filosofias que competem pelos corações e mentes de bilhões de pessoas no mundo hoje. Espero que este livro tenha ajudado você a entender por que Jesus Cristo é realmente a revelação fundamental de Deus à humanidade e o verdadeiro guia para a salvação e a paz.

EMPATIA

Ter empatia deveria ser uma exigência óbvia para o evangelismo. A empatia tem a ver com compaixão, misericórdia e, finalmente, com o amor de Deus pelos outros. No centro desse processo está a necessidade de termos um coração voltado para as pessoas. Em um mundo no qual tanto rancor e raiva são demonstrados acerca das questões pelas quais as pessoas são apaixonadas, ter esse tipo de empatia não é tarefa fácil. Na verdade, é realmente necessária uma obra sobrenatural da graça em nossos corações. Isso é tão importante que o dr. Sean Mc Dowell, da Universidade de Biola, disse-me em uma entrevista que seu principal objetivo é levar civilidade e dignidade aos que estão engajados na apologética. "Se você tem a verdade, então não há necessidade de sentir raiva ou impaciência com relação aos outros.

Precisamos dar as nossas razões para crermos, com a gentileza e o respeito que as pessoas criadas à imagem de Deus merecem".[3]

Como o apóstolo Paulo disse a Timóteo:

> Ao servo do Senhor não convém brigar mas, sim, ser amável para com todos, apto para ensinar, paciente. Deve corrigir com mansidão os que se lhe opõem, na esperança de que Deus lhes conceda o arrependimento, levando-os ao conhecimento da verdade, para que assim voltem à sobriedade e escapem da armadilha do Diabo, que os aprisionou para fazerem a sua vontade (2Timóteo 2:24-26).

Sem dúvida, existem pessoas boas que não se importam com Deus ou com o evangelismo. Elas têm uma disposição alegre natural, que vem sem esforço algum. Mas elas são a exceção e não a regra. Quando você começa a tentar alcançar as pessoas como evangelho e com a evidência da verdade da fé cristã, está no mínimo convidando a uma discussão em potencial ou até mesmo a um combate, em alguns casos.

Para mim, é a lembrança da enorme luta que travei antes de me tornar um seguidor de Cristo que me dá a máxima empatia por aqueles que estão necessitados. Quando falo com pessoas que parecem estar muito distantes de Deus, e muitas vezes não estão interessadas em saber sobre essas coisas, lembro-me de como fui um dia. Não é necessário muito para despertar minha empatia pela disposição antagônica delas.

Quanto mais leio a Bíblia, mais vejo o próprio Jesus estendendo as mãos com compaixão para os personagens mais improváveis. Era escandaloso para a classe religiosa vê-lo em ambientes com pessoas que eram consideradas impuras e e intocáveis. Esse tem sido um fio condutor à medida que busco alcançar outras pessoas.

Famoso por sua raiva e dureza, o ex-jogador da NFL — atualmente treinador assistente da liga — pensava que tinha feito coisas erradas demais no campo e, portanto, nunca seria bom o suficiente para ser um cristão. Sua esposa foi à nossa igreja e teve um encontro milagroso com Jesus e isso mudou sua vida. Ela havia trabalhado anteriormente em Hollywood, tinha uma empresa de relações públicas, além de ser escritora para programas de tv. Ela costumava zombar dos cristãos por causa do seu comportamento estranho. O testemunho dela agora é: "Eu costumava zombar deles; agora eu sou um deles". Além disso, seu marido mantinha distância de qualquer diálogo real sobre assuntos espirituais.

Comecei a tentar alcançar esse homem, e pude ver que por trás da dureza havia uma sensibilidade e um desejo por Deus que eram impressionantes. Ele sentia que havia feito coisas erradas demais para ser bom o bastante para ser um cristão. Depois de muita oração, convidei-o para juntar-se a mim em uma viagem a Israel. O mais incrível é que ele concordou. Desde o momento em que aterrissamos, ele se envolveu totalmente. Ficava dizendo coisas do tipo: "Isto é real!" Ele queria dizer que os eventos e os lugares mencionados na Bíblia eram realmente verdade. Depois de alguns dias fazendo um tour pela cidade de Jerusalém, fomos à região da Galileia, onde Jesus passou a maior parte do seu tempo e do seu ministério. Aquele homem, que havia sido tão duro por fora, pediu para ser batizado no mar da Galileia. O que parecia apropriado era o fato de que nós o batizamos no mesmo lugar onde Jesus expulsou uma legião de demônios lançando-os aos porcos. Quando ele ouviu essa história, disse: "Este é o lugar certo para eu ser batizado." Sua esposa e seus colegas não se cansam de comentar na diferença que Cristo fez na vida desse homem tanto dentro como fora dos campos. Essa história é semelhante a milhões de outras, cada uma com dor e sofrimento que foram vencidos pelo amor de Deus.

Quer sejam membros da família, colegas de turma ou estranhos que você encontra em seu trabalho, existem oportunidades constantes de demonstrar o amor de Deus de uma maneira prática aos outros. Lembre-se de que não existe ninguém perdido demais ou longe demais de Deus que o amor dele não possa alcançá-lo. Ou, como diria Corrie Ten Boom, que sofreu nas mãos dos nazistas em um campo de concentração e viu sua amada irmã morrer por causa de abusos, "não existe um poço demasiado profundo que o amor de Deus não seja ainda mais fundo".

Quando seguimos a Jesus, estamos nos comprometendo não apenas a cumprir com um conjunto de regras, mas a seguir o seu exemplo de amor e compaixão para com o mundo que nos cerca. À medida que você envolver outros com o evangelho, e com as razões para crer, que essa compaixão e misericórdia encham as suas palavras e atos. Como Jesus disse: "Vão aprender o que significa isto: 'Desejo misericórdia, não sacrifícios'" (Mateus 9:13).

ABORDAGEM

Nesse processo de evangelismo, existe um momento inevitável quando você aborda alguém com o evangelho. É isso que muitas pessoas temem por causa da estranheza em potencial que geralmente tem sido associada ao evangelismo pessoal. A palavra *abordagem* como substantivo é definida como "uma maneira de lidar com alguma coisa; um ato de falar com alguém pela primeira vez sobre alguma coisa, tipicamente fazendo uma proposta ou um pedido". Como verbo, *abordar* significa "aproximar-se ou aproximar-se mais de (alguém ou de alguma coisa) que está distante; falar com (alguém) pela primeira vez sobre alguma coisa, tipicamente com uma proposta ou pedido". A palavra *abordagem* é uma descrição excelente da mentalidade que necessitamos no evangelismo. A grande questão é: *como podemos abordar as pessoas com o evangelho?*

Todos nós já vimos métodos estranhos, abruptos e rudes. A maioria de nós recua quando vê isso sendo feito por outros, como a pessoa no avião testemunhar ao passageiro ao lado em voz alta, perturbando os outros passageiros. Precisamos não apenas estar preparados para dar as razões da esperança que está em nós, mas também fazer isso com gentileza e respeito. Seja qual for a abordagem que utilizemos para envolver outros com o evangelho, devemos incluir esse tom em nosso diálogo.

Essa foi a principal motivação por trás da segunda palavra que eu lhe disse que era importante: *sal*. Ela é importante para *iniciar* uma conversa; *faça perguntas; ouça; conte a história*. Essa fórmula simples tem ajudado literalmente milhares de pessoas a terem a abordagem correta para envolver outros. Explicaremos isso em maiores detalhes dentro de um instante, mas você pode ver na Bíblia e em suas próprias experiências o quanto conversas simples podem se transformar em encontros significativos que levam a uma apresentação do evangelho.

O próprio Jesus se envolvia em conversas com as pessoas em circunstâncias bastante normais, que levavam a um diálogo mais profundo sobre a sua própria identidade e propósito. As oportunidades de iniciar conversas e fazer perguntas aos outros são praticamente intermináveis. Se você está disposto a ouvir primeiro antes de tentar compartilhar sua história e perspectiva, você geralmente descobre que elas ouvem com mais atenção.

Um ótimo processo de evangelismo sempre inclui ensinar as pessoas a terem uma abordagem sábia para iniciar o diálogo sobre o evangelho. Em áreas de necessidade nas quais possivelmente ocorreu um desastre ou uma tragédia, isso pode se resumir a simplesmente distribuir água, alimento ou consolo. A vida está cheia de oportunidades de servirmos aos outros. Na verdade, Jesus disse: "O maior entre vocês deverá ser servo" (Mateus 23:11). Servir aos outros envolve atender às necessidades mais profundas da existência deles, que é, na essência, exatamente o que Cristo oferece. Ao longo dos anos tenho visto muitas pessoas com uma série de abordagens sábias e cativantes para explicar o evangelho aos incrédulos.

A abordagem correta geralmente envolve entender o contexto das pessoas que você está tentando alcançar. Isso gera a empatia e a compreensão necessárias para falar de modo inteligente sobre a situação de alguém. Quando vamos a várias nações para compartilhar o amor de Cristo, faz uma enorme diferença conhecer o histórico da fé ou da incredulidade das pessoas. Ser eficaz em uma nação como as Filipinas requer uma abordagem diferente de estar em um campus em Berkeley, na Califórnia.

Veja por exemplo o povo judeu. Sinto que existe um profundo senso de dívida para com eles, tanto espiritualmente quanto moralmente. A dívida espiritual vem do fato de que praticamente todas as coisas que nós como cristãos desfrutamos têm sua raiz na fé judaica e estão ligadas à terra de Israel. Desde os profetas e escritos do Antigo Testamento até os Evangelhos do Novo Testamento, as epístolas de Paulo e o Salvador Jesus Cristo, todos esses escritores e pessoas eram judeus. Há um senso avassalador de gratidão por causa desse fato.

Também há um enorme senso de dívida moral. Durante séculos, o povo judeu foi perseguido e expulso de um país após o outro. Os principais perseguidores se diziam cristãos, embora seus atos traíssem as ordens e os ensinamentos de Jesus. O mandamento mais singular de Cristo é o de amarmos nossos inimigos. Isso não inspiraria ninguém a planejar o mal ou a vingança contra qualquer pessoa, muito menos contra o povo que deu aos cristãos tudo o que eles mais estimam. A mensagem do Cristo crucificado e ressuscitado dos mortos deveria ser uma mensagem libertadora, e não uma desculpa para oprimir nem fazer mal a ninguém.

Quando um judeu me pergunta sobre o meu cristianismo, e por que eu me importo com seu povo, essas coisas que acabo de mencionar estão sempre em minha mente. Confio no fato de que independentemente do seu país ou etnia, o evangelho é ser a melhor notícia que você já ouviu.

Ferramentas

Descobri que existem várias coisas que chamamos de "ferramentas" que podem ajudar as pessoas a transmitir o evangelho de forma consistente e mais eficaz. Elas nos ajudam a superar os muitos tipos de obstáculos que encontramos ao tentar tornar as pessoas dispostas a se envolver em uma conversa. Filmes como *Deus não está morto* têm sido usados para ajudar a iniciar uma conversa sobre temas espirituais. Provavelmente a ferramenta mais eficaz da história é *Jesus, o filme*, visto por mais de 1 bilhão de pessoas e traduzido para mais de 100 idiomas e dialetos.

Uma ferramenta simples que desenvolvemos e que está sendo usada no evangelismo pessoal é "O Teste de Deus".[4] Ele consiste em dois conjuntos de dez perguntas — um para aqueles que dizem que acreditam em Deus e um para aqueles que dizem que não acreditam. A abordagem do *sal* que mencionamos é a base para o início dessa conversa. O teste foi traduzido para muitos idiomas e agora está disponível para download gratuito na App Store, para Android ou iPhone. Até agora já foi feito o download em mais de cento e vinte países.

Milhares de pessoas de todas as idades têm sido treinadas para usar "O Teste de Deus" e estão testemunhando sobre como essa ferramenta simplificou a experiência de evangelismo, e a tornou realmente algo divertido e que elas podem aguardar com expectativa. As perguntas do Teste de Deus que você faz às pessoas realmente ajudam você a lembrar e a recuperar com facilidade o conteúdo apologético aplicável. Apenas ler muitos livros e ouvir debates no *YouTube* não significa que você será eficaz em transmitir a mensagem correta, na hora certa, a alguém que não é cristão. O Teste de Deus contém algumas das perguntas-chave que as pessoas que não acreditam em Deus precisam responder, para dar sentido à nossa existência e ao nosso senso universal de certo e errado. Se você seguir a abordagem ensinada e se lembrar do *sal*, você ouvirá primeiro o que as pessoas têm a dizer sobre as perguntas que está fazendo e depois aguardará pacientemente a oportunidade de falar. Descobrimos que se você respeitar os outros, ouvindo-os primeiro, eles geralmente lhe concederão a mesma cortesia. Alguns ateus já nos agradeceram por terem uma conversa significativa, sem todo o drama e tensão que geralmente acompanha esse tipo de interação.

Frans Olivier usou o Teste de Deus em Cape Town, para treinar pelo menos dez mil pessoas nos últimos dois anos. Mais de quatro mil tomaram a decisão de seguir a Cristo na África do Sul. "Nossa mentalidade com relação ao evangelismo foi dramaticamente alterada pelo Teste de Deus. O evangelismo agora faz parte da experiência cristã normal para a maioria das pessoas, e deixou de ser o dever aterrorizante de alguns".[5]

Peter Dusan, um pastor do campus da Universidade do Estado do Texas tem usado o Teste de Deus de uma forma muito eficiente, como ainda não vimos em nenhum outro lugar, treinando centenas de alunos para compartilharem sua fé com os outros de forma consistente. Em uma semana, eles tiveram mais de mil conversas usando o Teste de Deus com alunos no campus. Quando ele treina as pessoas para usarem essa ferramenta, Peter diz:

> Se alguém me observar compartilhando a minha fé com outros, tende a pensar que minha eficácia se deve à minha ousadia e confiança como pessoa. Mas se me observa usar uma ferramenta como o Teste de Deus, ele acredita que também pode fazer o mesmo.[6]

O Dr. Bill Bright, fundador da Campus Crusade, desenvolveu as "Quatro Leis Espirituais", e dezenas de milhares de jovens receberam uma ferramenta eficaz para envolver outros com o evangelho. Milhões de pessoas vieram a Cristo em resultado disso. Eu poderia enumerar outras ferramentas excepcionais, desde os seminários de multimídia até as bandas de rock cristão que têm sido instrumentos por meio dos quais o Espírito de Deus chama a atenção das pessoas. Dada a enorme criatividade que marca a era em que vivemos, existem inúmeras ferramentas que podem ser desenvolvidas para ajudar a iniciar conversas cuja importância aponta para a eternidade.

Resumo

O foco deste livro foi lhe dar evidências de que Jesus Cristo é o verdadeiro Filho de Deus, o Messias prometido e o Salvador do mundo. Por ser verdade, essa é uma notícia que deve ser compartilhada com outros. Isso é evangelismo. Parte disso diz respeito a uma matéria chamada apologética, que significa dar as razões pelas quais essa história é verdadeira. E esse também é um encargo dado a nós na Bíblia, estar preparado para dar essas razões, mas fazer isso com mansidão e respeito. Quando falamos com as pessoas sobre Jesus Cristo, nosso caráter sempre é exposto, não apenas o conteúdo da nossa mensagem.

Neste capítulo, oferecemos um processo simples de evangelismo que inclui os seguintes passos: Evangelho, Razões, Empatia, Abordagem e Ferramentas. Esses cinco passos podem lhe dar o mapa claro da estrada para você se tornar uma testemunha eficaz de Cristo. Quando esses princípios são ensinados em congregações locais e o dom do evangelista está em ação ao lado dos outros pastores e mestres, o resultado é uma igreja atrativa. Essa é uma congregação dinâmica que está literalmente impactando o mundo para a glória de Cristo e do seu evangelho.

Epílogo

Além de uma dúvida razoável

Neste momento, você já deve ter uma percepção clara da evidência de que Jesus viveu e fez as coisas que os Evangelhos dizem que ele fez, e disse as coisas que os Evangelhos nos dizem que ele disse. Ele é o Messias prometido, e não um mito pagão. A verdadeira esperança é que toda pessoa seja capaz de transmitir claramente essa evidência a outros. Cada um dos capítulos foi escrito para ajudar você a se lembrar das peças de evidência essenciais que apontam para o fato de que o Jesus da história é realmente o Cristo da fé. No fim, você precisa ser capaz de envolver outra pessoa em uma conversa que leve a uma apresentação clara desse evangelho.

Pelo fato de que Jesus é o Messias, o Filho de Deus, e o Salvador do mundo, então a mensagem que ele pregou deveria ser o foco proeminente de nossas vidas. Independentemente de seu chamado e ocupação, o evangelho deve ser a sua prioridade. Os obstáculos que se interpõem no caminho precisam ser identificados e removidos.

O fato de enfrentarmos tanta resistência para fazer do foco dele o nosso foco mostra que existe uma influência oposta e adversária no universo. Ser comprometido com Cristo significa ter um inimigo mortal totalmente dedicado à tarefa de impedir e desacreditar nossos esforços.

Há mais de 35 anos, eu estava oprimido pelo medo, pela dúvida e pela incredulidade. A religião não era páreo para essas forças que dominavam minha vida. Eu orava, frequentava a igreja, pedia a ajuda de Deus e, no fim, me sentia um pouco tolo por causa dos meus esforços frágeis e fúteis. Entendo completamente por que as pessoas que passam por fases de intensa busca espiritual acabam frustradas e desiludidas. Olhando para trás, na história, você pode ver experiências semelhantes nas vidas de pessoas como Agostinho de Hipona (conhecido como Santo Agostinho) e John Wesley, o fundador da igreja Metodista, para citar apenas dois.

Agostinho viveu no século V e foi criado por uma mãe cristã. A influência dela não parecia ser páreo para o poder sedutor da filosofia de Maniqueu, que ensinava a ceder ao envolvimento na imoralidade sexual. Em suas *Confissões,* Agostinho narrou sua jornada ao sair das trevas de incredulidade devido ao enorme domínio que o pecado tinha sobre a sua alma. Ele falou sobre os inimigos da fé cristã, que descartavam as Escrituras com zombaria e ceticismo, uma reminiscência da mesma luta que acontece em nossos dias. Mas ele conseguiu ver através do vazio das respostas deles e, mais ainda, de suas vidas. Por causa da superficialidade daqueles que se opunham ao evangelho, Agostinho decidiu ouvir sinceramente aqueles que podiam dar uma explicação para as dificuldades que ele encontrou ao examinar as Escrituras. Ele escreveria em suas *Confissões*: "Cresce cada vez mais minha convicção de que todos os problemas difíceis e calúnias inteligentes que esses enganadores haviam engendrado contra os livros divinos podiam ser dissolvidos".[1]

Foi a consciência da história dos eventos passados que ele havia aceitado, e aos quais havia dado crédito, que deram a ele a objetividade necessária para estar aberto para a verdade dos eventos falados nas Escrituras.

> Então pouco a pouco, Senhor, com uma mão muito gentil e misericordiosa, tocaste e acalmaste meu coração. Considerei as coisas inumeráveis que eu acreditava e que não vira, eventos que ocorreram quando eu não estava presente, tais como muitos incidentes na história das nações, muitos fatos concernentes a lugares e cidades que eu nunca havia visto, muitas coisas aceitas na palavra de amigos, muitas de médicos, muitas de outras pessoas. A não ser que acreditássemos no que nos era dito, não faríamos absolutamente nada nesta vida.[2]

Depois de constatar o vazio e as contradições nos escritos dos filósofos e dos céticos, e comparando-os com a verdade e a pureza da Palavra de Deus, ele escreveu:

> Tu me persuadiste de que o erro não estava naqueles que acreditavam nos teus livros, que estabeleceste com tão grande autoridade entre quase todas as nações, mas naqueles que não acreditavam neles. Nem deviam ser ouvidos aqueles que me dissessem "Como sabes que estes livros foram dados para a raça humana pelo Espírito do único Deus verdadeiro e completamente fiel?" Exatamente isso era uma questão na qual a convicção era da maior importância.[3]

Ele finalmente chegaria a um momento dramático em que veria, por meio das dúvidas e acusações contra a verdade da Bíblia e da história do evangelho, que abriria o seu coração e permitiria que o Espírito Santo o mudasse e transformasse. A fé não é apenas uma questão de conhecer o conjunto certo de fatos sobre Deus, mas de dar o passo de confiança para receber a obra do seu Espírito em sua vida.

Quando penso na luta para encontrar a fé e avançar em meio às dúvidas na mente e às luxúrias do coração, encontro encorajamento lendo como Agostinho foi capaz de avançar em meio a essa luta mortal e se tornar um dos grandes líderes, pensadores e campeões da história da Igreja.

O outro indivíduo, John Wesley, viveu no século XVIII e exerceu um enorme impacto no mundo, que ainda é sentido hoje. Entretanto, antes disso, ele sofreu profundamente com a dúvida, o medo e uma ansiedade debilitante com relação à sua falta de fé. Wesley tentaria derrotar esses inimigos sufocantes com atividades religiosas.

Ele viajou da Inglaterra à América e se entregou incansavelmente à divulgação do evangelho. Mas em todos os seus esforços, John Wesley testemunhou que ele próprio permanecia perdido. Ele escreveu em seu diário no ano de 1737:

> Fui à América para converter os índios; mas oh!, quem me converterá? Quem é aquele que me livrará deste coração maligno? Tenho uma boa religião de verão. Sei falar bem; e além disso, creio em mim mesmo, enquanto não há perigo à vista; mas deixe que a morte me olhe de frente, e meu espírito fica angustiado. Nem posso dizer: "Morrer é lucro!"[4]

Alguns dias depois, ele escreveu:

> Agora faz dois anos e quase quatro meses desde que deixei meu país natal para ensinar a natureza do cristianismo aos índios da Geórgia. Mas o que eu mesmo aprendi enquanto isso? Aprendi por que (o que eu, o menor de todos, suspeitei) eu, que fui à América para converter outros, nunca me converti a Deus. Não estou louco, porém falo assim; mas falo as palavras da verdade e da sobriedade; se talvez alguns daqueles que ainda sonham possam despertar e ver que assim como estou, também estão eles.[5]

Wesley não sofria de dúvidas factuais sobre se a história sobre a morte e a ressurreição de Jesus eram verdadeiras ou se as Escrituras eram verdadeiras, mas sofria mais de uma dúvida emocional ou psicológica. Existem muitos assim, que parecem estar estagnados e não conseguem ir além de um mero conhecimento intelectual sobre Deus e acessar as promessas dele, como alguém pode realmente fazer uma refeição, mas permanece de pé do lado de fora do restaurante, olhando para o cardápio na entrada.

Esse relato aponta para outra dimensão do que é a fé. A fé começa quando cremos no que a evidência sobre Cristo e a Bíblia dizem que é verdade; mas então vamos um passo além, para experimentar verdadeiramente o que as promessas de Deus oferecem. Isso inclui a salvação, o novo nascimento, o poder do Espírito habitando no interior, e a vitória sobre o medo e a dúvida que infestam a mente e atormentam a alma. Foi esse tipo de fé que me libertou das algemas das trevas mentais e espirituais, quando eu era um aluno do terceiro ano na universidade.

Na verdade, aconteceu comigo como aconteceu com Wesley. Ele sabia o que a Bíblia dizia sobre a importância de ter fé em Deus. "Sem fé é impossível agradar a Deus, pois quem dele se aproxima precisa crer que ele existe e que recompensa aqueles que o buscam" (Hebreus 11:6). O enigma era como ter esse tipo de fé. Parecia-me que a fé era algo que algumas pessoas especiais tinham, e não eu. Minha pergunta era a mesma de Wesley: "Como posso impedir que as dúvidas dominem meus pensamentos?"

Como você pode ver, sempre haverá a oportunidade de duvidar. Como discutimos, o cristianismo é a verdade além da dúvida razoável, não da dúvida possível. O que eu precisava não era focar nas possíveis razões pelas quais os meus medos e dúvidas pudessem ser verdadeiros, mas focar, em vez disso, na racionalidade da história cristã e depois agir com base nas promessas que Deus me oferecia. Na verdade, a maioria dessas promessas é para "todo aquele": "Porque Deus tanto amou o mundo que deu o seu Filho Unigênito, para que todo aquele nele crer não pereça, mas tenha a vida eterna" (João 3:16).

Então há o tipo de fé que move montanhas. Ela também está disponível a "todo aquele". "Respondeu Jesus: Tenham fé em Deus. Eu lhes asseguro que todo aquele que disser a este monte: 'Levante-

Epílogo

-se e atire-se no mar', e não duvidar em seu coração, mas crer que acontecerá o que diz, assim lhe será feito" (Marcos 11:22-23). O livro de Romanos nos dá orientações sobre esse tipo de fé:

> Porque "todo aquele que invocar o nome do Senhor será salvo".
> Como, pois, invocarão aquele em quem não creram? E como crerão naquele de quem não ouviram falar? E como ouvirão, se não houver quem pregue? E como pregarão, se não forem enviados? Como está escrito:
> "Como são belos os pés dos que anunciam boas novas!"
> No entanto, nem todos os israelitas aceitaram as boas novas. Pois Isaías diz: "Senhor, quem creu em nossa mensagem?" Consequentemente, a fé vem por se ouvir a mensagem, e a mensagem é ouvida mediante a palavra de Cristo (Romanos 10:13-17).

Enquanto reafirma a oportunidade para "todo aquele", o texto continua dizendo em seguida que a fé vem por se ouvir a palavra de Cristo. O segredo está no que você ouve, e ouve repetidamente. Se você ouve continuamente um discurso ateu e cético contra a fé, também se descobrirá padecendo em meio à incredulidade. Não me entenda mal. Passei horas incontáveis lendo e ouvindo as objeções à fé. Entretanto, chega um tempo em que você já ouviu bastante as críticas e toma a decisão sobre a quem irá ouvir. Na verdade, escrever este livro me levou aos escritos de muitos céticos que eram insolentes e descarados em seus esforços irredutíveis para desacreditar o evangelho, e dissuadir tantas pessoas quanto possível de crerem. No fim, isso apenas fortaleceu a minha decisão de levar a tantas pessoas quanto possível a mensagem de que Jesus é o Salvador do mundo e o Messias prometido. Isso acontece quando as pessoas ouvem o evangelho. Como a Bíblia diz, "a fé vem pelo ouvir".

Quanto mais pessoas ouvirem o evangelho, melhores serão as chances de crerem. É simples assim. Do mesmo modo, quanto mais eu ouço o evangelho, mais a minha fé é fortalecida. É um fenômeno incrível que eu sinta a minha fé se fortalecendo quanto mais eu a compartilho com outros. É por isso que o evangelismo, ou compartilhar o evangelho com os outros, fará tanto por você quanto por aqueles que o ouvirem.

Essa foi a percepção que John Wesley aprendeu com seu mentor, Peter Bohler, há quase 300 anos. Embora continuasse a ser assediado pelas dúvidas, ele aproximou-se de Bohler e perguntou-lhe qual era o segredo para encontrar a verdadeira fé, e assim a verdadeira paz. Essa busca se tornara tão perturbadora que Wesley considerou a possibilidade de encerrar seu ministério de tentar ajudar outros se fosse vencido por suas próprias dúvidas. Ele registrou o diálogo com seu mentor em seu diário:

Imediatamente me veio à mente: "Pare de pregar. Como você pode pregar a outros, se você mesmo não tem fé?" Perguntei a Bohler se ele achava que eu devia abandoná-lo ou não. Ele respondeu: "De modo algum". Perguntei: "Mas o que posso pregar?" Ele disse: "Pregue a fé até que a tenha; e depois, porque você a tem, você pregará a fé".[6]

Peter Bohler disse a Wesley para pregar a fé até que ele a tivesse. Isso significava passar tempo recitando as promessas de Deus e o que a Escritura diz sobre dar voz constantemente ao medo e à dúvida. Se a fé pode vir a outros porque eles ouvem as suas palavras, por que você não pode encorajar a si mesmo enquanto pronuncia essas palavras que dão vida? Foi exatamente isso que Wesley começou a fazer. O resultado foi um imenso impacto sobre o mundo por meio da formação de milhares de congregações, que hoje formam a Igreja Metodista. Como Bohler previu, porque Wesley encontrou a fé ao pregá-la, ele então a pregou com maior força e convicção.

Que Deus nos conceda uma multidão de homens e mulheres que possam ir além do estudo acadêmico de Jesus Cristo, e se entreguem totalmente à transmissão da sua Palavra a um mundo desesperado e necessitado. Não existe causa maior, e não existe um tempo melhor do que agora.

Agradecimentos

Gostaria de agradecer a minha esposa, Jody, e aos meus filhos, Charie, Wyatt, William, Louisa e Elizabeth, por todo o apoio que me deram durante os meses que levou para pesquisar e escrever este livro. Sou grato aos pastores James e Debbie Lowe e também à família *Bethel World Outreach Church* por todas suas orações e encorajamento. Eles se dedicam de verdade para alcançar o povo da região da grande Nashville, e além dessas fronteiras, com a mensagem do evangelho de Jesus Cristo.

É um privilégio trabalhar com o Dr. Brian Miller, que não apenas ajudou na pesquisa deste livro e deu contribuições proveitosas, como também viaja o mundo e fala a milhares de alunos e professores sobre as evidências acerca de Deus e das verdades da fé cristã. Sou grato pelos meus amigos Dr. Gary Habermas, Dr. Craig Keener, Dr. Sean McDowell, Dr. Stephen Meyer e Jim Wallace, que leram o original e deram suas sugestões. É uma honra ter um quadro de conselheiros como esse.

O mesmo deve ser dito para os líderes do *Every Nation Ministries* com quem trabalhei por mais de trinta anos. Obrigado Ron e Lynette Lewis, Steve e Deborah Murrell, Brett e Cynthia Fuller, Kevin e Renee York, Jim e Cathy Laffoon, Phil e Karen Bonasso, Ferdie e Judy Cabiling, Frans e Deb Olivier, Tim e Lychelle Johnson, Russ e Debbie Austin, Bert e Shelia Thomson, Joey e Marie Bonafacio, Dave e Amy Polus, Mike e Julie Gowans, Lance e Dee Phillips, Brock e Allison Lillis, Brian e Chavonne Taylor, J. T. e Shelly McCraw e a toda a equipe ministerial dedicada ao alcance de todas as nações em nossa geração.

Há tantas outras pessoas para agradecer que fizeram uma diferença em nossa vida. Troy e Tracy Duhon, Kelly e Joni Womack, Dale e Joan Evrist, Greg e Marlene Chapman, Sol e Wini Arledge, Steve e Cindy Hollander e Danny e Diane McDaniel. Também gostaria de agradecer Matt Baugher, Paula Major e Lori Cloud do W Publishing Group na Thomas Nelson pela fé deles neste projeto e pelo esforço contínuo que tiveram de espalhar a mensagem deste livro.

Foi uma honra trabalhar com Michael Scott, David. A. R White e o falecido Russell Wolfe da *PureFlix Entertainment* na série cinematográfica *Deus não está morto*. Obrigado também aos roteiristas Chuck Konzleman e Cary Solomon e aos diretores Harold Kronk e Brittany Lefebvre. Aguardo ansiosamente por futuros projetos desta série.

Quero agradecer aos jovens envolvidos no ministério da *Every Nation Campus*. Todos os dias milhares de alunos estão sendo abordados, por este ministério, por meio dos esforços dos líderes e também dos alunos. Estamos trabalhando juntos em direção ao objetivo de alcançar todas as nações em todos os *campi*.

Notas

Introdução: Algo maravilhoso demais
1. "Americas Changing Religious Landscape", *Pew Research Center*, 12 de maio de 2015, www.pewforum.org/2015/05/12/americas-changing-religious-landscape/.
2. Richard Dawkins e Rowan Williams, Arcebispo da Cantuária, "Nature of human beings and the question of their ultimate origin," debate na Universidade de Oxford, 23 de fevereiro de 2012, vídeo de YouTube, 11:00, postado por "Anglican08," 24 de fevereiro de 2012, https://www.youtube.com/watch?v=HfQk4NfW7g0.
3. "It Is a Thing Most Wonderful", palavras de William Walsham How (18231897), 1872.
4. "We've a Story to Tell to the Nations", palavras de H. Ernest Nichol (18621928), 1896.

Capítulo 1: Homem, mito ou Messias?
1. Albert Schweitzer; W. Montgomery (trans.), The Quest of the Historical Jesus, (Minneapolis: Fortress Press, 2001; orig. 1910), 6.
2. SNL Transcripts, http://snltranscripts.jt.org/86/86qheaven.phtml.
3. Blaise Pascal, *Pascais Pensées* (Radford, VA: Wilder Publications, 2011), 61.
4. Michael Shermer, "God's Number is Up," *Scientific American*, julho de 2004, http://www.michaelshermer.com/2004/07/gods-number-is-up/.

5. Lawrence Krauss, Krauss fala sobre seu livro A Universe from Nothing, The Colbert Report, 21 de junho de 2012, video da Comedy Central, 5:00, http://www.cc.com/video-clips/e6ik9l/the-colbert-report-lawrence-krauss.
6. Stephen Hawking e Leonard Mlodinow, The Grand Design (New York: Bantam, 2010), 5.
7. Charles Darwin, The Descent of Man, 2nd ed. (Rand McNally & Company, 1874), 133-4.
8. J. Ed Komoszewski, *Reinventing Jesus: How Contemporary Skeptics Miss the Real Jesus and Mislead Popular Culture* (Grand Rapids: Kregel, 2006), 16.
9. W. J. Prior, "The Socratic Problem" in ed. Hugh H. Benson, A Comparison to Plato (West Sussex, UK: Blackwell, 2006) *25-35*.
10. Reza Aslan, *Zeaiot: The Life and Times of Jesus of Nazareth* (New York: Random House, 2013), 35.
11. John Veitch, The Meditations and Selections from The Principles of Rene Descartes (Sacramento, CA: BiblioLife, LLC, 2009), 130.
12. Schweitzer, *The Quest of theHistoricai Jesus* (Mineola, NY: Dover, 2005), 478.
13. Craig S. Keener, *The Historical Jesus of the Gospels* (Grand Rapids: Wm B. Eerdmans, 2012), 15-17.
14. Stephen T Davis, *Risen Indeed: Making Sense of the Resurrection* (Grand Rapids, MI: Eerdmans, 1993), 192.
15. Michael Grant, *Jesus: An Historians Review of the Gospels* (New York: Simon & Schuster, 1995), 182 (ênfase do autor).
16. Will Durant, *The Story of Civilization. Part III: Caesar and Christ* (New York: Simon & Schuster, 1944).
17. N. T. Wright, *The New Testament and the Victory of God*, vol. 2, 3 vols. (Minneapolis, MN: Fortress Press, 1996), 110.
18. Santo Agostinho, *Confessions of St. Augustine*, 1.1.
19. Richard J. Evans, *In Defense of History* (New York: W.W. Norton, 1999), 219.
20. Gerald O'Collins, *Easter Faith: Believing in the Risen Jesus* (Mahwah, NJ: Paulist Press, 2003), 34.

Capítulo 2: Os fatos mínimos

1. Michael Licona, em Lee Strobel, The Case for the Real Jesus: A Journalist Investigates Current Attacks on the Identity of Christ (Grand Rapids: Zondervan, 2007), 112.
2. Gary Habermas, "The Minimal Facts Approach to the Resurrection of Jesus: The Role of Methodology as a Crucial Component in Establishing Histori-

Notas

ci- ty", 2 de agosto de 2012, http://www.garyhabermas.com/articles/southeastern_theological_review/minimal-facts-methodology_08-02-2012.htm.
3. Michael R. Licona. *The Resurrection of Jesus: A New Historiographical Approach* (Downers Grove: InterVarsity Press, 2010), 28.
4. Paul L. Maier, *In the Fullness of Time: A Historian Looks at Christmas, Easter, and the Early Church* (San Francisco: HarperCollins, 1991), 197.
5. Craig S. Keener, "Assumptions in Historical Jesus Research: Using Ancient Biographies and Disciples' Traditioning as a Control," Journal for the Study of the Historical Jesus 9 (2011), 30.
6. Richard Dawkins, "Has Science Buried God," 2008 Richard Dawkins v. John Lennox debate patrocinado pela Fixed Point Foundation, Dawkins admite que Jesus existiu, vídeo de YouTube, 0:39, postado por "fusion channel," 12 de abril de 2014, https://www.youtube.com /watch?v=Ant5 HS01tBQ.
7. Bart D. Ehrman, *Did Jesus Exist? The Historical Argumentfor Jesus of Nazareth* (New York: HarperOne, 2012), 7.
8. William Edward Hartpole Lecky, *History of European Morals, from Augustus to Charlemagne* (New York: D. Appleton and Company, 1897), 2:8-9.
9. Flávio Josefo, *Antiquities of the Jews*, 18.63-64.
10. Tacitus, *Annals*, 15.44.
11. Lucian of Samosata, *The Works of Lucian of Samosata*, trans. H.W. Fowler (Digireads.com), 472.
12. Jacob Neusner (trans.), *The Talmud of Babylonia: Sanhedrin* (Tampa: University of South Florida, 1984), 43A.
13. John T. Carroll and Joel B. Green, *Death of Jesus in Early Christianity* (Peabody, MA: Hendrickson Publishers, 1995), 166. Ver também pag. 21, onde a morte de Jesus é considerada uma "certeza virtual".
14. Gary R. Habermas e Michael Licona, *The Case for the Resurrection of Jesus* (Grand Rapids: Kregel, 2004), 70.
15. Habermas, "The Minimal Facts Approach to the Resurrection of Jesus".
16. N. T. Wright, *The Resurrection of the Son of God* (Minneapolis, MN: Fortress Press, 2003), 3:686-696.
17. *Digesta lustiniani: Liber 48* (Mommsen and Krueger), 48.24.3, acessado em 13 de abril de 2014, http://droitromain.upmf-grenoble.fr/Corpus/d-48.htm.
18. Flávio Josefo, *The Works of Josephus: Complete and Unabridged*, trans. William Whiston, New upd. ed. (Peabody, MA: Hendrickson Publishers, 1987), 798.
19. Craig A. Evans, "Getting the Burial Traditions and Evidence Right," in *How God Became Jesus: The Real Origins of Belief in Jesus' Divine Nature — A Res-*

ponse to Bart D. Ehrman, ed. Michael F. Bird (Grand Rapids, MI: Zondervan, 2014), 76; Ver também pag. 71-93.
20. Correspondência pessoal com Craig Keener em 19 de agosto de 2015.
21. Luke Timothy Johnson, *The Writings of the New Testament: Na Interpretation* (Philadelphia, PA: Fortress Press, 1986), 96-97 (grifo do autor).
22. Josefo, *Antiquities of the Jews*, 20.9.1.
23. Sean McDowell, "Did the Apostles Really Die as Martyrs for Their Faith?" Biola magazine, outono de 2013, http://magazine.biola.edu/article/13-fall/did-the-apostles-really-die-as-martyrs-for -their-f.
24. Craig S. Keener, *Acts: An Exegetical Commentary* (Grand Rapids: Baker, 2012), 1: 271-304.
25. Gay R. Habermas, Evidence for the Historical Jesus: Is the Jesus of History the Christ of Faith? e-book, rev. ed. (Junho de 2015), 16; www.garyhabermas.com/evidence.
26. "Evidence for the Resurrection: Minimal Facts Approach", *Ratio Christi*-CampuíApologeticsAlliance,http://ratiochristi.org/uah/blog/post/evidence-for-the- resurrection-minimal-facts-approach.
27. Eusebius, *Church History*, Book II Chapter 2.25.8.
28. Habermas e Licona, *The Case for the Resurrection of Jesus* (Grand Rapids: Kregel, 2004), 65.
29. Josefo, Antiquities of the Jews, 20.200.
30. Robert L. Web, "Jesus' Baptism: Its Historicity and Implications", *Bible.org*, 2 de agosto de 2005, https://bible.org/article/jesus-baptism-its-historicity-and- implications.
31. Por exemplo, E. P. Sanders, *Jesus and Judaism* (Philadelphia: Fortress, 1985), 11.

Capítulo 3: Podemos confiar nos Evangelhos
1. F. F. Bruce, *The New Testament Documents — Are They Reliable?* (Grand Rapids: Eerdmans, 1981), 90-91.
2. Michael R. Licona, *The Resurrection of Jesus: A New Historiographical Approach* (Downers Grove: InterVarsity Press, 2010), 176.
3. Reza Aslan, *Zealot: The Life and Times of Jesus of Nazareth* (New York: Random House, 2013), xxvi.
4. Para maiores informações, ver F.F. Bruce, *The Canon of Scripture* (Downers Grove, II: InterVarsity Press, 1988); e Richard Bauckham, *Jesus and the Eyewitnesses* (Grand Rapids: Wm. B. Eerdmans, 2006). Entretanto, Bauckham apresenta uma visão diferente sobre a autoria de João.

NOTAS

5. Irenaeus, *Against Heresies*, 3.1.1.
6. Eusebius, *Church History*, Livro 3.39.
7. Bauckham, *Jesus and the Eyewitnesses*, 155.
8. Eusebius, *Church History*, Livro 3.39.
9. James Patrick Holding, *Trusting the New Testament* (Maitland, FL: Xulon Press, 2009), http://www.tektonics.org/ntdocdef/mattdef.php.
10. Irenaeus, *Against Heresies*, 3.1.1.
11. Ibid., 3.14.1.
12. Eusebius, *Church History*, 6.14.5-7.
13. Quintus Tertullian, *Against Marcion*, 4.5.
14. Eusebius, *Church History*, 6.25.6.
15. Irenaeus, *Against Heresies*, 3.1.1; 2.22.5; 3.3.4. Ver também Keith Thompson, "Who Wrote the Gospels?." *Answering Islam: A Christian-Muslim Dialog*, http://www.answeringislam.org/authors/thompson/gospel_authorship.htm.
16. Brent Nongbri, "The Use and Abuse of P52: Papyrological Pitfalls in the Dating of the Fourth Gospel", *Harvard TheologicalReview*, 98, no. 1 (2 de agosto de 2005): 98:23-52, http://journals.cambridge.org/action/displayAbstract?fromPage=online&aid=327943.
17. Daniel B. Wallace, "Daniel B. Wallace on the New Testament Documents," Apologetics 315 (blog), 8 de julho de 2012, http://www.apologetics315.com/2012/07/daniel-b-wallace-on-new-testament.html.
18. Jona Lendering, "Alexander the Great: the 'good' sources," Livius .org, http://www.livius.org/aj-al/alexander/alexander_z1b.html.
19. Robin Seager, *Tiberius* (Malden, MA: Wiley-Blackwell, 2005), 232-242. A única fonte muito primitiva comumente citada é Marco Veleio Patérculo, que foi contemporâneo de Tibério. Entretanto, uma preocupação geral por seus escritos é um preconceito extremo.
20. John W. Wenham, *Christ and the Bible* (Grand Rapids: Baker, 1984), especialmente a pg. 187; Craig Bloomberg, Can We Still Believe the Bible?: An Evangelical Engagement with Contemporary Questions (Grand Rapids: Brazos Press, 2014), 27.
21. Craig S. Keener, *Acts: An Exegetical Commentary* (Grand Rapids: Baker, 2013), 3:289-294.
22. Mark D. Roberts, *Can We Trust the Gospels?: Investigating the Reliability of Matthew, Mark, Luke, and John* (Wheaton, IL: Crossway, 2007), 64.
23. Ibid., 157.
24. Ibid., 133.

25. Keener, *Acts*, 2:216.
26. Robin Schumacher, "The Gospel According to Bart Ehrman," Apologetics 315 (blog), 8 de julho de 2013, http://www.apologetics315.com/2013/07/the-gospel-according-to-bart-ehrman.html.
27. Mark Shea, "Discrepancies in the Gospels," © 2007, Mark-Shea.com, http://www.mark-shea.com/ditg.html
28. J. Warner Wallace, *Cold Case Christianity* (Colorado Springs: David C. Cook, 2013).
29. Craig Blomberg, *Historical Reliability of the Gospels* (Downers Grove: InterVarsity Press, 1987), 203-204.
30. Ibid., 248.

Capítulo 4: A crucificação

1. A palavra grega usada nos Evangelhos para *mão* também inclui o pulso e o antebraço.
2. Todos os detalhes médicos e históricos sobre a morte de Jesus estão descritos no seguinte artigo: William D. Edwards, MD; Wesley J. Gabel, MDiv; Floyd E. Hosmer, MS, AMI "On the Physical Death of Jesus Christ", *JAMA*, 1986, 255, no. 11 (21 de março de 1986): 1455-1463.
3. Ann Gauger e Douglas Axe, *Science of Human Origins* (Seattle: Discovery Institute Press, 2012), 45-84.
4. Ibid., 105-122.
5. Para um argumento detalhado, ver C. S. Lewis, *Mere Christianity*.
6. Para um tratamento detalhado desse tópico, ver Brian Dodd, *TheProblem with Paul* (Downers Grove, II: InterVarsity Press, 1996); ou Craig S. Keener e Glenn Usry's *Defending Black Faith: Answers to Tough Questions About African-American Christianity* (Downers Grove: InterVarsity Press, 1997).

Capítulo 5: A ressurreição

1. Gary R. Habermas, "My Pilgrimage from Atheism to Theism: An Exclusive In- terview with Former British Atheist Professor Antony Flew". Disponível em www.deism.com/antony_flew_Deism_interview.pdf.
2. Karl Popper, *The Logic of Scientific Discovery* (New York: Routledge, 1959).
3. William Lane Craig and Sean McDowell, "Should Christians apologize for their faith?," Fervr, 24 de fevereiro de 2013, http://fervr.net/bible/should-christians-apologize-for-their-faith.
4. N. T. Wright, *The Resurrection of the Son of God: Christian Origins and the Ques- tion of God* (Minneapolis: Fortress Press, 2003), 3:6.

5. Wolfhart Pannenberg, *Jesus God and Man* (Philadelphia, PA: Westminster Press, 1977), 109.
6. Joseph W. Bergeron and Gary R. Habermas, "The Resurrection of Jesus: A Clinicai Review of Psychiatric Hypotheses for the Biblical Story of Easter", *Irish Theological Quarterly* 80, no. 2 (2015): 171; Ver também 157-72.
7. Matt Slick, "Jesus only appeared to have died on the cross— Swoon theory," CARM, https://carm.org/swoon-theory.
8. Lee Strobel, The Case for Easter: A Journalist Investigates the Evidence for the Resurrection, Kindle ed. (Grand Rapids: Zondervan, 2009), Kindle locations 279-,).
9. Bart Ehrman, *How Jesus Became God* (New York: Harper Collins, 2014), 164.
10. Dr. George Wood, entrevista pessoal com o autor, 20 de junho de 2015, Juneau, Alasca.
11. Clement, *Letter to the Corinthians* 42.1-4.
12. Gary R. Habermas, "Video Debates and Lectures with Dr. Gary. R. Habermas", http://garyhabermas.com/video/video.htm.

Capítulo 6: Dissipando os mitos

1. J. Ed Komoszewski, M. James Sawyer, Daniel B. Wallace, *Reinventing Jesus: How Contemporary Skeptics Miss the Real Jesus and Mislead Popular Culture* (Grand Rapids: Kregel, 2006), 237.
2. Para uma crítica mais completa ver James Patrick Holding, "Horus and Osiris vs Jesus", *Tekton Apologetics,* tektonics.org/copycat/osy.php.
3. Stephen J. Bedard, "Exposing the Spirit of the Age: A Response to the Zeitgeist Movie", *The Poached Egg, 9 de abril de* 2013, www.thepoachedegg.net/the-poached-egg/2013/04/exposing-the-spiritof-the-age-a-response-to-the--zeitgeist-movie.html.
4. Bart D. Ehrman, *Did Jesus Exist?: The Historical Argument for Jesus of Nazareth* (New York: HarperOne, 2012), 5.
5. Komoszewski, *Reinventing Jesus,* 234.
6. Ibid, 318.
7. Jonathan Z. Smith, "Dying and Rising Gods", *Encyclopedia of Religion,* 2nd ed. Lindsay Jones, (Detroit: Macmillan, 2005 [original: 1987]), 4:2535. Ver também www.toughquestionsanswered.org/2012/10/08/what-are-the-parallels-between-jesus-and-thedivine-men-of-the-ancient-world-part-3/.
8. Um exemplo clássico é Karen Armstrong, *History of God: The 4000-Year Quest of Judaism, Christianity and Islam* (New York: Random House, 1993).

9. James D. G. Dunn, *A New Perspective on Jesus: What the Quest for the Historical Jesus Missed* (Acadia Studies in Bible and Theology) (Grand Rapids: Baker, 2005), 44.
10. Ibid., 50.
11. William Lane Craig, *Reasonable Faith: Christian Truth and Apologetics* (Wheaton, IL: Good News Publishers, 2008), 391.
12. Craig S. Keener, *The Historical Jesus of the Gospels* (Grand Rapids: Eerdmans, 2009), 333.
13. Ehrman, *Did Jesus Exist?*, 26.
14. Richard Carrier, *On the Historicity of Jesus: Why We Might Have Reason for Doubt* (Sheffield, UK: Sheffield Phoenix Press, 2014).
15. Adaptado de Alan Anderson, "The Alleged Parallels Between Jesus and Pagan Gods", *Examiner.com*, 29 de julho de 2012, http://www.examiner.com/article/the-alleged-parallels-between-jesus-and-pagan-gods.
16. Michael J. Wilkins, *Jesus Under Fire: Modern Scholarship Reinvents the Historical Jesus* (Grand Rapids: Zondervan, 1995), 138.
17. Fitzedward Hall, trans. *Vishnu Puran: A System of Hindu Mythology and Tradition*, (Amazon: Ulan Press, 2012), 4: 294, https://archive.org.
18. Prayson Daniel, "Refuting Krishna Myth Parallelism to Christianity", *With AllI Am*, 26 de abril de 2011, https://withalliamgod.wordpress.com/2011/04/26/refuting-krishna-myth-parallelism-to-christianity/.
19. William Joseph Wilkins, *Hindu Mythology, Vedic and Puranic* (Boston: Elibron, 2005), 217—218.
20. Benjamin Walker, *The Hindu World: An Encyclopedic Survey of Hinduism* (New York: Praeger, 1983), 1: 240-241.
21. Jack Finegan, *Myth and Mystery: An Introduction to the Pagan Religions of the Biblical World* (Grand Rapids: Baker, 1989), 203-207.
22. Ronald Nash, *The Gospel and the Greeks: Did the New Testament Borrow from Pagan Thought?* (Phillipsburg, NJ: P&R Publishing, 2003), 137.
23. Gary Lease, "Mithraism and Christianity: Borrowings and Transformations", in Wolfgan Haase, ed., *Aufsteig undNiedergang der Romischen Welt*, (Germany: Walter de Gruyter & Co., 1972), 2:1316.
24. Komoszewski, *Reinventing Jesus*, 226.
25. Ronald Nash, "Was the New Testament Influenced by Pagan Religions?," Christian Research Journal (Winter 1994): 8.
26. Ehrman, *Did Jesus Exist?*, 25.
27. Os primeiros cristãos nunca afirmaram que Jesus nasceu em 25 de dezembro.

28. Para um tratamento mais completo das respostas a tais paralelos pagãos, ver Gregory A. Boyd, *The Jesus Legend: A Case for the Historical Reliability of the SynopticJesus Tradition* (Grand Rapids: Baker, 2007).

Capítulo 7: Jesus, o Messias

1. Dr. Stephen Meyer, entrevista por telefone com o autor, 15 de junho de 2015.
2. Richard Dawkins, *River Out of Eden: A Darwinian View of Life* (London: Orion, 2004), 133.
3. Sam Harris, *Free Will* (New York: Simon & Schuster, 2012), 5.
4. Marvin Olasky and John Perry, *Monkey Business: The True Story of the Scopes Trial* (Nashville: Broadman, 2005), 160, http://historicalthinkingmatters.org/scopestrial/1/sources/48/fulltext/.
5. Craig S. Keener, *The Historical Jesus of the Gospels* (Grand Rapids: Wm B. Eerdmans, 2012), 257.
6. William Lane Craig, *On Guard: Defending Your Faith with Reason and Precision* (Colorado Springs: David C. Cook, 2010), 199.
7. John Weldon, John Ankerberg, and Walter G. Kaiser, *The Case for Jesus the Messiah* (Bellingham, WA: ATRI Publishing, 2011), 223.
8. Para uma discussão mais extensa, ver "Dr. Michael Brown, Reveals the Real Messiah", *askdrbrown.org*, http://realmessiah.askdrbrown.org.
9. Michael L. Brown, *Answering Jewish Objections to Jesus: General And Historical Objections* (Grand Rapids: Baker, 2000), 3: 49-85.
10. Charles Spurgeon, "God with Us," Metropolitan Tabernacle, 26 de dezembro de 1875, Spurgeon Gems, http://www.spurgeongems.org/vols19-21/chs1270.pdf.
11. O cálculo exato do surgimento do Messias é debatido, mas o fato de que o tempo esperado cai no período de tempo médio do ministério de Jesus é de aceitação geral.
12. Craig, *On Guard*, 195.
13. Para uma discussão mais aprofundada, ver Richard Bauckham, *God Crucified: Monotheism and Christology in the New Testament (Grand Rapids: Eerdmans, 1999); e Larry W. Hurtado, Lord Jesus Christ: Devotion to Jesus in Earliest Christianity (Grand Rapids: Eerdmans, 2000)*.
14. Provavelmente tomado emprestado de "He Is", palavras e música de Jeoffrey Benward and Jeff Silvey. © 1994 Birdwing Music, ASCAP/Shepherd's Fold Music (BMI). Todos os direitos reservados.
15. David Limbaugh, The Emmaus Code: Finding Jesus in the Old Testament (Regnery Publishing, 2015); Kindle version: Location 380-383).

Capítulo 8: Milagres
1. Hwa Yung, in Craig S. Keener, Miracles: The Credibility of the New Testament (Grand Rapids: Baker, 2011), 264.
2. Craig S. Keener, *Miracles: The Credibility of the New Testament* (Grand Rapids: Baker, 2011), 264.
3. Rice Broocks, *Gods Not Dead* (Nashville: W Publishing, 2013), Capítulos 4 and 5.
4. John Lennox, *Miracles: Is Belief in the Supernatural Irrational?* (Amazon Digital Services, 2013), Kindle location 354-357.
5. Bart D. Ehrman, *Jesus: Apocalyptic Prophet of the New Millennium* (Oxford: Oxford University Press, 1999), 197- 200.
6. Gerd Theissen and Annette Merz, *Historical Jesus: A Comprehensive Guide* (Minneapolis: Augsburg Fortress, 1996), 290.
7. Josefo, *Antiquities of the Jews, 18.63—64.*
8. Marcus Borg, *Jesus, A New Vision: Spirit, Culture, and the Life of Discipleship* (San Francisco: HarperCollins, 1987), 61.
9. Irenaeus, *Against Heresies*, 2:31:2-4.
10. Athanasius, *Letters* (354 d.C.), 49.9.
11. William Lane Craig, "The Problem of Miracles: A Historical and Philosophical Perspective, "www.reasonablefaith.org/the-problem-of-miracles-a-historical-and-philosophicalperspective.
12. Keener, *Miracles*, 155.
13. C. G. Brown, "Study of the Therapeutic Effects of Proximal Intercessory Prayer (STEPP) on Auditory and Visual Impairments in Rural Mozambique", *Southern Medical Journal 103, no. 9* (September 2010), http:// www.ncbi.nlm.nih.gov/pubmed/20686441. Para descrições de estudos similares e respostas aos críticos, ver Candy Gunther Brow, *Testing Prayer: Science andHealing* (Cambridge, MA: Harvard University Press, 2012).
14. Blaise Pascal, *Pensées — Enhanced Version* (Grand Rapids: Christian Classics Ethereal Library, 2009), 128.
15. Keener, *Miracles*, 532.
16. Ibid., 570.
17. Richard Casdorph, *The Miracles: A Medical Doctor Says Yes to Miracles!* (New York: Logos International, 1976).
18. Resumos das curas podem ser encontrados em *Is There a God?*, "Ten Healing Miracles," http://is-there-a-god.info/life/tenhealings.shtml.

19. Gary R. Habermas, *The Risen Jesus & Future Hope* (Washington, DC: Rowman & Littlefield, 2003), 61.

Capítulo 9: Seguindo a Jesus

1. Joey Bonifacio, *The LEGO Principle: The Power of Connecting to God and One Another* (Lake Mary, FL: Charisma House, 2012), 100.
2. "Daily News on Wars in the World and on New States", http://www.warsintheworld.com, acessado em 12 de novembro de 2015.
3. Deborah Alcock, *Lessons on Early Church History* (London: Church of England Sunday School Institute, 1879), 56.
4. Bob Beltz, *Real Christianity* (Ventura, CA: Regal, 2006), 184-185.
5. Dietrich Bonhoeffer, *The Cost of Discipleship* (New York: SCM Press Ltd, 1959), 33.
6. Steve Murrell, *WikiChurch: Making Discipleship Engaging, Empowering, and Viral* (Lake Mary, FL: Charisma House, 2011), 90.
7. Ibid.
8. Charles Spurgeon, "Faith and Repentance Inseparable," Metropolitan Tabernacle, 13 de julho de 1862, The Spurgeon Archive, http://www.spurgeon.org/sermons/0460.htm
9. Rice Broocks e Steve Murrell, *The Purple Book: BiblicalFoundations for Building Strong Disci- ples* (Grand Rapids: Zondervan, 2009), 10.
10. Murrell, *WikiChurch*, 130.
11. Dale Evrist, entrevista por telefone com o autor, 20 de junho de 2015.
12. Murrell, *WikiChurch*, 155-156.
13. Joey Bonifacio, *The LEGO Principle*, 202.
14. Steve Murrell, *WikiChurch*, 7.

Capítulo 10: Defensores da Fé

1. Bob Beltz, *Real Christianity*, (Ventura, CA: Regal, 2006), 20.
2. Ferdie Cabiling, entrevista pessoal com o autor, 10 de agosto de 2015, Manila, Filipinas.
3. Dr. Sean McDowell, entrevista pessoal com o autor, 27 de maio de 2015, Apologetic Leadership Group gathering, Biola University, La Mirada, Califórnia.
4. Para maiores informações, ver: "The God Test", http://www.thegodtest.org/.
5. Frans Olivier, entrevista por telefone com o autor, 14 de junho de 2015.
6. Peter Dusan, entrevista por telefone com o autor, 15 de junho e 12 de outubro de 2015.

Epílogo: Além de uma dúvida razoável

1. Santo Agostinho; Henry Chadwick, trans. *The Confessions* (Oxford: Oxford University Press, 1991), 93.
2. Ibid., 95.
3. Ibid., 96.
4. John Wesley, *The Journal of John Wesley* (Grand Rapids: Christian Classics Ethereal Library, 2009), Kindle Locations 757-761.
5. Ibid., Kindle Locations 812-819.
6. Ibid., Kindle Locations 938-943.

Este livro foi impresso em 2018, pela
Gráfica Santa Marta, para a Thomas Nelson Brasil.
A fonte usada no miolo é Adobe Caslon Pro
corpo 12. O papel do miolo é pólen soft 80g/m²,
e o da capa é cartão 250g/m².